LA BABEL CRIMINOLOGIQUE

5-7, rue de l'Ecole polytechnique, 75005 Paris

http://www.librairieharmattan.com
diffusion.harmattan@wanadoo.fr
harmattan1@wanadoo.fr

ISBN : 978-2-296-10882-0
EAN : 9782296108820

Sous la direction de
Pierre V. TOURNIER

LA BABEL CRIMINOLOGIQUE

Formation et recherche sur le phénomène criminel : sortir de l'exception française ?

Colloque du 3 février 2009, au siège du CNRS

Préface de Robert CARIO

L'Harmattan

Collection ***Criminologie***
dirigée par Robert Cario

La criminologie apparaît comme un champ pluri et transdisciplinaire de connaissances, d'investigations, d'expertises et de traitement qui peine à être reconnu en France. Principalement mise en œuvre dans le domaine de la prévention, elle occupe également, au cas d'échec, une place prépondérante dans le procès pénal. Plus largement encore, la criminologie contribue à la restauration psychologique et sociale des protagonistes, dans l'endroit comme dans l'envers du crime.

Dans de nombreux pays, la discipline fait l'objet d'enseignements, de recherches et d'applications à la mesure de la complexité du phénomène criminel qui la nourrit. Dans d'autres encore, la profession de criminologue s'inscrit en totale harmonie avec les métiers de la justice, de la médecine, de la psychologie et du social.

La présente collection ambitionne de rassembler des ouvrages scientifiques et des travaux de terrain, appuyés tant sur les théories dominantes que sur les bonnes pratiques, à l'intention de publics variés : étudiants, enseignants, chercheurs, magistrats, praticiens de toutes disciplines confrontés aux problématiques délinquantes, citoyens épris de justice.

Auteurs ayant contribué à cet ouvrage :

Josefina Alvarez, Criminologue, Chargée de cours à l'Université Montpellier 1, Equipe de recherche sur la politique criminelle (E.R.P.C.).

Philippe Bernier, Doctorant en sciences de l'éducation, sous la direction de Jacques Pain, Paris Ouest, La Défense.

Jean-Michel Bessette, Professeur de sociologie, anthropologie et criminologie, Université de Franche-Comté, Besançon, Membre du Conseil d'administration de l'Association française de criminologie (A.F.C.) et Membre du jury de Prix Gabriel Tarde, prix français de criminologie.

Annie Beziz-Ayache, Maître de conférences en droit, Université Jean Moulin Lyon 3, Directrice adjointe du Centre de droit pénal.

Philippe Boehler, Educateur spécialisé, Membre de l'A.P.A.S.E., Rennes.

Claude Bouchard, Maître de conférences en psychologie clinique, psychopathologie et criminologie, Université Rennes 2, Membre du Laboratoire de cliniques psychologiques, psychopathologie et criminologie (L.C.P.P.C.) et de l'Institut de criminologie & sciences humaines (I.C.S.H.), Fondateur et co-animateur du groupe de recherche « Investigations et évaluations socio-judiciaires » au sein de l'I.C.S.H.

Jean-Pierre Bouchard, Psychologue hors classe des hôpitaux, Docteur en psychopathologie, Docteur en droit, spécialiste des auteurs d'infraction(s) et des victimes, membre et rapporteur du Comité d'appel à projets sur l'expertise judiciaire de la mission de recherche Droit et Justice.

Stéphane Brézillon, Doctorant en droit privé et sciences criminelles, Laboratoire « Droit et Changement Social », C.N.R.S. U.M.R. 6028, Faculté de droit et de sciences politiques, Université de Nantes.

Robert Cario, Professeur de Sciences criminelles, Université de Pau et des Pays de l'Adour (UPPA).

Jocelyne Castaignède, Maître de conférences, Université de Pau et des Pays de l'Adour, Bayonne.

Jean Danet, Avocat honoraire, Maitre de conférences, Université de Nantes, Directeur de l'Institut d'études judiciaires de Nantes.

Christian Demonchy, Architecte retraité, Administrateur de l'Association « Tétra : criminalité, délinquance et justice : connaître pour agir ».

Frédéric Diaz, Docteur en sociologie, Chercheur associé au Centre international de criminologie comparée (C.I.C.C.), Montréal, Chargé de cours à l'Université de Montréal et à l'Ecole nationale de police du Québec.

Isabelle Drean-Rivette, Avocat honoraire au Barreau de Nantes, psycho-criminologue, Chercheur associée à l'Institut de criminologie et de sciences humaines de l'Université Rennes 2.

Jacques Faget, Sociologue et juriste, Directeur de recherches au C.N.R.S. (Institut d'études politiques de Bordeaux), Enseignant aux Universités de Bordeaux, Paris 5, Barcelone, Padoue, Bruxelles, à l'Ecole nationale de la magistrature, Délégué éditorial de la revue Champ Pénal / Penal Field, Nouvelle revue française de criminologie / New French Journal of Criminology.

Aurélie Gauthier, Psychologue clinicienne et Doctorante en psychologie, Université de Tours.

Didier Guérin, Magistrat, Conseiller à la Chambre criminelle de la Cour de cassation.

Luc Hébert, Docteur en criminology, Fonctionnaire de la sûreté du Québec, Responsable de programme à la Direction du développement et de la formation.

Martine Herzog-Evans, Professeur de droit, Université de Reims.

Astrid Hirschelmann-Ambrosi, Maître de conférences en psychologie, Université Rennes 2, Expert près des tribunaux, Responsable des relations internationales pour le département de psychologie et Membre de l'Institut de criminologie et sciences humaines.

Charles-Édouard Jeanson, Psychologue, Membre de l'Association pour l'action socio-éducative en Ille-&-Vilaine (A.P.A.S.E.), Rennes.

Mohamed Jaouhar, Professeur, Université Hassan II Aïn Chock de Casablanca (Maroc), Vice-Doyen.

Lucie Jouvet, Docteur en sociologie, auteur d'une thèse sur l'erreur judiciaire, ATER à la Faculté de droit de l'Université de Franche-Comté, Membre du Conseil d'administration de l'Association française de criminologie (A.F.C.).

Anne-Marie Klopp, Diplômée d'études approfondies en criminologie de l'Université Catholique de Louvain-La-Neuve, Belgique (1999).

Alain Laquieze, Professeur agrégé de droit public à l'Université Sorbonne nouvelle, Paris 3, directeur des partenariats du C.N.R.S.

Eric Marlière, docteur en sociologie, chargé de recherches au Laboratoire d'études et de recherches sociales (L.E.R.S.), Institut du développement social (I.D.S.), Institut régional du travail social de Rouen (I.R.T.S.) et chercheur associé au Centre de recherches sociologiques sur le droit et les institutions pénales (C.E.S.D.I.P., Ministère de la Justice, C.N.R.S., Université de Versailles Saint-Quentin en Yvelines).

Philip Milburn, professeur de sociologie à l'Université de Versailles Saint-Quentin en Yvelines

Virginie Prud'homme, Doctorante en psychologie et criminologie, allocataire de recherche et monitrice attachée au L.C.P.P.C., département de psychologie.

Nicolas Queloz, Professeur de droit pénal et de criminologie, Université de Fribourg (Suisse), Président de l'Association Internationale des Criminologues de Langue Française (A.I.C.L.F.).

Christian-Nils Robert, Professeur honoraire, Université de Genève, Président du Jury du prix Gabriel Tarde, Association Française de Criminologie (A.F.C.).

Jean-Louis Senon, Psychiatre, Professeur, Université de Poitiers, Président du Collège de psychiatrie médicolégale à la Fédération Française de Psychiatrie, Vice président de l'Association Française de Criminologie (A.F.C.).

Pierre V. Tournier, Docteur en démographie, hdr, directeur de recherche au C.N.R.S., Centre d'histoire sociale du XXe siècle, chargé d'enseignement en mathématiques appliquées à la démographie et en démographie pénale à l'Université Paris I, Panthéon-Sorbonne.

Jean-Luc Viaux, Professeur de psychopathologie, Université de Rouen, Expert judiciaire.

Loick M. Villerbu, Professeur de psychologie, Université de Haute Bretagne, Rennes 2, Directeur de l'Institut de criminologie et de sciences humaines, Directeur du Groupe d'intérêt scientifique (G.I.S.) « Criminologie & Société » (C.R.I.M.S.O.).

La Babel criminologique

Agressologie – analyse criminelle – anthropologie criminelle – anthropométrie criminelle – biologie criminelle – cartographie criminelle – criminalistique – criminologie – criminologie appliquée – criminologie clinique – criminologie critique – criminologie du contrôle social – criminologie du passage à l'acte – criminologie économique – criminologie réflexive – crimino-psychologie – criminologie psychologique – criminologie sociologique – criminologie, mondialisation criminelle et sécurité globale – démographie carcérale – démographie criminelle – démographie pénale – démographie pénitentiaire – déviantologie – droit criminel – droit pénal – droit pénitentiaire – droit privé – études pénales – expertise judiciaire – géographie carcérale – géographie criminelle – graphologie criminelle – graphologie judiciaire – histoire du droit et des institutions pénales – inforensique – informatique légale – médecine forensique – médecine légale – pénologie – philosophie criminelle – philosophie pénale – police technique et scientifique – politique criminelle – politique pénale – profilage criminel – psychiatrie criminelle et médicolégale – psycho-criminologie – psychologie pénale – psycho-pathologie criminelle – psycho-sociologie criminelle – sciences forensiques – sciences politiques de la sécurité et de la justice – sciences criminelles – sciences de l'inadaptation et de la délinquance juvéniles sciences judiciaires – sciences pénales – sciences pénitentiaires – socio-criminologie – sociologie criminelle – sociologie de la délinquance et de la justice pénale – sociologie de la déviance – sociologie de l'administration de la justice pénale – sociologie du contrôle social – sociologie pénale – statistique criminelle – statistique pénale – victimologie, etc.

Communications sollicitées et communications spontanées
n'engagent évidemment que leurs auteurs.

Préface

De la Babel criminologique à l'universalité de la criminologie

Par Robert Cario

***Robert Cario** est professeur de sciences criminelles à l'Université de Pau et des Pays de l'Adour, co-responsable du master 1 « Criminologie » et du master 2 « Criminologie et droit des victimes ». Il dirige la collection Sciences criminelles chez L'Harmattan et préside l'Association Pyrénéenne d'Aide aux Victimes et de Médiation (APAVIM).*

Avec la perspicacité et l'esprit d'innovation qui le caractérisent si bien, Pierre Victor Tournier a saisi l'opportunité de sa participation à la commission Bauer sur « La formation et la recherche en matière stratégique » pour promouvoir l'enseignement et la professionnalisation de la criminologie en France. La communauté des criminologues (enseignants et/ou chercheurs et praticiens) mesure pleinement l'ampleur des efforts qu'il a déployés et déploie encore à cet effet dans un contexte délicat sinon délétère à divers points de vue [1]. Qu'il en soit chaleureusement remercié. Prenant acte d'une volonté politique d'ouverture à notre champ de connaissances scientifiques et aux interventions professionnelles mises en œuvre pour prévenir et traiter le phénomène criminel dans notre pays, il a souhaité partager avec toutes celles et ceux qui se reconnaissent dans sa démarche une réflexion sur ce qu'il faut bien appeler une exception typiquement française d'absence d'institutionnali-

---

1. V. sur ces points *Infra*, ses contributions au présent ouvrage.

sation de l'enseignement de criminologie et, surtout, de la non reconnaissance de la profession de criminologue.

L'intérêt d'une telle formation (au sens large de l'enseignement, de la recherche et des pratiques professionnelles) n'est plus à souligner aujourd'hui. Les exemples étrangers [2] comme les expériences « pilotes » en France [3], conformes à la demande des acteurs de terrain, soulignent non seulement la faisabilité de cette formation mais surtout son urgence. Les sociétés contemporaines sont traversées, depuis des décennies, par de multiples crises : politiques, économiques, sociales, culturelles, spirituelles... Les institutions mises en place pour les juguler ou les prévenir (trop souvent *a posteriori*) sont, pour la plupart, en faillite : échecs du capitalisme sauvage comme du collectivisme systématique, inégalités sociales paroxystiques, effritement des valeurs et conflits de culture exacerbés, inadéquation de la réaction sociale aux inadaptations, aux déviances et/ou au crime...

De nombreuses sciences sont interpellées par de telles crises de société. Parmi celles-là, la criminologie occupe une place particulière, toujours mal reconnue, en ce qu'elle privilégie l'approche transdisciplinaire, complexe, globale et intégrée des phénomènes précités. A ce titre, elle est susceptible de participer, en premier lieu, à la formation de criminologues (au sens strict), généralistes ou spécialistes. Les premiers pourraient se trouver engagés dans des actions globales de prévention et de lutte contre la déviance et le crime en général, au travers des fonctions d'enseignement, de recherche (fondamentale et appliquée), de conseil, de coordination et/ou d'évaluation. Les seconds exerceraient leur art, toujours à titre principal, au sein d'institutions ou dans le cadre d'activités de prévention et/ou de traitement strictement orienté(s) vers la (re)socialisation des personnes concernées et de leurs

---

2. V. *Infra* les contributions de N. Queloz ; C.-N. Robert ; J. Alvarez ; M. Jaouhar ; I. Dréan-Rivette ; A.-M. Klopp ; S. Brézillon ; V. également C. Lazerges (Dir.), *L'enseignement des sciences criminelles aujourd'hui*, Ed. Erès, 1991, 139 p. ; R. Cario, A.M. Favard, R. Ottenhof (Dir.), *Profession criminologue : spécialisation ou professionnalisation ?*, Actes du 28è Congrès de l'Association Française de Criminologie, Ed. Erès, Coll. Criminologie et sciences de l'homme, 1994, 227 p. ; G. Kellens (Dir.), *Criminologie et société. Le criminologue dans la cité : hier, aujourd'hui, demain*, Actes du cinquantième anniversaire de l'Ecole Liégeoise de Criminologie Jean Constant, Ed. Bruylant, 1998, 162 p. ; R. Gassin, Criminologie, *Criminologie*, 6éd. 2007, Ed. Dalloz, pp. 239-282 ; Comp. J. Poupard, L'institutionnalisation de la criminologie au Québec : une lecture socio-historique, *Ibid.*, pp. 71-105 ; J. Proulx, *Profession criminologue*, Les Presses univ. Montréal, 2007, 70 p. ; I. Dréan-Rivette, La criminologie : un outil de gouvernance pénale. Approche comparée France-Canada, *In A.J.pénal*, 2009-6, pp. 258-259.

3. V. *Infra* not. les contributions de A. Ambrosi ; P.V. Tournier, Promouvoir l'enseignement et la recherche en criminologie dans les universités ; V. également crimso.fr ; criminologie.univ-pau.fr.

proches. La criminologie est encore susceptible d'apporter son concours, en second lieu, à la formation, initiale ou continue, de professionnels ayant acquis des compétences élargies dans des métiers au cœur du phénomène criminel (policiers, gendarmes, magistrats, agents de la protection judiciaire de la jeunesse, personnels pénitentiaires, éducateurs, travailleurs sociaux œuvrant dans l'endroit comme dans l'envers du crime, acteurs de la politique de la ville, législateur, notamment).

Ce n'est donc pas par hasard que dès 1956 l'UNESCO publiait, sous le patronage de la Société Internationale de Criminologie, un nouveau volume dans la collection « Les sciences sociales dans l'enseignement supérieur », consacré à la criminologie. Le Rapport général sur l'enseignement de la criminologie, présenté par Denis Caroll et Jean Pinatel (respectivement président et secrétaire général de ladite SIC), suivi de Recommandations pratiques relatives à l'organisation des enseignements de la criminologie (formulées par Jean Pinatel) jetait les bases de l'enseignement et de la formation de la criminologie de manière magistrale. L'originalité, la diversité, la modernité des propositions en font un modèle d'inspiration incontournable. Tout a été analysé ou presque : de la nécessité et de l'objet de l'enseignement de la criminologie aux débouchés, en passant par les structures à mettre en place, le statut des étudiants, le contenu et les méthodes de l'enseignement, les sources documentaires, la formation des maîtres... Jean Pinatel achevait par ailleurs le Rapport sur la situation observable en France par ces mots prometteurs : « La conclusion qui se dégage de ces études orientées vers l'avenir, c'est que le problème de l'enseignement de la criminologie est aujourd'hui posé en France et que l'on s'achemine inéluctablement vers sa solution rationnelle » [4].

La conviction de ces auteurs ne s'est jamais démentie mais leur optimisme battu en brèche. Quelques années plus tard, Jean-Marie Aussel rappelait et faisait siens les propos tenus par le président Pinatel au Colloque du XXVè anniversaire de la Revue de Science criminelle : « Si la criminologie est encore une science en formation, ou plus exactement une science jeune, ce n'est pas parce qu'elle a un caractère multidisciplinaire ou pluraliste, c'est que, jusqu'à présent, on ne lui a pas donné le moyen de se développer ». Il concluait en soulignant que si l'enseignement de la criminologie dans les facultés de droit notamment, « si rudimentaire et imparfait soit-il, est venu à son heure » [5]. Trente ans plus tard, Jacques Borricand pose brutalement la

4. V. D. Caroll, J. Pinatel, L'enseignement de la criminologie, *In Les sciences sociales dans l'enseignement supérieur*, Pub. UNESCO, 1956, 169 p.

5. V. L'enseignement de la criminologie en France dans les Facultés de droit, *In R.S.C.*, 1962, p. 667.

question de son existence même, lors du premier congrès de l'Association internationale des criminologues de langue française (AICLF): « La criminologie, enseignement et formation : pour quoi faire ? » [6]. Quel chemin parcouru ! Sans désarmer fort heureusement, de nombreuses propositions d'organisation nouvelle de l'enseignement de la criminologie en France sont encore formulées à maintes occasions. Mais elles demeurent exceptionnellement suivies d'effet malgré la pertinence et le réalisme des propositions. En ce sens, quelques groupes de travail sont allés très loin dans l'affirmation des principes directeurs de l'enseignement et de la formation en criminologie [7]. Des colloques d'envergure ont encore brossé la fresque des réalisations nationales et internationales en la matière [8].

Après ces cinq décennies de réflexions et propositions, nous en sommes presque au même stade en 2009 : la France demeure bel et bien un désert criminologique [9], parsemé de quelques oasis chichement irrigués. Cette situation pour le moins ambiguë, laisse perplexe au regard précisément des efforts déployés par nos maîtres pour rendre effectifs et performant enseignement et formation en criminologie. A défaut de volonté politique affirmée, éclairée et déterminée pour asseoir la formation en criminologie au sein de l'enseignement académique de notre pays, elle perdurera, inévitablement.

Quoi qu'il en soit, le criminologue appartient à la cité [10]. La place qu'il y occupe et les rôles qu'il y joue s'épanouissent et s'affirment en effet chaque jour davantage. Quel que soit l'intitulé de sa discipline de rattachement, quelles que soient les modalités précises de ses interventions, il est permis de croire que le criminologue a toujours été dans la cité pour aider à la compréhension et à la réparation des souffrances humaines. Avec plus ou moins de reconnaissance, plus ou moins d'autorité, plus ou moins de succès. Avec ses

---

6. *In Revue Internationale de criminologie et de Police Technique (RICPT)*, Vol. XLIV, 1991/4, pp. 409-417.

7. V. not. *In Instantanés criminologiques*, Journal du Centre français de criminologie, 1971-12, pp. 9-14 : Formation des personnels spécialisés et enseignement de la discipline ; *Ibid.*, pp. 7-9 : Le comité de coordination des recherches criminologiques (CCRC).

8. V. not. C. Lazerges (Dir.), L'enseignement des sciences criminelles aujourd'hui, *op. cit.*, 1991, 139 p. ; R. Cario et al. (Dir.), Profession criminologue : spécialisation ou professionnalisation ?, *op. cit.*, 1994, 227 p

9. V. R. Ottenhof, L'enseignement de la criminologie, *In R.S.C.*, 1990-1, pp. 168-171 ; Comp. R. Gassin, Du retour de la criminologie, *In A.J.pénal*, 2009-6, pp. 249-252 ; A. Pires, La criminologie d'hier et d'aujourd'hui, *In* C. Debuyst, F. Digneffe, J.-M. Labadie, A.P. Pires, *Histoire des savoirs sur le crime et la peine*, Vol. 1, P.U. Montréal, P.U. Ottawa, Deboeck Ed., Bruxelles, 1995, pp. 13-97.

10. V. R. Cario, Le criminologue dans la cité, *In* Georges Kellens, Criminologie et société, *op. cit.*, pp. 101-116.

partenaires en sciences criminelles, en sciences humaines et sociales *lato sensu* comme avec ses concitoyens, le criminologue participe à l'établissement, au maintien et à la restauration de l'harmonie dans la cité. Pour autant que le pouvoir en place soit celui du peuple, pour autant que le système de justice pénale ayant en charge la prévention et la réaction aux transgressions observées soit démocratique [11].

Beaucoup parmi nous ont longuement disserté – et dissertent encore – sur la nature, l'évolution, la contingence des valeurs constitutives du Bien commun. Beaucoup parmi nous ont réfléchi – et réfléchissent encore – sur la manière dont nos sociétés s'organisent ; sur l'émergence, la consolidation et la transmission du lien social ; sur l'établissement de la domination, sur les contours et les enjeux de la compétition inter-humaine. Beaucoup parmi nous se sont interrogés – et s'interrogent encore – sur la responsabilité des protagonistes de la transgression, en termes le plus souvent de libre arbitre ou de déterminisme. Beaucoup parmi nous ont profondément analysé – et analysent encore – les mécanismes de la réaction sociale à la criminalité, en termes de reportabilité, de processus pénal, de *sentencing*, autant en ce qui concerne le délinquant que, plus récemment, la victime. Beaucoup parmi nous ont stigmatisé – et stigmatisent encore – la justice pénale comme reproductrice de l'idéologie dominante, comme discriminatoire, voire violemment inégalitaire. Beaucoup parmi nous ont défendu – et défendent encore – que la différence exprimée par les comportements transgressifs est massivement culturelle (au sens le plus large du concept) et, partant, oblige à une prise en charge orientée vers la resocialisation de leurs auteurs et la réparation de leurs victimes, dans une perspective restaurative globale. Beaucoup parmi nous ont porté – et portent encore – attention aux victimes du crime dont la reconnaissance, l'accompagnement et la réparation doivent s'inscrire au sein d'un procès équitable et dans le cadre d'une stratégie d'*empowerment*.

Les multiples théories ainsi émises en ces quelques domaines sont généralement riches, variées, détaillées ; la plupart sont opérationnelles. Elles soulignent, chacune à leur manière, la complexité de notre raison d'être : prévenir et, le cas échéant, gérer les conflits d'ordre finalement communicationnel, conflits qui débouchent en tous cas sur un problème à résoudre par le groupe (ou la société) concerné(e) au sein duquel (de laquelle) il s'est cristallisé. De tels constats objectifs ne devraient pas conduire à raviver les débats épistémologiques qui traversent notre discipline. S'ils sont absolument nécessaires, ils ne doivent pour autant pas en stériliser le contenu. Que la construction de l'objet de la criminologie soit large ou étroite (incluant ou

11. V. not. *Infra* la contribution de C. Demonchy.

non les inadaptations, les déviances et le crime ou, si l'on préfère, les « situations problèmes » de nature pénale ou extra-pénale), la situation conflictuelle a toujours précédé le droit, instrument privilégié de la réaction sociale. En effet, comme Sigmund Freud l'a souligné, si le crime est interdit par la loi, c'est aussi ce dont elle s'origine. Il en va de même des dispositifs mis en place relativement au traitement des inadaptations et aux déviances [12].

Que la réactivation de l'ambiguïté, de la relativité des valeurs sociales protégées pénalement soit périodiquement armée ne doit pas faire oublier que les critiques portent essentiellement sur les interdits de faible gravité, bien plus rarement sur les transgressions considérées comme essentielles à la coexistence et à la pérennité du groupe concerné. La distinction tant décriée aujourd'hui entre valeurs sociales essentielles et manquements à la discipline sociale doit pourtant être opérationnalisée comme condition de survie du système de justice pénale. En effet, les premières, seules, devraient être de la compétence judiciaire pénale. Les seconds, dont un très grand nombre sont encore anormalement criminalisés aujourd'hui, gagneraient à ressortir des juridictions civiles, au sens large, voire à n'être appréhendés qu'à l'occasion de programmes communautaires habilités soucieux des droits humains. Que le crime ne soit pas le produit d'un déterminisme biologique ou social implacable ne contrarie pas le constat qu'il s'inscrit généralement comme la réponse plus ou moins probable d'un individu à une situation conflictuelle, déterminée par l'ampleur et la consolidation des défaillances, des concomitances biopsychologiques et sociales perturbatrices accumulées durant la socialisation. Que l'autonomie de la criminologie, plus globalement, se discute certes, il n'empêche qu'elle tend à l'étude de la (des) différence(s) entre ceux qui transgressent les valeurs sociales avec plus ou moins de succès et de visibilité et ceux qui sont « inhibés » par elles. Mais il importe, immédiatement, de préciser que l'analyse du seul passage à l'acte n'est pas susceptible de fonder la différence. L'histoire du sujet (dans sa généalogie comme dans sa trajectoire sociale propre) ainsi que les caractéristiques du contexte sociétal et celles de son environnement social sont autant fondamentales à la mise en évidence de cette (ces) différence(s) exprimée(s) au travers de l'acte. Car en effet, le passage à l'acte qui fixe le conflit (au sens large) est bien plus qu'une transgression : c'est, nous enseigne Christian Debuyst, un enjeu dans une relation [13], enjeu généralement vécu par l'acteur (quel que soit son statut) comme la seule action efficace sur son environnement, en tous cas

12. V. *Totem et tabou*, Petite Bibliothèque Payot, 1965, 243 p. ; C. Cherki-Nicklès et M. Dubec, *op. cit.*, p. 16 et s. ; B. Cyrulnik, *Les nourritures affectives*, Ed. O. Jacob, 1993, p. 143 et s.; J. Pinatel, *Traité de Criminologie*, Ed. Dalloz, 1975, p. 279 et s.

13. V. C. Debuyst, *Modèle éthologique et criminologie*, Ed. Mardaga, 1985, p. 181.

comme l'action la plus adaptée pour sortir du conflit, pour ne plus souffrir en d'autre termes des stimuli douloureux qu'il déclenche.

L'existence même de ces débats est heureuse dans la mesure où la pertinence scientifique de la criminologie passe par le renouvellement permanent, par la critique systématique des connaissances scientifiques acquises. Comme cela fut/est le cas dans d'autres disciplines scientifiques, le temps est venu de chercher à agencer en un tableau criminologique d'ensemble les différents savoirs jusqu'alors éclatés, afin qu'ils deviennent objets d'enseignement et de professionnalisation. C'est en cela que se révèle tout l'intérêt de la publication des Actes du colloque du 3 février 2009 [14]. Non seulement parce que l'ouvrage contient des contributions scientifiques de qualité, adossées la plupart du temps sur des pratiques solides, mais surtout parce qu'il s'inscrit dans une conjoncture interministérielle apparemment soucieuse de débloquer cette carence institutionnelle relativement à l'enseignement et à la formation en criminologie. La communauté scientifique des criminologues (au sens le plus large) laissera-t-elle, une fois encore, cette opportunité lui échapper ? S'appropriera-t-elle le chantier en cours pour éviter, justement, toute dérive politicienne ? Les espoirs comme les craintes sont palpables : raison de plus pour nous y investir d'urgence, si nous ne voulons pas être définitivement dépossédés de nos savoirs scientifiques et praxéologiques.

Foin de polémiques stériles : elles appartiennent au passé [15]. Les scientifiques doivent pouvoir ne pas mélanger « politiques politiciennes » et « politiques publiques » de lutte contre la déviance et le crime. La commodité intra-disciplinaire n'est plus de mise, d'autant plus qu'elle atteste souvent la méconnaissance pure et simple des activités de « l'autre », voire d'une peur diffuse à partager son savoir avec lui, dans une complémentarité raisonnée. Le phénomène est complexe et sa résolution ne peut participer que d'une approche transdisciplinaire. C'est dans la mise en commun de nos différences, des fruits de nos recherches scientifiques et des bonnes pratiques, que réside la richesse de la criminologie. La responsabilité à l'égard des étudiants que nous formons déjà dans nos institutions respectives, es qualité d'enseignant, de chercheur ou de praticiens impose une implication sans faille dans la création de débouchés professionnels dans ces métiers et dans tous les domaines couverts par la criminologie. Au cours de ces toutes dernières an-

---

14. V. not. *Infra* la contribution de P.V. Tournier, « Contexte et enjeux d'une rencontre ».

15. V. not. L. Mucchielli, L'impossible constitution d'une discipline criminologique en France. Cadres institutionnels, enjeux normatifs et développements de la recherche des années 1880 à nos jours, *In Criminologie*, 2004/37-1, pp. 13-42 ; V. également la pétition « Pourquoi nous ne voulons pas de la 'nouvelle criminologie' », en ligne sur www.sauvonslarecherche.fr ; V. *Infra* P.V. Tournier, Mensonges d'un matin d'hiver.

nées, un nombre inégalé jusqu'alors (certes malgré tout encore modeste) de formations académiques a vu le jour sous forme de Diplôme d'université ou de Master (sur une ou deux années) [16], meilleur rempart à la prolifération incontrôlée d'instituts privés. Et la tendance ne s'infléchira pas tant la demande des étudiants (en formation initiale ou continue) est forte [17]. Douter par ailleurs un seul instant que la vigilance critique n'est pas centrale dans les réflexions menées et actions développées devient proprement insultant pour les enseignants, chercheurs et praticiens investis, sans bruits intempestifs, dans l'analyse et le traitement du phénomène criminel... A un point tel qu'il est permis de se demander de quel bord serait susceptible de se trouver la « compromission ». De la même manière, se cristalliser sur nos querelles, qui devraient être sources de progrès scientifique, devient tout simplement indigne de notre communauté scientifique, dont les missions finalement sont de prévenir et de prendre en compte, le cas échéant, les souffrances, bien réelles, de tous les protagonistes de la déviance et du crime (auteurs, victimes et proches) et des professionnels (quel que soit leur statut) qui les accompagnent au quotidien.

De nombreuses interrogations demeurent alors, mais elles ne sont pas insurmontables, loin s'en faut, comme en témoigne la plupart des contributions à ces Actes [18]. Où enseigner la criminologie ? A l'Université sans aucun doute ou, le cas échéant, dans des institutions formellement habilitées au regard de leurs compétences scientifiques et pédagogiques. Les solutions expérimentées en cette matière incitent fermement à l'émancipation, voire à l'autonomie de la formation des criminologues au sein d'une UFR particulière, très certainement en ce qui concerne les criminologues généralistes (futurs enseignants et/ou chercheurs), de manière plus nuancée dans le cadre de complément ou de perfectionnement d'autres formations. Leur réelle autonomie scientifique et administrative n'est pas négociable, laquelle passe

---

16. V. *Infra* la cartographie des formations qui, pour ne pas être exhaustive, est largement prometteuse. Dans le même sens, on ne peut qu'être agréablement surpris par le nombre non négligeable de personnes ayant répondu à l'appel de Pierre V. Tournier, tant à l'occasion de la réflexion sur l'enseignement de la criminologie en France qu'à celle du colloque même qui s'ensuivit. Il n'est pas inutile de souligner que nombre d'entre nous, partisans ou opposants plus ou moins déclarés à l'enseignement de la criminologie à l'université, y participent pourtant très concrètement !

17. V. not. *Infra* les contributions de S. Brézillon ; J.P. Bouchard ; V. également, D. Charvet, La criminologie comme enjeu démocratique, *In A.J.pénal*, 2009-6, pp. 260-261.

18. Comp. dans le même esprit la difficile mise en place de la profession de psychologue, *In Bulletin de psychologie*, 2009-500, Tome 62-2, pp. 107-148.

par des financements publics minimum adéquats [19]. Quel en sera le corps professoral ? Le *statu quo* ne saurait perdurer. On ne s'improvise pas enseignant en criminologie. La création d'une Section transdisciplinaire au sein du CNU ou des grands organismes de recherche est inévitable et d'une urgence criante. Il va sans dire que les « professionnels » seront toujours invités (sous divers statuts) à participer aux enseignements dispensés [20]. Pour quel parcours ? La formation des criminologues généralistes (enseignants et/ou chercheurs) doit impérativement s'inscrire dans le cadre du LMD. Celle des spécialistes (en formation complémentaire ou continue) au niveau du Master (en deuxième année notamment) ou de Diplômes d'universités ou d'instituts habilités [21]. Les contenus doivent être harmonisés au niveau national, régional voire international pour les enseignements fondamentaux pour le moins. A l'instar des « conférences de consensus » mises en place dans d'autres champs, leur mise à jour s'impose de manière régulière [22]. Les échanges internationaux auprès d'Ecoles de criminologie doivent être systématisés. Pour quels débouchés ? Les enseignants et/ou chercheurs ont vocation à rejoindre l'Université ou les Laboratoires de recherches, sans se heurter à la frilosité, voire à l'hostilité, des organismes de qualification ou de promotion, comme c'est trop souvent malheureusement le cas aujourd'hui (V. *Supra*). D'autant plus que les champs à investiguer par les chercheurs et les demandes qui leur sont adressées sont très riches et très variées [23]. Pour tous les autres diplômés (master professionnel ou formation complémentaire), la reconnaissance officielle des formations doit conduire, sans exception, à leur inscription dans les conventions collectives. L'obtention d'un label professionnel authentique est le seul garant des droits des intéressés comme de leurs devoirs (aux plans éthique et déontologique notamment) lors de la mise en œuvre de leurs interventions. D'autant plus que les débouchés sont réels et l'insertion professionnelle effective, quoi qu'on en dise.

19. V. not. *Infra* les contributions de A. Laquièze ; L.M. Villerbu ; J. Faget ; A. Beziz-Ayache ; J. Castaignède ; J.-L. Viaux.

20. V. not. *Infra* les contributions de J. Danet ; J.-L. Senon ; P. Bernier ; F. Diaz et L. Hébert.

21. V. not. *Infra* les contributions de P.V. Tournier ; E. Marlière ; C. Bouchard, V. Prud'homme, C.-E. Jeanson et P. Boehler.

22. V. *Infra* la contribution de P.V. Tournier, « Contexte et enjeux d'une rencontre ».

23. V. not. *Infra* les contributions de P. Milburn ; J.P. Bouchard ; L. Jouvet ; A. Gauthier ; y compris lors de la conception des textes législatifs ou réglementaires où la présence des criminologues est quasi inexistante, V. en ce sens la pertinente contribution de D. Guérin.

La lecture des contributions à ces Actes fondateurs [24] incite à se convaincre, sans beaucoup d'hésitation, que c'est tous ensemble que nous devons construire l'universalité de la criminologie scientifique, sans exclusive, dans le respect mutuel des personnes comme des disciplines et par le partage des connaissances théoriques et des pratiques. Aucun rêve éveillé, aucune naïveté coupable, aucun intérêt inavouable en cela. Pas davantage d'utopie, sinon d'un « utopisme rationnel » comme l'a souligné Pierre Bourdieu, capable de jouer de la connaissance du probable pour faire advenir le possible. En d'autres termes et en paraphrasant Antoine de Saint-Exupéry, pour ce qui est de l'avenir de la criminologie en France, il ne s'agit pas de le prévoir mais de le rendre possible. C'est ainsi que la justice humaine, sociale comme pénale, soucieuse des droits et des devoirs de chacun, est susceptible de devenir, enfin, restaurative de l'harmonie sociale. Le moment semble venu de nous mettre au travail et nous ne serons jamais assez nombreux pour mener à bien une telle œuvre de Justice [25].

---

24. V. not. L.M. Villerbu, Penser une formation en criminologie en France, résistances et perspectives, *In A.J.*pénal, 2009-6, pp. 255-258 ; Comp. C. Lazerges, Pénalistes, Droit pénal et sciences criminelles dans l'Université française, *In Sciences pénales et sciences criminologiques. Mélanges offerts à Raymond Gassin*, Presses Univ. Aix-Marseille, 2007, pp. 27-39.

25. V. not. *Infra* les contributions de J.M. Bessette ; M. Herzog-Evans.

I

Ouverture

1

Contexte et enjeux d'une rencontre

Par Pierre V. Tournier

Pierre V. Tournier *est docteur en démographie, hdr, directeur de recherches au CNRS, Centre d'histoire sociale du XXe siècle, chargé d'enseignement en mathématiques appliquées à la démographie et en démographie pénale à l'Université Paris 1 Panthéon Sorbonne, directeur de l'hebdomadaire électronique Arpenter le Champ Pénal, Animateur du Club DES Maintenant en Europe, fondateur de Pénombre, de l'association Tétra et de la revue électronique bilingue Champ Pénal / Penal Field, Nouvelle revue française de criminologie / New French Journal of Criminology, ancien président de l'Association française de criminologie (AFC).*

Le jeudi 2 octobre 2008, se sont réunis, au Centre d'histoire sociale du XXe siècle (Université Paris 1 Panthéon Sorbonne), 25 enseignants et/ou chercheurs pour débattre des moyens à mettre en œuvre afin de développer l'enseignement et la recherche en criminologie dans les universités. Venus de la plupart des grandes villes universitaires, ils représentaient les différentes disciplines qui concourent à l'étude scientifique du « phénomène criminel », à la façon dont il est défini et contrôlé (prévention et traitement) : sciences juridiques, sciences humaines et sociales, médecine et sciences du psychisme, statistique. Etaient aussi représentées, à cette 1ère réunion, l'Ecole nationale de la magistrature (E.N.M.), l'Ecole nationale d'administration pénitentiaire (E.N.A.P.), l'Association française de criminologie (A.F.C.) et l'Association « Tétra » (Criminalité, délinquance, justice : connaître pour agir).

J'avais pris l'initiative d'organiser – en toute indépendance – cette rencontre à la suite de la mission, présidée par Alain Bauer, sur la « formation et la recherche en matière stratégique » (défense, sécurité, questions pénales et criminologiques) à laquelle j'avais participé. Le président de la République avait approuvé les recommandations du rapport de la mission que nous lui avions remis en mars 2008 [1] :

1/ Création d'un « Conseil supérieur de la formation et de la recherche stratégique » (C.S.F.R.S.), sous la forme d'un groupement d'intérêt public (G.I.P.) et création de deux instituts de formation.

2/ Fusion de l'Institut des hautes études de la défense nationale (I.H.E.D.N.) et du Centre des hautes études de l'armement (C.H.E.Ar.).

3/ Fusion de l'Institut national des hautes études de la sécurité (I.N.H.E.S.) et de l'Institut d'études et de recherches sur la sécurité des entreprises (I.E.R.S.E.) et création de l'Institut national des hautes études de la sécurité et de la justice (I.N.H.E.S.-J.) avec 4 départements : a. sécurité intérieure, b. sécurité sanitaire et environnementale, c. sécurité économique, d. questions pénales et criminologiques.

4/ Elargissement des compétences de l'Observatoire national de la délinquance (O.N.D.) à l'ensemble du processus pénal et mise en place de l'Observatoire national de la délinquance et des réponses pénales (O.N.D.R.P.).

5/ Création de filières universitaires en *relations internationales et diplomatiques*.

6/ Création de filières universitaires en *criminologie*.

C'est, naturellement, ce dernier point qui nous intéresse ici, en priorité. Compte tenu de l'autonomie des universités, ce dernier objectif nécessite la coopération active des enseignants et des chercheurs du champ criminologique. Aussi s'agissait-il de voir, en liaison avec la mission « Bauer » et le Ministère de la Recherche et des Universités, comment la communauté scientifique, dans sa diversité, pouvait s'inscrire dans ce processus, et ce dans le respect de ses exigences scientifiques et éthiques.

C'est dans ce même esprit que j'avais décidé d'organiser le colloque « *Criminologie : formation et recherche. Sortir de l'exception française ?* » [2], le 3 février 2009, au siège du C.N.R.S. à Paris. Placé sous la pré-

---

1. *« Déceler, étudier, former : une voie nouvelle pour la recherche stratégique. Rapprocher et mobiliser les institutions publiques chargées de penser la sécurité »*. Rapport au Président de la République et au Premier ministre, remis le 20 mars 2008, *Cahiers de la Sécurité*, supplément au n°4, avril - juin 2008, 165 pages.

« Déceler, étudier, former : une voie nouvelle pour la recherche stratégique. Rapport au Président de la République et au Premier ministre, Note de synthèse, mars 2008, 4 pages.

2. V. la postface pour en savoir plus sur le climat délétère dans lequel nous avons dû préparer ce colloque.

sidence d'honneur de M. Vincent Lamanda, Premier président de la Cour de Cassation et de M. Arnold Migus, Directeur général du C.N.R.S., le colloque avait pour vocation de réunir universitaires, étudiants, chercheurs concernés par le champ criminologique et acteurs des politiques de sécurité et des politiques pénales, dans toute leur diversité, pour examiner, ensemble, comment développer en France la connaissance du phénomène criminel, comment diffuser cette connaissance scientifique auprès des étudiants, des professionnels, des élus, des militants, des médias, de l'ensemble de la société.

Une deuxième réunion nationale s'est tenue le 15 janvier 2009 à la Cité Saint Martin (Paris, 4ème), en présence de 35 enseignants-chercheurs et chercheurs C.N.R.S. A cette réunion, j'ai proposé la création d'une ***Conférence universitaire de criminologie*** (permanente) ayant pour vocation de rassembler celles et ceux qui consacrent une part significative de leur activité professionnelle à l'enseignement supérieur et à la recherche scientifique sur le « phénomène criminel », qu'ils soient universitaires *stricto sensu* ou non. Espace de réflexion, de propositions et de construction de projets, cette conférence devrait se donner les moyens d'un dialogue constant avec les acteurs des politiques publiques afin de réfléchir, avec eux, aux contenus des formations continues dont ils pourraient avoir besoin, dans l'exercice de leurs métiers ainsi qu'aux priorités nationales en matière de recherche dans le champ pénal et criminologique.

Pour l'organisation du colloque du 3 février, un comité scientifique a été constitué, pour une grande part avec les participants de la réunion – ouverte à tous – du 2 octobre 2008. Nous avons reçu le soutien du C.N.R.S. qui a mis à notre disposition l'auditorium Marie Curie et le restaurant d'entreprise de son siège national. Nous n'avons reçu aucune subvention des Ministères de la Justice, de l'Intérieur et de la Santé, et ce malgré toutes les démarches entreprises. En revanche, nous avons bénéficié du soutien de la Société G.E.P.S.A., prestataire de services dans les établissements pénitentiaires en gestion déléguée. G.E.P.S.A. contribue à la réinsertion des personnes détenues grâce aux dispositifs de formation professionnelle, d'emploi et d'accompagnement mis en place en partenariat avec l'Administration pénitentiaire [3].

3. Le budget du colloque, géré par l'association Tétra, dont je suis le trésorier, s'est élevé à 5 000 € = 2 500 € de droits d'inscription et 2 500€ de subvention de G.E.S.P.A. En dehors des collègues étrangers sollicités, aucun intervenant n'a été pris en charge financièrement sur le budget du colloque ; tous ont payé leurs droits d'inscription et leur repas.

2

Le comité scientifique du colloque du 3 février 2009

Evry Archer, psychiatre, chef de service au Centre hospitalier universitaire de Lille, responsable du secteur de psychiatrie en milieu pénitentiaire du Nord-Pas-de-Calais et du service médico-psychologique régional (S.M.P.R.) des établissements pénitentiaires de Loos, chargé d'enseignement aux Universités de Lille 2 et Lille 3.

Sophie Baron Laforet, psychiatre des hôpitaux, responsable du Centre ressource pour les intervenants auprès des auteurs de violence sexuelle en Ile-de-France (Ce.R.I.A.V.S.I.F.), chargée d'enseignement à l'Université Paris 5 René Descartes, Laboratoire d'éthique et de médecine légale.

Alain Bauer, président d'A.B. Associates, président de la mission « Formation et recherche sur les questions stratégiques » (Défense, sécurité, questions pénales et criminologiques), il enseigne la criminologie aux Universités Paris 1, 2, 5... Il est également *senior Fellow* au *Center of Terrorism* du *John Jay College of Criminal Justice* de New York et à l'Université de droit de Beijing et a publié divers ouvrages sur les questions de police et de terrorisme.

Jean-Michel Bessette, professeur de sociologie, Université de Franche-Comté, Besançon, responsable du master 2 « Sociologie, spécialité criminologie ».

Annie Beziz-Ayache, maître de conférences en droit à l'Université Jean Moulin Lyon 3, responsable du master 2 professionnel « Droit privé et sciences criminelles, parcours pénologie ».

Catherine Blaya-Debarbieux, sociologue, Observatoire européen de la violence scolaire, Université Victor Segalen Bordeaux 2.

Dominique Bodin, professeur des Universités, enseignant la sociologie en S.T.A.P.S., Université de Haute Bretagne Rennes 2, responsable des master 2 « Métiers de la sécurité : sport et sécurité » (en Staps) et « Métiers de la sécurité : sécurité et défense » (en sociologie).

Robert Cario, professeur de sciences criminelles, Université de Pau et des Pays de l'Adour, co-responsable du master 1 « Criminologie » et du master 2 « Criminologie et droit(s) des victimes ».

Geneviève Casile-Hugues, maître de conférences en droit, Université Paul Cézanne, Aix-en-Provence - Marseille 3, responsable du master 2 « Expertise dans le système pénal ».

Jocelyne Castaignède, maître de conférences en droit, Bayonne, responsable du Master « Criminologie et droit des mineurs en difficulté ».

Jean-Paul Céré, maître de conférences en droit, Université de Pau et des Pays de l'Adour, responsable des Masters 1 et 2 « Exécution des peines et droits de l'homme ».

Philippe Combessie, professeur de sociologie, directeur adjoint du département de sociologie de l'Université Paris Ouest, Nanterre, La Défense.

François Courtine, maître de conférences en STAPS, directeur du département de la recherche à l'Ecole nationale d'administration pénitentiaire (E.N.A.P.), Agen.

Alain Cugno, professeur agrégé de philosophie, retraité, représentant de l'Association Tétra « Criminalité, délinquance, justice : comprendre pour agir ».

Eric Debarbieux, professeur en sciences de l'éducation à l'Université Victor Segalen Bordeaux 2, membre du Conseil d'orientation (C.O.R.) de l'Observatoire national de la délinquance (O.N.D.).

Jean-Marc Elchardus, professeur de médecine légale psychiatrique à l'Université Claude Bernard Lyon 1.

Jacques Faget, sociologue et juriste, chargé de recherches au CNRS, Institut d'études politiques de Bordeaux, enseignant aux universités Bordeaux 4 et Paris 5, délégué éditorial de Champ Pénal / *Penal Field*, Nouvelle revue française de criminologie / *New French Journal of Criminology*.

Benoît Garnot, professeur d'histoire moderne à l'Université de Bourgogne, UMR 5605 Georges Chevrier, responsable du thème « histoire de la justice et de la déviance ».

Muriel Giacopelli, maître de conférences en droit, Université Paul Cézanne, Aix-en-Provence - Marseille 3, responsable du master 2 « Traitement de la délinquance, application des peines ».

Martine Herzog-Evans, professeur de droit à l'Université de Reims, membre du comité de rédaction de la revue Actualité Juridique Pénal (Dalloz).

Jean-Paul Jean, avocat général près la Cour d'Appel de Paris, professeur associé, hdr, Université de Poitiers, délégué éditorial de Champ Pénal / *Penal Field*, Nouvelle revue française de criminologie / *New French Journal of Criminology*.

Laurence Leturmy, maître de conférences en droit privé et sciences criminelles, Université de Poitiers, responsable du master 2 professionnel « Criminologie et victimologie ».

Michel Massé, professeur en droit privé et sciences criminelles, Université de Poitiers, responsable du master 2 recherche, « Droit pénal approfondi et sciences criminelles ».

Paul Mbanzoulou, docteur en droit privé et sciences criminelles, hdr, enseignant chercheur à l'Ecole nationale d'administration pénitentiaire (E.N.A.P.), Agen.

Philip Milburn, professeur de sociologie, Université de Versailles, Saint-Quentin en Yvelines.

Valérie Moulin, maître de conférences en psychologie pathologique et criminologique, Université de Haute Bretagne Rennes 2, co-responsable du master 2 « Psycho-criminologie et victimologie ».

Anne Ponseille, maître de conférences en droit, Université Montpellier 1, responsable du D.U. « Droit de la sanction pénale et de l'exécution des peines ».

Philippe Pottier, diplômé en anthropologie, D.S.P.I.P., adjoint du sous-directeur chargé des personnes placées sous main de justice à la Direction de l'administration pénitentiaire, représentant de l'Association française de criminologie, ancien président.

Nathalie Przygodzki-Lionet, maître de conférences en psychologie sociale, Université Charles de Gaulle Lille 3, chargée d'enseignement à l'Institut de criminologie de Lille 2.

Xavier Raufer, docteur en géographie et géo-politique, chargé d'enseignement à l'Université Paris 2 Panthéon Assas, directeur des études du département « Recherches sur les menaces criminelles contemporaines » de l'Institut de criminologie de Paris 2.

Jean-Louis Senon, psychiatre, professeur à l'Université de Poitiers, responsable du master 2 professionnel « Psychopathologie, pratiques cliniques criminologie ».

Didier Thomas, professeur de droit, Université de Montpellier 1, responsable du D.U. « Sciences criminelles », directeur de l'Equipe de recherche sur la politique criminelle (E.R.P.C.).

Pierre V. Tournier, docteur en démographie, hdr, directeur de recherches au C.N.R.S., Centre d'histoire sociale du XXe siècle, chargé d'enseignement en mathématiques appliquées à la démographie et en démographie pénale à l'Université Paris 1 Panthéon Sorbonne, directeur de l'hebdomadaire électronique Arpenter le Champ Pénal, Animateur du Club DES Maintenant en Europe, fondateur de Pénombre et de la revue électronique bilingue Champ Pénal / *Penal Field*, Nouvelle revue française de criminologie / *New French Journal of Criminology*, ancien président de l'Association française de criminologie (A.F.C.) et de l'association Tétra.

Jean-Luc Viaux, professeur de psychopathologie, Université de Rouen.

Loick Villerbu, professeur de psychologie, Université de Haute Bretagne Rennes 2, co-responsable des masters 1 et 2 « Psycho-criminologie et victimologie », directeur de l'Institut de criminologie et de sciences humaines, directeur du G.I.S. Criminologie et Société (C.R.I.M.S.O.).

3

Discours d'Alain Laquièze

Représentant M. Arnold Migus,
Directeur général du CNRS

***Alain Laquieze** est professeur agrégé de droit public à l'Université Sorbonne Nouvelle Paris 3. Au moment du colloque du 3 février 2009, il était chargé, à la direction du CNRS du droit, des sciences politiques et de la sociologie. Il est aujourd'hui directeur des partenariats du CNRS. Ses travaux de recherche portent sur le droit constitutionnel, l'histoire des idées politiques, les libertés publiques et le droit européen.*

Mesdames, Messieurs, chers collègues, bienvenue au C.N.R.S., dans l'auditorium Marie Curie. Je tiens tout d'abord à faire part des excuses du Directeur Général du C.N.R.S., Arnold Migus, qui ne peut être présent ce matin, mais qui m'a demandé de le représenter. Il m'a également demandé de vous exprimer son grand intérêt pour ce colloque dont il a accepté qu'il se tienne au siège du C.N.R.S.

Je tiens également à exprimer mes remerciements à M. Pierre Victor Tournier, directeur de recherches au C.N.R.S, qui organise ce colloque international consacré à la criminologie et plus spécialement à l'acclimatation de ce champ thématique dans le monde universitaire et scientifique français. Rappelons que ce colloque prend place dans une réflexion, entamée depuis plusieurs mois, sur la « formation et la recherche en matière stratégique », sous l'égide de la mission présidée par M. Alain Bauer. Cette mission avait notamment recommandé la création de filières universitaires consacrées à la criminologie, ainsi qu'une structuration accrue de la recherche dans le domaine des questions de sécurité.

Cette réflexion que vous poursuivez aujourd'hui, le C.N.R.S., et en son sein l'Institut des S.H.S., compte l'accompagner.

1) D'abord, parce qu'elle porte sur un champ thématique à la confluence de plusieurs disciplines scientifiques : le droit, les sciences sociales et la psychologie. Cette approche pluridisciplinaire pour étudier le phénomène criminel dans toutes ses dimensions apparaît très riche du point de vue heuristique et obéit à la préoccupation du C.N.R.S. qui est d'encourager le regard croisé des disciplines sur un objet commun, convaincu que ce regard croisé est de nature à faire progresser la connaissance.

2) Ensuite, parce qu'elle vise à faire émerger et à mieux faire reconnaître dans notre pays, et particulièrement dans le milieu académique, la criminologie. Certes, on est en droit de se demander si la criminologie est vraiment nouvelle en France. Les Facultés de droit françaises ne dispensent-elles pas depuis la première moitié du $20^{\text{ème}}$ siècle des enseignements de sciences criminelles ?

Je ne serais pas loin de regretter, à titre personnel et en tant que juriste, l'abandon progressif de l'expression « sciences criminelles », même si elle renvoie à une discipline qui a vécu sous la domination du droit et plus particulièrement du droit pénal. Je note toutefois que l'on continue de parler de « science administrative », alors même que cette dernière a souvent été considérée comme une science d'appoint du droit administratif.

Quel que soit le nom qui sera finalement donné à cette science, l'Institut des Sciences humaines et sociales du C.N.R.S. sera très attentif à son développement et a vocation à soutenir ce qui serait susceptible d'être considéré comme une niche scientifique.

3) Enfin, parce que cette réflexion, dont ce colloque peut être un premier aboutissement, vise à promouvoir à la fois la recherche et l'enseignement universitaire en criminologie, afin que la France puisse rattraper son retard par rapport aux grandes démocraties modernes. La criminologie n'est pas la seule à souffrir d'un manque de reconnaissance en France ; il en va de même pour un autre parent pauvre des sciences sociales, les relations internationales. Seul un travail en profondeur des universités soutenues par un organisme de recherche tel que le C.N.R.S., est en mesure de combler ce retard préoccupant.

Je ne saurais achever mon propos sans dire un mot de la controverse, par l'échange de pétitions, qui s'est faite jour sur ce que certains ont pu appeler la « nouvelle criminologie » [1].

Résister à l'intrusion de la politique

Je voulais me faire l'écho de la grande préoccupation de la direction du C.N.R.S. devant ces échanges parfois très vifs qui tendraient à montrer, s'il en était besoin, la difficulté pour les sciences sociales de résister à l'intrusion de la politique. Je voudrais seulement rappeler les règles constitutives de cette communauté des sciences sociales, telles que les indiquaient Raymond Aron dans un texte introductif à l'ouvrage de Max Weber, « *le savant et le politique* » :

1) L'absence de restriction dans la recherche et l'établissement des faits eux-mêmes ;

2) l'absence de restriction au droit de discussion et de critique, appliquées non pas seulement aux résultats partiels, mais aux fondements et aux méthodes ;

3) enfin, l'absence de restriction au droit de désenchanter le réel.

L'organisme de recherche que je représente ici veillera à ce que ces règles constitutives soient respectées et à ce qu'un dialogue scientifique serein et approfondi puisse avoir lieu sur un sujet qui apparaît vital pour l'avenir de la nation. Dans cet esprit, je me réjouis tout particulièrement de la tenue de ce colloque et vous souhaite d'excellents travaux.

1. V. postface de Pierre V. Tournier, « Mensonges d'un matin d'hiver ».

4

Discours de Didier Guérin

Représentant M. Vincent Lamanda,
Premier président de la Cour de Cassation

***Didier Guérin** est magistrat, conseiller de la chambre criminelle de la Cour de Cassation. Il a été sous-directeur à la législation criminelle de la Direction des affaires criminelles et des grâces au ministère de la Justice.*

Monsieur le premier président m'a demandé de le représenter aujourd'hui. Il m'a prié de vous demander de bien vouloir l'excuser. Il a dû récemment renoncer à venir participer à vos travaux. Il est en effet totalement retenu par des séances du Conseil supérieur de la magistrature (C.S.M.) qu'il préside depuis hier, cette fonction lui incombant lorsque cet organisme siège pour des poursuites disciplinaires.

Je sais que vous auriez été intéressés d'avoir un échange avec lui sur les conclusions qu'il a soumises au Président de la République en conclusion de son rapport intitulé « Amoindrir les risques de récidive criminelle des condamnés dangereux ». Lui seul est évidemment en mesure de se livrer à cet exercice avec pertinence.

1 – A propos de la rétention de sûreté

Je rappellerai toutefois que la mission qui lui a été confiée consistait à faire des propositions après la décision du Conseil constitutionnel en date du

21 février 2008 qui a statué sur la constitutionnalité de la mesure de rétention de sûreté, introduite par le législateur.

La rétention de sûreté consiste à placer un condamné, qui a exécuté sa peine, dans un centre médico-judiciaire de sûreté, dont l'objectif est une prise en charge médicale, sociale et psychologique destinée à permettre la fin de cette mesure. Celle-ci, selon l'article 706-53-13 du Code de procédure pénale, s'applique à des condamnés à une peine de réclusion criminelle d'au moins quinze ans et qui ont commis des crimes sur mineur (assassinat, meurtre, torture, acte de barbarie, viol, enlèvement ou séquestration) ou des crimes sur majeur, de même nature mais aggravés. La mesure de rétention ne peut être prise qu'après saisine d'une commission régionale de sûreté, laquelle doit demander le placement de la personne, pour une durée d'au moins six semaines, dans un service spécialisé chargé de l'observation des personnes détenues aux fins d'une évaluation pluridisciplinaire de dangerosité assortie d'une expertise médicale établie par deux médecins. La mesure est prononcée par la juridiction régionale de la rétention de sûreté composée d'un président de chambre et de deux conseillers qui statuent après un débat contradictoire. La mesure est prise pour une durée d'un an ; elle est renouvelable. En cours d'exécution, le condamné peut saisir la juridiction régionale pour demander qu'il soit mis fin à la mesure, dès lors que la dernière décision date de plus de trois mois (Article 706-53-17 CPP).

A côté de cette rétention de sûreté, la nouvelle loi a prévu la surveillance de sûreté qui permet d'imposer au condamné des obligations identiques à celles prévues dans le cadre de la surveillance judiciaire dont il sera question plus loin.

Le Conseil constitutionnel, après avoir déclaré la rétention de sûreté constitutionnelle dans son principe, a estimé que cette mesure, eu égard à sa nature privative de liberté, à la durée de cette privation, à son caractère renouvelable sans limite et au fait qu'elle est prononcée après une condamnation par une juridiction, ne saurait être appliquée à des personnes condamnées avant la publication de la loi ou faisant l'objet d'une condamnation postérieure à cette date pour des faits commis antérieurement.

Comme le relève le Premier président Lamanda dans son rapport, la rétention de sûreté ne sera donc applicable que dans une douzaine d'années.

En conséquence, le Président de la République a demandé au Premier président de faire toutes propositions utiles pour notre droit, pour que les condamnés exécutant actuellement leur peine et présentant les risques les plus grands de récidive puissent se voir appliquer un dispositif tendant à l'amoindrissement de ces risques.

Je souligne que cette réflexion s'inscrivait dans un paysage législatif devenu particulièrement touffu au cours des dernières années.

En effet, la loi du 12 décembre 2005 a créé la surveillance judicaire des personnes dangereuses (article 723-29 CPP) qui consiste à imposer au détenu, à sa sortie de prison, un certain nombre d'obligations, pour une durée comprise dans la limite des réductions de peines qui lui ont été accordées (article 723-29 et s. CPP).

Le prononcé, par le juge de l'application des peines, de cette surveillance judiciaire qui a été qualifiée de modalité d'exécution de la peine par le Conseil constitutionnel n'est possible que pour les personnes condamnées à une peine privative de liberté d'une durée égale ou supérieure à dix ans pour un crime ou un délit pour lequel un suivi socio-judiciaire est encouru [1]. La dangerosité de la personne doit être constatée par une expertise médicale dont la conclusion fait apparaître la dangerosité du condamné et détermine si celui-ci est susceptible de faire l'objet d'un traitement. Les obligations qui peuvent être imposées au condamné sont multiples ; elles incluent notamment la surveillance électronique mobile ainsi que l'injonction de soins.

Je précise que la surveillance électronique mobile (article 131-36-9 et s. CPP, introduit par la loi du 12 décembre 2005) qui consiste à imposer, pour une durée maximum de quatre ans en matière correctionnelle et de six ans en matière criminelle, à une personne condamnée à une peine d'au moins sept ans le port permanent d'un dispositif permettant de la localiser, à tout moment et à toute distance, sur l'ensemble du territoire national est une mesure permettant de contrôler le respect d'obligations imposées, en dehors du cas de la surveillance judicaire déjà évoquée, dans le cadre d'une libération conditionnelle (article 731-1 CPP), du suivi socio-judiciaire (article 131-36-9 CPP), ou de la surveillance de sûreté.

Le Premier président Lamanda, dans son rapport, n'a donc pas proposé de nombreuses mesures législatives venant s'ajouter à l'édifice complexe que je viens de décrire à grands traits. Il a simplement proposé qu'en cas de révocation d'une libération conditionnelle, il soit possible de mettre en oeuvre au terme de la détention de l'intéressé une mesure de surveillance de sûreté et que la violation des obligations de la surveillance judicaire provoque, non la révocation de la mesure mais sa suspension, du fait de la réincarcération de l'intéressé (propositions 10 et 11). En revanche, sur le plan pratique, il a

1. Il s'agit, essentiellement, des atteintes volontaires à la vie, des actes de torture et de barbarie, des viols, de certaines agressions sexuelles, des enlèvements et séquestrations, de certains crimes de violences.

proposé des mesures susceptibles de permettre une meilleure prise en charge des détenus, et particulièrement de ceux ayant commis des actes manifestant une dangerosité particulière.

Je ne m'attarderai pas sur la proposition d'augmenter les effectifs des services pénitentiaires d'insertion et de probation et de spécialiser une partie d'entre eux dans les suivis renforcés. Une simple observation personnelle : quand on connaît le sous-effectif de ces services depuis toujours, et leur incapacité, du fait de ce manque d'effectif, à prendre en charge l'ensemble des missions qui leur sont confiées par la justice, on regrette que ce ne soit pas enfin le premier souci de les renforcer. L'empilement des lois ne peut dispenser de mieux comprendre certains échecs à l'aune des réels moyens judiciaires et pénitentiaires.

A cet égard, l'urgence de la mise en œuvre de la proposition 14, faite dans le rapport, paraît évidente ; « mettre en place, sans délai, une prise en charge médico-sociale, psychologique et éducative des condamnés dangereux, si possible, dès le début de leur détention ».

2 - Promouvoir la recherche et l'enseignement de la criminologie

J'en viens maintenant à évoquer les trois propositions faites dans le champ qui vous préoccupe plus particulièrement :

- promouvoir la recherche et l'enseignement de la criminologie ;
- confier la définition des orientations et des priorités de la recherche criminologique, la coordination des différentes études et la valorisation de leur résultat à un conseil scientifique national ;
- favoriser l'enseignement universitaire approprié à la qualification de criminologue clinicien ;
- compléter en criminologie clinique les formations initiale et continue de certains professionnels.

Je sais que ces propositions soulèvent un débat intense parmi les criminologues. Je n'ai évidemment pas autorité pour prôner des solutions en ce domaine. Je ne peux que souligner que les propositions de M. Lamanda sont le fruit d'une réflexion mettant en évidence la complexité des problèmes soulevés par le phénomène criminel et la nécessité de se fonder sur des connaissances solides pour y apporter les réponses les plus satisfaisantes. Il est clair aussi que ces propositions s'ouvrent pour leur mise en œuvre, sur des choix divers qui méritent débat dans la communauté scientifique.

A ce stade, je ne ferai que quelques remarques tirées de mon expérience professionnelle.

Il se trouve qu'une grande partie de mon activité professionnelle s'est déroulée au ministère de la Justice, et pour l'essentiel, à la Direction des affaires criminelles et des grâces où j'avais en dernier lieu la responsabilité de la sous-direction chargée d'élaborer les textes pénaux. Dans cette période, j'ai eu à travailler particulièrement sur la réforme du code pénal et sur plusieurs réformes du code de procédure pénale. Je dois relever qu'au sein de la commission de révision du code pénal, dont les travaux ont été à l'origine du code pénal de 1994, il n'y avait pas un seul membre issu du monde de la recherche en criminologie. Il n'y avait pas un spécialiste des statistiques criminelles. Par ailleurs, les réformes de procédure pénale s'élaboraient essentiellement dans le cercle étroit des juristes. Au fond, la loi ne se faisait qu'à travers la vision des juristes. Rares étaient d'ailleurs les références dans les travaux parlementaires aux statistiques et aux recherches criminologiques.

On peut, au passage, relever qu'il n'apparaissait pas, du côté des chercheurs spécialistes du domaine, une démarche dynamique par laquelle ils auraient cherché à sortir d'un certain isolement pour amener à une prise en compte des fruits de leurs travaux. N'était-il pas parfois souhaité de rester dans un rôle d'observateur éclairé, plutôt que d'endosser un rôle de partie prenante ?

On pourrait toutefois penser que l'évolution récente des méthodes d'élaboration des lois, avec la nécessité d'établir des études d'impact, a renforcé la nécessité de s'appuyer, pour élaborer la loi en matière pénale sur les leçons tirées de l'histoire judiciaire et pénitentiaire et sur les résultats de recherches. Peut-on être optimistes à cet égard ? On peut relever que les conclusions tirées de travaux extrêmement approfondis de la commission parlementaire sur l'affaire d'Outreau, alors qu'elles s'appuyaient sur un travail de consultation très approfondi, ne sont pas, pour l'essentiel, reprises, les événements d'actualité pouvant chasser, par les réponses rapides qu'ils appellent, le fruit de longues réflexions pourtant récentes.

3 - Renforcer la formation des magistrats en criminologie

Mes fonctions actuelles, essentiellement juridiques, de conseiller à la chambre criminelle de la Cour de cassation m'éloignent évidemment des préoccupations concrètes qui sont à prendre en compte face au mis en examen et face à l'accusé ou au prévenu. Je suis cependant convaincu que la connaissance des phénomènes sociaux, culturels et des évolutions de la criminalité fait partie du fond indispensable à la réflexion juridique.

Je prendrai un exemple. Vous connaissez l'existence de l'incrimination d'abus de faiblesse. Cette incrimination destinée notamment à protéger les personnes d'une particulière vulnérabilité, notamment en raison de leur état de santé ou de leur âge, doit évidemment s'appliquer en prenant en compte les évolutions démographiques et sociologiques actuelles et les modes de vie en charge des personnes âgées.

Autre exemple : la jurisprudence sur les fautes involontaires ne peut ignorer les réactions sociales complexes allant du regret de l'excès de pénalisation de la vie sociale à l'exigence de la recherche de responsables pour tous les accidents de la vie. Je dirai donc que le juge de cassation doit asseoir sa réflexion sur d'autres éléments que la connaissance de la loi et de la jurisprudence. On sait que de grandes évolutions de la jurisprudence s'inspirent des interprétations données par la Cour européenne des droits de l'homme en matière de droit à la vie, de protection de la vie privée et de droit à la liberté d'expression, par exemple. Ces évolutions s'inscrivent à l'évidence dans le cadre de l'évolution des pratiques sociales, qui ne peuvent se connaître qu'à travers des connaissances précises du champ social.

Il est cependant certain que c'est dans l'activité de juge du fond que les connaissances du phénomène criminel sont les plus mobilisées. Prenons, par exemple, le cas de la criminalité sexuelle. Une connaissance des phénomènes en jeu dans l'inceste est ainsi, à coup sûr, indispensable, pour que le juge prenne les décisions les plus adaptées. Le rejet fréquent de la victime par le milieu familial, l'explosion de la cellule familiale, le devenir du délinquant sexuel en prison ou en milieu libre, tous ces éléments complexes doivent s'appréhender de manière raisonnée, éclairée par la connaissance. Ceci est indispensable pour que le juge échappe à l'emprise de l'opinion dominante, si prompte à prendre fait et cause pour une solution catégorique, ignorant la complexité des situations ; il est certain que le juge ne peut se contenter de l'éclairage venant uniquement du psychologue ou du psychiatre, auquel il ne peut au demeurant demander de se substituer à lui pour prendre position sur le pronostic d'évolution de la personne.

Tout ce propos pour dire que la justice pénale doit être rendue par des personnes ayant une culture suffisante pour appréhender le phénomène criminel. Le magistrat ne peut ignorer les conclusions des recherches faites sur le crime, les recherches statistiques, les recherches sur la récidive, les données historiques d'évolution de la délinquance, les enquêtes sur le coût du crime, les évolutions de pratiques judiciaires.

C'est d'autant plus indispensable que la justice est aujourd'hui prise dans l'oeil d'un cyclone. Il lui est demandé systématiquement de répondre dans le sens des injonctions de l'opinion publique qui varient, pour chaque affaire, selon la présentation faite par les médias et selon le contexte dans lequel les informations sont traitées. Dès lors qu'elle ne répond pas dans le sens de ce que veut le tribunal médiatique, supposé lui aussi répondre aux attentes de l'opinion publique, elle est vilipendée, critiquée, voire remise en cause dans sa légitimité. Souvenons-nous des réactions récentes au jugement du tribunal correctionnel de Paris qui a relaxé les prévenus dans l'affaire dite de l'hormone de croissance. La douleur des parents des victimes, infiniment respectable, devait se traduire, dans la ligne majoritaire des médias, par une condamnation des personnes comparaissant devant les juges. Les explications données timidement sur l'innovation introduite par une loi du 20 juillet 2000 qui exige une faute aggravée dans les cas où la faute poursuivie est à l'origine indirecte du dommage corporel subi a à peine été retracée dans les médias. Encore une fois, la justice s'est trompée, selon le tribunal populaire de l'opinion publique. Or, sous réserve de l'appréciation différente que pourrait avoir la cour d'appel, il est indéniable que les juges se sont en l'occurrence appuyés sur le seul guide qui s'impose à eux, la loi. Ils ont dû aussi, dans leur réflexion, s'appuyer sur la connaissance historique de l'évolution de la recherche dans le domaine scientifique concerné.

Le juge, pour se garder de se fonder sur le souhait supposé de l'opinion commune, doit donc se référer aux leçons tirées de l'expérience dans le domaine concerné. Il doit pouvoir s'imposer à cet égard une ascèse qui lui permet de dépasser l'émotion du moment et d'anticiper sur l'évolution prévisible du dossier.

Aussi, est-il à l'évidence nécessaire que la formation en criminologie du magistrat soit renforcée, aussi bien dans sa formation initiale qu'au cours de sa carrière. Les modalités les plus adaptées d'enseignement sont à déterminer dans le cadre de la volonté de permettre un enseignement approfondi, propre au projet de chacune des universités l'accueillant et une recherche libre de toute influence extérieure. Tout juste ajouterai-je, en conclusion, que le praticien de la justice pénale et les spécialistes de la criminologie ne doivent pas travailler en étant isolés les uns des autres dans ce cadre, chacun pouvant, à mon sens, apporter à l'autre les fruits de son expérience.

II

L'enseignement de la criminologie à l'étranger

5

Enseignement et recherche en criminologie en Suisse [1]

Par Nicolas Queloz

Nicolas Queloz *est professeur de droit pénal et de criminologie à l'Université de Fribourg (Suisse). Il préside l'Association internationale des criminologues de langue française (AICLF) et codirige la Revue suisse de criminologie (RSC).*

1 - La Suisse n'est pas un modèle

Nous sommes ici, avec Christian-Nils Robert, deux contributeurs suisses à cette table ronde. N'en déduisez cependant pas que la Suisse constitue un modèle d'organisation de l'enseignement et de la recherche en criminologie.

Nous sommes tous les deux rattachés à des Facultés de droit, dans lesquelles la criminologie est enseignée, non seulement à des juristes, mais dans un cours qui est ouvert à des étudiants d'autres disciplines, des sciences sociales, de la psychologie ou de la médecine.

En ce qui me concerne, j'ai une double formation, d'abord de juriste, puis également de sociologue.

Ma thèse de doctorat est une thèse de sociologie, qui portait sur la réaction institutionnelle à la délinquance des jeunes (parue en 1986), thème toujours de grande actualité.

---

1. Communication sollicitée par le comité scientifique.

Mes premiers enseignements ont eu lieu d'abord dans un Institut de sociologie et de science politique (Université de Neuchâtel), puis dans un Département de travail social et de politiques sociales (Université de Fribourg).

C'est en 1994, que j'ai été engagé comme professeur dans une Faculté de droit (Université de Fribourg), pour y enseigner le droit pénal et la criminologie, ce qui démontre, au passage, l'ouverture d'esprit de la faculté de droit qui m'a engagé (alors que j'avais surtout une étiquette de sociologue / criminologue), cette ouverture d'esprit n'étant certainement pas aussi large dans toutes les facultés de droit, ni dans tous les pays européens.

J'ai alors travaillé à une thèse d'habilitation, en droit pénal et en criminologie, sur le thème de la réaction sociale à la criminalité économique et financière (soutenue en 2002), thème qui est également toujours de grande actualité.

Un premier constat que j'aimerais ainsi faire est que, si la criminologie est enseignée en Suisse (comme en Allemagne ou en Autriche) essentiellement dans des facultés de droit [2] :

• cet enseignement ne s'inscrit pas dans un cadre étroitement normatif ;

• mais laisse une grande place au dialogue et aux recherches ouverts à d'autres disciplines ;

• que ce soit à Fribourg (où mon collègue germanophone, Marcel Niggli, est également juriste et sociologue) ;

• que ce soit à Genève (lorsque Christian-Nils Robert y enseignait) ;

• ou que ce soit à Lausanne, où la faculté de droit a d'ailleurs été récemment rebaptisée faculté de droit et des sciences criminelles, où l'Ecole de sciences criminelles regroupe des pénalistes, des criminologues et des enseignants et chercheurs des sciences forensiques (Institut de police scientifique de grande réputation).

Il faut rappeler d'ailleurs que la criminologie n'a que très rarement développé son propre *instrumentarium* théorique et méthodologique et qu'elle a surtout puisé et appliqué à son champ d'études des théories appartenant à d'autres disciplines des sciences humaines et sociales : pensons, dès les années 1920, à l'approche de la socio-criminogenèse (avec l'Ecole de Chicago aux Etats-Unis) et à l'approche de la psycho-criminogenèse (avec l'Ecole de Louvain en Europe) ; puis, dès les années 1960, à tout le courant de l'interactionnisme symbolique, développé d'abord en psychologie sociale (dès 1938 avec G.H. Mead), ou encore, dès les années 1990, à l'importance

2. Sur 9 facultés de droit en Suisse, 7 dispensent un enseignement de criminologie, dont 2 (Berne et Lausanne) avec un master spécialisé.

prise par la criminologie développementale, issue de la psychologie du développement de la personnalité.

Dans des pays comme la Belgique [3] ou comme le Canada [4] par exemple, la criminologie est aujourd'hui à la fois :

• une discipline scientifique reconnue ;

• un système de formations complet, avec des programmes de baccalauréat, de maîtrise, de doctorat et de formations continues diverses ;

• et un ensemble de pratiques et de professions – portant le label de « criminologues » – assez bien reconnues.

La Suisse n'a pas atteint ce degré de développement, d'intégration et de reconnaissance des professions criminologiques (à de rares exceptions [5]).

2 – Définition de la criminologie

Dans mes cours, la définition que je donne de la criminologie est la suivante :

a) La criminologie fait partie des sciences de l'homme et de la société et elle ne peut donc progresser que dans une perspective interdisciplinaire.

b) Ses objets d'étude essentiels (et les principaux chapitres de mon cours de base) sont le criminel, le crime, la criminalité, le contrôle social et la réaction sociale à ces phénomènes et les victimes d'actes criminels, auxquels j'ajoute des développements relatifs aux témoins ainsi qu'aux *whistleblowers*.

d) La démarche de recherche et de connaissance de la criminologie doit être à la fois :

• théorique et conceptuelle : réflexions et approfondissements relatifs aux sources, aux modèles de compréhension et d'explication ainsi qu'aux concepts-clés de la criminologie ;

• empirique : mise à l'épreuve d'hypothèses de travail selon une méthodologie scientifique, d'observation rigoureuse des faits, de relevés et en-

---

3. En Belgique, les écoles de criminologie ont vu le jour en 1929 à l'Université de Louvain, en 1938 à l'Université de Gand et en 1946 à l'Université de Liège.

4. Au Canada, la criminologie s'est fortement développée depuis 1960.

5. Par exemple : l'Office fédéral de la statistique (Neuchâtel) ou l'Office fédéral de la police (Berne) engagent quelques analystes criminologues, de même que quelques grands établissements pénitentiaires, où les criminologues travaillent surtout sur des questions liées à la dangerosité des détenus.

quêtes de terrain, de confrontation des données recueillies avec les connaissances déjà acquises, de comparaisons dans le temps et dans l'espace, etc. ;

• soucieuse de ses apports pratiques, à savoir être une science appliquée, apte à contribuer à la difficile élaboration de la politique criminelle.

Toutefois, comme vous le savez, les scientifiques ne se font aujourd'hui plus beaucoup d'illusions et ont constaté que la politique criminelle est très peu rationnelle (peu fondée sur les connaissances acquises), très politisée (très influencée par les idéologies, voire le populisme) et très émotionnelle (menée au gré des drames criminels et des dysfonctionnements des appareils de la justice pénale).

Les cours de criminologie que je donne, au niveau master (profil « droit pénal et criminologie »), outre le cours de base d'introduction à la criminologie, portent sur des thématiques spécifiques, telles que la délinquance des jeunes et les réactions sociales qui y sont liées, les criminalités économiques et financières et les réactions sociales qui les concernent (bien différentes de celles qui visent la délinquance des jeunes !) ou encore la délinquance routière et ses modalités de contrôle (également bien spécifiques).

3 – Critiques de la criminologie

Au sujet des critiques actuelles de la criminologie, j'aimerais citer brièvement les auteurs suivants, dont les avis me semblent bien résumer une partie du débat qui fait rage, en France, autour du projet de création de filières universitaires de criminologie.

Pour Candido da Agra, de l'Université de Porto (2004), la criminologie est aujourd'hui coincée entre une « victimo-criminologie » et une « criminologie de la sécurité » : victime et sécurité sont en effet devenues depuis 20 ans les concepts-clés qui ont envahi, voire monopolisé les discours, les rationalités et les pratiques de la criminologie.

Karl Ludwig Kunz, de l'Université de Berne, est d'un avis semblable (2003) : pour lui, la criminologie est désormais poussée à la limite de ses capacités (théoriques et pratiques) par la nouvelle orientation de la politique de sécurité dans nos sociétés du risque.

Pour Céline Bellot et Carlo Morselli, deux auteurs de Montréal : « L'élargissement de la notion de criminalité à celle de risque social tout comme le passage » du concept de « comportements de délinquance » à celui de « situations de désordres », « s'inscrit dans une logique d'analyse où l'accent est mis sur les risques et non plus sur les faits (…) [et] a contribué à la mise en place d'une rhétorique où s'affrontent un Nous, société menacée et un Eux, menaçant (…) » (2003, pp. 8-9).

Ainsi, selon ces auteurs, sur le plan scientifique, théorique et épistémologique, la criminologie n'a pas (encore ?) fait sa révolution, puisqu'elle demeure essentiellement dominée par un « réalisme naïf » (Da Agra, 2004) et acritique – avec l'exemple type de l'utilisation de la pseudo théorie de la fenêtre cassée – et par la perspective technologique (criminologie actuarielle et criminologie situationnelle en particulier), qui sont vouées prioritairement à la gestion des risques.

4 – Recherches criminologiques

En ce qui concerne la recherche criminologique en Suisse, nous mentionnerons ici, sans prétendre être complet, un certain nombre de projets importants qui ont été réalisés en Suisse ces dernières années :

• sondages de victimisation et de délinquance auto-reportée (M. Killias et al., 2008 et M. Aebi, 2006) ;

• étude sur les représentations sociales de la sanction pénale (N. Languin et al., 2006) ;

• étude sur la punitivité du public et sur la sévérité des juges (A. Kuhn et al., 2004) ;

• étude sur les expériences de violence commise et subie par les jeunes (M. Eisner et al., 2006) ;

• le PNR 40, « *Violence au quotidien – Crime organisé* » a été le tout premier programme national de recherche (P.N.R.) portant sur des thèmes criminologiques décidé par le Gouvernement fédéral et financé par le Fonds national suisse de la recherche scientifique (F.N.S.) : plus de 30 projets de recherche ont été réalisés (entre 1996 et 2002) dans ce cadre assez surprenant, allant de la violence dans la sphère privée, la violence publique (racisme), jusqu'aux aspects théoriques et aux manifestations concrètes de la criminalité organisée (marchés de drogues, prostitution et traite des femmes, corruption (N. Queloz et al., 2000), pratiques illégales dans les marchés publics de la construction, etc.) ;

• il a été complété par le P.N.R. 40+, « *Extrémisme de droite – causes et contre-mesures* », dont les projets (y compris criminologiques) ont démarré en été 2003 ;

• le P.N.R. 52, « *Enfance, jeunesse et relations entre générations dans une société en mutations* » (2003-2008) comporte notamment trois projets centrés sur la prévention des problèmes d'adaptation de l'enfance à l'adolescence, sur la victimisation et sur la violence domestique pendant l'enfance ;

• enfin, nous avons mené une recherche comparative sur les dispositifs de contrôle du blanchiment d'argent, en Suisse (N. Queloz et al., 2006, financée par le F.N.S.) et au Canada (J.L. Bacher).

5 – Attentes à l'égard de la criminologie de demain

En novembre 2003, j'ai réalisé un sondage auprès d'étudiants qui suivaient un cours de criminologie dans 4 universités suisses (Berne, Fribourg, Genève et Lausanne). Les réponses à cette enquête [6] permettent d'illustrer les attentes et espoirs de la jeune génération face à la criminologie de demain. Voici quelques uns des résultats.

5.1 – Attentes en matière de formation

Les réponses relatives à l'avenir des formations en criminologie peuvent être regroupées comme suit [7] :

• près de 30 % des répondants attendent davantage de possibilités de formations, soit une offre plus nombreuse, plus variée et accessible aussi aux non universitaires ;

• 25 % des répondants souhaitent des formations plus scientifiques et plus spécialisées, que ce soit dans une direction plus psychologique (14 % et davantage chez les femmes) ou plus sociologique (11 %) ;

• près de 25 % attendent des formations plus pratiques, fondées sur l'analyse de cas concrets ;

• et plus de 20 % des répondants espèrent une plus forte reconnaissance publique de la criminologie, surtout sous l'angle d'une meilleure reconnaissance professionnelle des criminologues et d'un accroissement de leurs débouchés d'emploi (13 %) ; également du point de vue d'une plus grande mise en valeur des travaux de la criminologie par les médias (9 %).

---

6. 305 étudiants ont répondu, 180 femmes (59 %) et 125 hommes (41 %).

7. La question était : « Quelles sont vos attentes de développements de la criminologie en matière de formation ? ».

5.2 – Attentes en matière d'orientation professionnelle

Sur le plan des priorités d'orientations professionnelles futures, il est intéressant de relever ce qui suit [8] :

• les domaines d'enquête policière, judiciaire et de *profiling* viennent en tête des désirs de la jeune génération (en tout : 35 % des priorités exprimées), plus particulièrement chez les hommes (38 %) mais sans que ces domaines soient délaissés par les jeunes femmes (32 %) ;

• ces dernières privilégient toutefois l'aide aux victimes (33 % contre 15 % des hommes) ;

• alors que la recherche scientifique en criminologie intéresse davantage les hommes (18 % contre 10 % des femmes) ;

• enfin, 17 % des répondants souhaitent exercer une activité dans le domaine de l'exécution des sanctions.

6 – Pour conclure

La criminologie est aujourd'hui menacée :

• soit d'implosion : sollicitée de toutes parts sur la gestion des risques et les problèmes de sécurité, surchargée de demandes d'expertises et d'interventions, victime par conséquent d'un succès trop rapide, la criminologie est menacée d'implosion, d'écroulement sur elle-même, de perte de sens et de vitalité par suffocation ;

• soit d'explosion : ce sont aussi bien, à l'interne, ses propres subdivisions et hyper-spécialisations, hétérogènes et hétéroclites, qu'à l'externe, la concurrence et les compétences pointues développées par des disciplines scientifiques à l'identité plus forte (par exemple : génétique, informatique, économie, écologie, droit), qui menacent de faire éclater la criminologie. Cette citation est une bonne illustration de ce risque d'explosion :

« Un congrès « criminologique » se déroule en l'an 2018 (…) [mais] le terme « criminologie » est tombé en désuétude. Les *keynote speakers* sont un professeur de génétique légale, un expert judiciaire en informatique, un professeur spécialisé en droits de l'homme, un professeur d'éthique des entreprises, un professeur d'architecture préventive, un professeur en expertise comptable judiciaire, un professeur de sécurité des entreprises, un professeur en assurances actuarielles et, la crème des crèmes, des *risk managers* (…) » (Hoogenboom, cité par Ponsaers, 2002, pp. 210-211).

---

8. La question était : « Quel domaine professionnel envisagez-vous en priorité ? ».

C'est donc à une démarche et à des efforts d'intégration qu'il s'agit d'œuvrer, en France comme ailleurs. En tant que président de l'Association internationale des criminologues de langue française (AICLF), fondée il y a exactement 20 ans (en février 1989) [9], je me plais à rappeler que le but de l'AICLF (article 1er de ses statuts) est « de favoriser et de développer les relations entre universitaires, chercheurs et praticiens, qui contribuent dans le domaine social, clinique ou juridique, à la prévention du crime et à l'amélioration des méthodes pénales ».

9. Pour plus d'informations au sujet de l'A.I.C.L.F., consultez son site : www.aiclf.umontreal.ca

Références bibliographiques

Aebi M., *Comment mesurer la délinquance ?*, Paris, Armand Colin, 2006.

Bellot C., Morselli C., Tolérance zéro. Racines et enjeux, *Les politiques sociales*, n° 1-2, 2003, pp. 4-11.

Cusson M., Dupont B., Lemieux F. (Eds.), *Traité de sécurité intérieure*, Lausanne, Presses polytechniques et universitaires romandes, 2008.

Da Agra C., « La « révolution scientifique » de la criminologie contemporaine », in Queloz N. et al., *La criminologie – Evolutions scientifiques et pratiques : hier, aujourd'hui et demain*, Coire/Zurich, Ed. Rüegger, 2004, pp. 137-153.

Eisner M., Ribeaud D., Bittel S., *Prévention de la violence chez les jeunes*, Berne, Commission fédérale des étrangers, 2006.

Fattah E.A., « Quelques réflexions sur le rôle du criminologue dans la cité : hier, aujourd'hui et demain », in Kellens G., Lemaître A. (Dir.), *Criminologie et société*, 1998, pp. 47-63.

Kellens G., Lemaître A. (Dir.), *Criminologie et société*, Bruxelles, Bruylant, 1998.

Killias M. et al., *La criminalité cachée en Suisse et ses répercussions sur l'opinion publique – Evolution des 20 dernières années*, Berne, Stämpfli, 2008.

Kuhn A., Villetaz P., Willi-Jayet A., Willi F., « Opinion publique et sévérité des juges », *Revue Suisse de Criminologie*, 1, 2004, pp. 23-32.

Kunz K.L., Besozzi C. (Hrsg.), *Soziale Reflexivität und qualitative Methodik. Zum Selbstverständnis der Kriminologie in der Spätmoderne*, Bern, Haupt, 2003.

Languin N., Kellerhals J., Robert C.N., *L'art de punir. Les représentations sociales d'une « juste » peine*, Genève-Zurich, Schulthess, 2006.

Mucchielli L., Robert Ph. (Dir.), *Crime et sécurité. L'état des savoirs*, Paris, La Découverte, 2002.

Queloz N., *La réaction institutionnelle à la délinquance juvénile*, Thèse, Neuchâtel, EDES, 1986.

Queloz N., Borghi M., Cesoni M.L., *Processus de corruption en Suisse*, Basel / Genève / München, Helbing & Lichtenhahn, 2000.

Queloz N., « Les défis posés par la criminalité économique et financière en Suisse », in Ponsaers P., Ruggiero V. (Eds.), *La criminalité économique et financière en Europe*, Paris, L'Harmattan, 2002, 123-142.

Queloz N. et al., *La criminologie – Evolutions scientifiques et pratiques : hier, aujourd'hui et demain*, Coire / Zurich, Ed. Rüegger, 2004.

Queloz N. et al. (Eds.), *Délinquance des jeunes et justice des mineurs : les défis des migrations et de la pluralité ethnique*, Berne et Bruxelles, Editions Stämpfli et Bruylant, 2005.

Queloz N., « Efficacité des systèmes de contrôle du blanchiment d'argent ? », in *Revue internationale de criminologie et de police technique et scientifique*, 1, 2007, pp. 55-67.

Queloz N., Römer K. et al., *Trafic routier, automobile et criminalité*, Berne, Stämpfli, 2008.

6

Une criminologie syncrétique, culture juridique nécessaire [1]

Par Christian-Nils Robert

***Christian-Nils Robert** est professeur honoraire de l'Université de Genève. Il a co-enseigné à la Faculté de droit, de 1977 à 2008, un cours d'« Introduction à la criminologie », en partenariat avec un psychiatre légiste. Il a également enseigné ce domaine à la Faculté de droit et à la chaire de Travail social de l'Université de Fribourg. Il a dirigé et accompagné de nombreuses recherches en sociologie du droit. CNR a été nommé, en 2009, président du jury du prix Gabriel Tarde, prix français de criminologie de l'Association française de criminologie (AFC).*

Par habitude, les facultés de droit ont, de façon générale, maintenu les cours d'histoire du droit et des institutions, de même que des cours de philosophie du droit. Il est moins fréquent de trouver des facultés de droit qui ont hébergé, pour ne pas dire « toléré », des enseignements de sociologie du droit, dans la tradition bien établie par le Doyen Jean Carbonnier. Il est vrai que la professionnalisation de la formation des juristes, conséquence de la complexification du droit en général, a eu pour effet de rigidifier l'arborescence des disciplines strictement juridiques, de multiplier des enseignements de droit appliqué aux nouvelles technologies ou de fragmenter des cours traditionnels en spécialités parfois assez ésotériques.

1. Communication sollicitée par le comité scientifique.

L'académie y a beaucoup perdu de son universalité et les filières juridiques sont maîtrisées progressivement par des écoles de droit plus que par l'Université. Cette évolution a, à sa suite, emporté progressivement des enseignements généraux et de culture juridique aux marges du baccalauréat et de la maîtrise. De plus, ces diplômes, acquis à la suite d'un cursus très concentré, ne permettent plus aux étudiants de suivre, par intérêt, des cours dans d'autres facultés, le mot d'ordre étant de former des techniciens du droit.

La Faculté de droit de l'Université de Genève a pris l'heureuse initiative de développer en son sein, un centre d'étude et d'enseignement de la sociologie du droit. Créé en 1975, mais ne pouvant, pour des raisons stratégiques et politiques, s'annoncer sous l'enseigne de la sociologie, il porte l'acronyme de CETEL (Centre d'Etude, de Technique et d'Evaluation Législatives). Ce noyau, construit autour de la commune curiosité d'enseignants de droit privé, de droit public et de droit pénal pour la sociologie largement conçue, fut, pendant 30 ans, un laboratoire d'enseignement et de recherche largement ouvert sur la sociologie de la famille (droit privé), des institutions (droit public et administratif) et finalement sur la sociologie du fait criminel (droit pénal) et donc, si l'on veut pour l'instant accepter cette qualification, la criminologie.

Cadre idéal de travaux totalement interdisciplinaires, hébergeant juristes, sociologues, politistes et historiens, ce centre suscita l'irradiation d'une approche sociologique dans plusieurs enseignements dits traditionnels de droit.

C'est dans cette ambiance véritablement académique qu'est devenue possible l'institutionnalisation d'un cours d'introduction à la criminologie en 1977, à vocation totalement interdisciplinaire, car donné par deux enseignants académiques, l'un médecin psychiatre légiste et l'autre juriste. De plus, l'auditoire visé était voulu tout autant interdisciplinaire, le cours étant ouvert aux étudiants de trois facultés (sciences économiques et sociales, mention sociologie, faculté de psychologie et sciences de l'éducation et la faculté de droit). Le statut de ce cours a évolué avec les fluctuations réglementaires. D'abord cours à option d'un semestre, puis de deux semestres, enfin à nouveau à un semestre, par l'effet regrettable de la réforme de Bologne, ce cours est, depuis son nouveau statut, donné à plus de 150 étudiants et sanctionné par un examen oral portant aussi bien sur la psychiatrie légale que sur la sociologie pénale. L'heureuse période durant laquelle ce cours fut annuel permit même à des étudiants de facultés différentes de travailler ensemble sur des sujets de mémoire s'intégrant dans le cadre des recherches du CETEL (jury, grâce, libération conditionnelle, victime, etc.).

Nous avions préalablement établi le consensus de divergences possibles sur certains sujets de cours entre psychiatrie légale et sociologie pénale. Ce qui fut perçu par les étudiants, mais accepté avec le plaisir de l'affrontement de contradictions et de critiques, plusieurs thèmes se prêtant indiscutablement à des approches pragmatiques pour le psychiatre légiste, et plus théorique pour le juriste, l'objectif premier étant d'éclairer un certain nombre de thèmes sur les deux approches mentionnées. La priorité fut toutefois accordée à la présentation initiale de chaque thème, à travers la littérature théorique et de recherche en sociologie pénale, suivie d'une lecture empirique faite de psychopathologie légale. C'est donc à l'enseigne de Durkheim que ce cours était présenté aux étudiants : « Nous constatons l'existence d'un certain nombre d'actes qui présentent tous ce caractère extérieur que, une fois accomplis, ils déterminent de la part de la société, cette réaction particulière qu'on nomme la peine (...). Nous appelons « crime » tout acte puni et nous faisons du crime ainsi défini l'objet d'une science spéciale, la criminologie ».

A quoi il faut ajouter la précision que « le crime puni » est ici, pour la sociologie pénale, le crime découvert, poursuivi et condamné et non l'étude juridique d'un comportement abstraitement sanctionné par le droit (qui relève de l'enseignement de droit pénal).

L'hétérogénéité des étudiants nous a obligé à envisager une information, plus qu'une formation, destinée à de futurs professionnels, magistrats, avocats, psychologues, chercheurs, et se devait de prendre sa place comme cours de culture générale, permettant à certains de s'orienter après le baccalauréat, vers des formations masterisées en criminologie clinique, criminalistique et criminologie générale dans des institutions acceptant des étudiants diplômés de facultés diverses, comme c'est le cas de l'Ecole de sciences criminelles de l'Université de Lausanne, l'Ecole de criminologie de l'Université de Louvain-la-Neuve ou l'Ecole de criminologie de l'Université de Montréal.

L'option choisie fut très largement syncrétique pour ne prétériter aucune des orientations ultérieures possibles de nos étudiants et l'un des postulats le plus important de ce cours fut de poser d'emblée les problèmes fondateurs d'une discipline historiquement nommée « Criminologie ». Autrement dit d'insister prioritairement sur des interrogations épistémologiques qui habituellement ne tracassent pas excessivement les juristes, pas plus d'ailleurs que les psychologues. Un intérêt particulier pour les fondamentaux de la criminologie occupait une place de choix.

On notera, à titre d'exemple, que :

« la criminalisation primaire » méritait un développement historico-politique permettant aux étudiants de comprendre ce qu'est le processus d'édification d'une norme pénale, et par-là même, répondre à la question « qu'est-ce qu'un crime ? » ;

« la criminalisation secondaire » permettait de développer une présentation du fonctionnement du système de justice pénale, de la police à l'institution pénitentiaire ;

« le criminel » autorisait cet enseignement à reprendre la longue histoire de la physiognomonie, dont Lombroso est le descendant le plus représentatif, et permettait des développements se rapportant aux plus récentes dérives positivistes (neurosciences) ;

« la victime », nouvel acteur du procès pénal, mais figure contemporaine d'un compassionnel politico-médiatique, permettait d'introduire le changement de paradigme qu'elle provoque au sein du droit pénal ;

« la peine » fut esquissée comme institution fragile d'une science pénitentiaire traversée de paradoxes contemporains au point que l'on peut citer Nietzsche à ce propos : « nous ne savons plus ni comment, ni pourquoi punir ».

Nous pourrions multiplier les exemples ou démontrer que nos objectifs ne pouvaient être atteints que si l'on présentait aux étudiants des instruments d'analyse du phénomène criminel, du fonctionnement des institutions policière, judiciaire et pénitentiaire (criminalisation secondaire), leur permettant de construire l'objet d'une véritable science en montrant, ou en dénonçant les socles culturels sur lesquels une certaine criminologie a pris naissance.

Pour conclure, nous insisterons sur les points suivants particulièrement pertinents pour un enseignement académique de ce qu'il faut bien nommer par commodité « criminologie » :

- le cadre académique avec les exigences imposées aux enseignants universitaires et aux étudiants (bac +2) ;
- l'interdisciplinarité enseignant – enseigné ;
- un cadre institutionnel à vocation de recherche ;
- des postulats épistémologiques forts.

Comme l'énonçait l'avis de naissance du présent cours (en 1977) : « un enseignement criminologique ne peut être organisé, même à un niveau assez élémentaire, qui ne comporterait une dimension sociologique ».

Lorsque Jean Pinatel fit paraître en 1960 (!), « la Criminologie », l'ouvrage prit place dans la collection « Sociologie d'aujourd'hui » et chez l'éditeur « Spes », un programme que l'on se devait de rappeler ici.

7

La formation en criminologie en Espagne, une expérience riche d'enseignements

Par Josefina Alvarez

***Josefina Alvarez** est criminologue, chargée de cours à l'Université Montpellier 1, Equipe de recherche sur la politique criminelle (E.R.P.C.). Elle a dirigé l'équipe de recherches de l'Ecole nationale d'administration pénitentiaire (E.N.A.P., Agen).*

« Sortir de l'exception française », en matière d'enseignement en criminologie, nécessite d'approfondir l'approche comparée et de nourrir le débat par l'analyse d'expériences menées dans d'autres pays, notamment européens. En ce sens, nous nous proposons d'analyser l'expérience espagnole où une licence en criminologie a été récemment créée par un décret royal du 8 juillet 2003.

Nous verrons que le processus de consolidation de l'enseignement de la criminologie, avec un caractère officiel reconnu par le ministère de l'Education, n'a pas été sans heurts et qu'il n'est pas encore totalement fini. Il a été balisé par des nombreux obstacles qui ont été surmontés grâce à la conviction, la coordination dans l'action et la persévérance d'un groupe important d'universitaires, pour la plupart pénalistes, qui ont pris à cœur de mener à bien cette « lutte pour l'officialisation des études en criminologie » [1].

1. V. : *Libro Blanco sobre el Título de Grado en Criminología* (Livre Blanc sur le titre du grade en criminologie), 2005, p. 47.

Trois grandes étapes ont marqué ce processus : le développement des premières formations en criminologie – qui commencent assez tôt en Espagne – avec la délivrance de titres propres aux universités, donc, sans reconnaissance officielle au niveau national (période 1955 à 2003) ; une deuxième étape, qui débute avec la création, en 2003, d'une licence en criminologie, reconnue par le ministère de l'Education nationale (bac +5) ; et une troisième période, marquée par la préparation de la création d'un titre de « grade en criminologie » (bac +3), adapté aux critères définis par les accords de Bologne de l'Union Européenne, sur l'harmonisation des études supérieures en Europe (1999).

Aujourd'hui que le débat sur l'enseignement universitaire de la criminologie reprend en France, il nous semble que le processus vécu ces dernières années en Espagne peut être riche d'enseignements. Cette contribution n'a donc pour objectif que de retracer, d'une façon plutôt factuelle, ce qui a été la démarche espagnole, ses revers, mais aussi ses réussites.

1 – Première étape : cinquante années de formation en criminologie (1955 – 2003)

En Espagne, comme dans beaucoup de pays européens, la criminologie commence à se développer dès la fin du 19ème siècle. Mais il faut attendre les années 1950 pour que les premières offres de formation dans le domaine voient le jour. Ainsi, s'inspirant du modèle américain d'École de justice criminelle, le Professeur Octavio Pérez Victoria crée le 21 janvier 1955, à Barcelone, la première École de criminologie. L'Institut de criminologie de Madrid a été ensuite créée en 1964. Le troisième institut créé est celui de Valence, en 1968. L'Institut basque de criminologie, l'un des plus connus en France, est créé à San Sébastien en 1976 par le professeur Antonio Beristain Ipiña, suivi de la création de celui de Santiago de Compostelle en 1978.

À partir de ce moment, on assiste à la création d'un grand nombre d'instituts et de centres d'études en criminologie. Presque tous surgissent sous la tutelle des facultés, des départements, ou des chaires de droit, majoritairement de droit pénal, bien que quelques exceptions voient le jour ces dernières années. L'influence juridique va ainsi marquer, de façon notoire, le caractère des études criminologiques en Espagne.

Institutionnellement, la criminologie espagnole connaît deux modèles d'organisation. D'un côté, on trouve les études qui dépendent directement d'une faculté de droit et, de l'autre, celles qui dépendent d'un institut universitaire de criminologie, le plus souvent en lien avec une université.

Dans les années 1990, une expansion sans précédent se produit et quinze plans d'études sont créés. Cette augmentation ne s'explique pas uniquement par l'expansion parallèle du système universitaire et par la création de nouvelles universités dans de plus petites villes. Mais plutôt, elle peut être vue comme un signe du grand intérêt social suscité par ces études. Cet intérêt se vérifie aussi par le grand nombre d'étudiants inscrits dans des nouvelles formations et par l'apparition de ce type d'études dans des universités privées.

Actuellement, dix-neuf universités proposent des formations en criminologie de premier et deuxième cycle (trois ans). Elles délivrent ce qu'on appelle des « titres propres », c'est-à-dire, des titres délivrés par les universités et non par l'Etat. Environ 4 200 étudiants suivaient ces formations en 2005 [2]. Le diplôme le plus souvent délivré est celui d'expert en criminologie.

Dans le troisième cycle, sept programmes de post-grade ou master existent, et, enfin, quatre programmes de doctorat. En comptabilisant tous les niveaux, on estime à environ 5 000 les étudiants qui suivaient ces études en Espagne en 2005, sans compter les étudiants inscrits dans la nouvelle licence en criminologie.

Malgré les conditions parfois peu favorables liées au manque de reconnaissance officielle de ces études, l'Espagne est en tête des pays européens de par le nombre relatif d'étudiants en criminologie. Les 25 centres qui accordent un diplôme criminologique produisent chaque année environ 1 500 diplômés (Walgrave, 1997 ; Stangeland). Ces données dénotent un attrait et un intérêt social considérable pour la discipline.

Quant au profil des étudiants qui suivent ces études, on a pu observer une évolution notamment chez ceux qui s'inscrivent au premier et deuxième cycle (3 ans) afin d'avoir le diplôme d'expert en criminologie. Il existe une grande variété de profils et de provenances et, au public ciblé par les études au moment de leur création (diplômés d'autres disciplines proches) se sont joints des professionnels des différents secteurs de la justice, des forces de l'ordre (notamment police), des institutions pénitentiaires et de l'aide aux victimes, en plus de jeunes ayant un baccalauréat et qui adoptent la criminologie comme première option dans leur projet professionnel.

Il faut préciser, enfin, que du fait du manque d'homologation au niveau national, ces études sont payantes et les programmes se financent presque dans leur totalité par les frais d'inscriptions réglés par les étudiants.

---

2. *Ibidem*, p. 28.

1.1. – La recherche, un aspect manquant dans les premiers centres d'enseignement en criminologie

Vers la fin des années 1980, la criminologie est déjà bien enseignée en Espagne, mais il y a très peu de recherches dans le domaine pour accompagner et alimenter les différentes formations existantes. C'est dans ce contexte, et pour palier au besoin d'une recherche criminologique spécialisée, qu'est né, en 1990, l'Institut andalou interuniversitaire de criminologie (I.A.I.C.). Structuré en cinq sections rattachées aux universités de Cadix, Cordoue, Grenade, Malaga et Séville, cette institution a pour vocation de développer aussi bien l'enseignement que la recherche en criminologie. Il constitue, à ce jour, un exemple en matière de collaboration interuniversitaire.

En ce sens, la direction de l'I.A.I.C. est tournante ; elle revient actuellement tous les deux ans à l'un des directeurs des cinq instituts de criminologie. Cette coordination garantit que les titres délivrés soient uniformes et, surtout, que les formations proposées soient pratiquement les mêmes dans les cinq instituts, en raison d'un plan d'études harmonisé [3]. En revanche, en ce qui concerne la recherche et la diffusion (publications, activités organisées, etc.) chaque institut est indépendant. Ainsi, l'Institut de criminologie de l'Université de Malaga, l'un des plus dynamiques, a créé un observatoire de la délinquance et publie régulièrement un bulletin de grand diffusion sur les résultats des recherches menées (*Boletín Criminológico*) tandis que l'Institut de Séville publie « *Criminoticias* » [4], un autre bulletin.

Des postes de chercheurs ont été créés dans quelques instituts universitaires faisant partie de l'I.A.I.C. (notamment à Malaga et Séville), tout comme dans d'autres institutions similaires notamment en Catalogne et Valencia. Néanmoins, la recherche criminologique reste encore à développer dans la plupart des universités espagnoles.

---

3. Entretien avec Luis Ramon Ruiz, professeur, directeur de l'Institut de criminologie de l'Université de Cadix.

4. D'autres publications importantes dans le domaine sont : Cuadernos de Política Criminal (Université Complutense de Madrid), Beccaria (Université de Valence), Eguzkilore (Pays Basque), Revista de Estudios Criminológicos (Université de St Jacques de Compostelle). Aucune de ces publications n'a une projection internationale importante, mais elles ont permis la diffusion de nombreux travaux et recherches au niveau national.

1.2. – La lutte pour créer un diplôme national en criminologie : création d'une « task force » pro-criminologie

A partir de 1991, sous l'impulsion en partie par l'IAIC, un travail collectif a commencé à se mettre en place afin de promouvoir la création d'un titre officiel, de reconnaissance nationale, en criminologie. Une sorte de « *task force* » pro-criminologie s'est ainsi créée [5]. A partir de cette date, des réunions sont régulièrement organisées entre les différents représentants des formations en criminologie de toute l'Espagne. Ces réunions, tenues dans différentes universités du pays, ont permis de consolider un groupe de travail, composé pour la plupart de professeurs de droit pénal, mais qui comptait avec la présence de quelques professeurs en sociologie ou en psychologie. Participe également à cette démarche l'influente la « Fédération d'associations de criminologues » d'Espagne, qui a joué un rôle non négligeable auprès du ministère de l'Education nationale en tant que groupe de pression. Le collectif est actuellement composé d'une trentaine d'universités et d'institutions et il est déjà engagé dans d'autres actions, comme nous le verrons plus loin. A quelques exceptions près, toutes les universités qui offrent les études en criminologie soutiennent la démarche.

2 – Deuxième étape : la création de la licence en criminologie (2003)

Les travaux et actions menés par ce groupe d'influence se sont vus finalement couronnés de succès quand le ministère approuve, enfin, la création d'une licence de deuxième cycle en criminologie : « La lutte sans relâche menée par des collectifs distincts en faveur de l'officialisation des études de criminologie constitue, sans aucune doute, une preuve de l'intérêt suscité par la criminologie comme science académique. Un processus long et tortueux (accompagné de réticences et d'empêchements de la part de divers secteurs) qui a culminé avec succès à la publication du décret royal 858 du 4 juillet 2003 » [6].

La licence de deuxième cycle consiste en deux années de formation (120 crédits) qui peuvent être suivies, une fois finalisée une licence de premier cycle (trois années de formation dans des disciplines compatibles, telles que droit pénal, sociologie, psychologie). Il a été prévu que ceux qui avaient obtenu le diplôme d'expert en criminologie puissent également accéder à la

---

5. Entretien avec le professeur José Luis Diez Ripollés, directeur de l'Institut de criminologie de l'Université de Malaga.

6. Le Livre Blanc, p. 47.

licence. Elle correspondrait ainsi aux années de master 1 et master 2 actuels en France ou, si on le veut, à l'ancienne maîtrise et D.E.A. français (bac+5).

Néanmoins, la création de la licence et la reconnaissance, enfin officielle, des études en criminologie ne viennent pas tout résoudre car le système d'organisation administrative en Espagne a parfois ses lourdeurs du fait de l'existence des gouvernements autonomes. Ainsi, il a été décidé par le gouvernement central qu'il reviendrait, en premier lieu, aux gouvernements autonomes la responsabilité de créer les licences en criminologie, dans la mesure où ils ont actuellement les compétences concernant l'enseignement supérieure. En ce sens, c'est aux communautés autonomes de décider financièrement s'il convient de créer la formation et ensuite c'est à Madrid – au gouvernement central – de donner son approbation sur le contenu des études. Autrement dit, le gouvernement autonome autorise la dotation financière des formations, et Madrid valide la proposition à travers l'Agence d'évaluation et de qualité du gouvernement central (A.N.E.C.A.).

La lourdeur de la démarche fait qu'à ce jour, seulement trois communautés autonomes ont créé la licence de 2ème cycle en criminologie : Catalogne, Valencia et Murcia. Il existe ainsi une petite dizaine d'universités qui ont mis en place la formation, les premières promotions ayant été finalisées en 2006.

Il faut préciser que les formations déjà existantes continuent de proposer leurs programmes de formation, en attendant de s'aligner sur le modèle européen dérivé des accords de Bologne.

3 – Troisième étape : la création d'un « grade en criminologie ». Le livre blanc sur la criminologie en Espagne

Avec la restructuration de la formation universitaire suite aux accords de Bologne (1999) qui contraint les pays de l'Union à harmoniser les programmes d'enseignement supérieur dans toute l'Europe (ce que nous connaissons comme « le programme L.M.D. »), la toute nouvelle licence en criminologie, conçue sur l'ancien modèle d'enseignement, reçoit un nouveau coup d'arrêt. En effet, plusieurs gouvernements autonomes décident de ne pas mettre en place la nouvelle licence, mais plutôt d'attendre pour créer une formation en criminologie déjà adaptée au nouveau modèle.

En ces circonstances, la « *task force* » s'est mise de nouveau au travail afin de faire des propositions concrètes et coordonnées aussi bien au ministère qu'aux gouvernements autonomes. C'est comme cela qu'en 2005, et après deux années de travail, il a été publié par l'ensemble des membres du groupe en question, un *Livre Blanc sur le grade en criminologie* (qui correspondrait au grade de licence dans l'actuel système L.M.D., c'est-à-dire, à un bac+3). Dans ce document de 90 pages, on trouve, entre autres, l'historique de l'évolution de l'enseignement de la criminologie en Espagne ainsi que des références détaillées concernant l'enseignement de la criminologie dans la plupart des pays de l'Union Européenne et tout particulièrement en Belgique, pays pris en exemple sur la question. Mais, plus important encore, il y est formulée une proposition concrète des différentes matières qui composeraient le programme du grade en criminologie, leurs contenus respectifs et le nombre des crédits (180), tout comme la durée de la formation (trois ans), les profils des étudiants et les possibles débouchés. Selon les rédacteurs du texte, ce montage donnerait la possibilité à ceux qui auront suivi les trois années du grade (bac+3) d'accéder aux masters de 120 crédits (deux années universitaires : master 1 et master 2), ce qui faciliterait l'obtention d'une spécialisation suffisante tant pour ceux qui pourraient être dénommés comme des « criminologues purs », comme pour ceux qui accéderaient directement aux masters à partir d'autres formations. Les uns et les autres pouvant également, en suivant cette voie, accéder au doctorat.

Les différentes universités participantes au groupe de réflexion se sont engagées à respecter cette maquette, du moins en ce qui concerne les contenus d'un tronc commun proposé, et à délivrer le même titre de « grade en criminologie ».

4 – La situation actuelle

Les premières universités à s'engager dans le processus de création du grade en criminologie sont les universités ayant déjà crée une « licence 2003 » en criminologie. Elles ont commencé à adapter leurs programmes aux directives des accords de Bologne, ce qui fait qu'actuellement deux universités de Barcelone, la Pompeu Fabra et l'Université autonome de Barcelone ont la prétention d'ouvrir en septembre 2009 le grade en criminologie.

Néanmoins, il faut préciser que dans ce parcours, l'A.N.E.C.A a donné pour l'instant une réponse négative à la proposition catalane d'ouverture de la nouvelle formation, argumentant que l'enseignement de la criminologie au niveau grade ne fait pas partie de la culture universitaire espagnole mais qu'il pourrait, en revanche, être autorisé au niveau post-grade.

La « *task force* » doit se réunir à nouveau le 6 février 2009 afin de donner une réponse concertée à l'A.N.E.C.A. Mais, selon les entretiens que nous avons réalisés, les contacts qui ont déjà été pris avec le ministère depuis la réception de la réponse négative permettent apparemment d'être optimistes quant à l'obtention de l'autorisation définitive.

Par ailleurs, l'Université Pompeu Fabra de Barcelona va créer, en 2009, le premier poste officiel de criminologue, qui sera occupé par la criminologue de renommée internationale, Elena Larrauri. L'idée est de procéder, dès que le grade en criminologie sera définitivement approuvé, à la création de nouveaux postes de criminologue au sein du Conseil national des universités espagnol (C.N.U.). Pour le moment, aucun poste de criminologue n'a jamais été crée dans le système universitaire espagnol.

Conclusion

Bien qu'il ait existé en Espagne une tradition historique précoce dans le domaine de la criminologie, l'homologation et la régulation des études ne se produisent au plan national qu'à partir de 2003 ; presque cinquante années se sont écoulées entre la création du premier centre universitaire (l'Institut de criminologie de Barcelone) et cet évènement marquant.

Malgré les avancées réelles que nous venons de décrire, l'institutionnalisation partielle de la criminologie en Espagne n'a pas encore permis le développement de la formation à haut niveau dans la discipline ; le même constat vaut pour le développement de la recherche. Incidemment, l'émergence d'un marché de travail spécialisé n'a pas été facilitée.

Le bilan est donc encore contrasté.

La création du nouveau « grade en criminologie », et de ce fait, l'ouverture d'un champ de connaissances officiellement reconnu par le ministère, vont probablement contribuer à pallier ces déficits à moyen et long terme.

L'expérience espagnole montre combien l'entreprise de reconnaissance officielle d'une discipline peut être longue et semée d'obstacles. Dans le cas espagnol, la création d'un groupe de travail permanent, avec des convictions claires, réactif et composé d'universitaires et des associations professionnelles a été déterminant pour l'aboutissement des différentes démarches impulsées. Déterminant aussi a été, à notre avis, la production de documents tel que *Le livre blanc* où l'ont peut trouver, entre autres, une offre claire et détaillée concernant la formation proposée, tout comme l'engagement des différents représentants universitaires à respecter celle-ci.

Sans vouloir tirer « des leçons à suivre », ces deux « outils », puisés de l'expérience espagnole, peuvent néanmoins constituer une référence au regard de la démarche que nous déciderons, peut être, d'initier en France.

8

L'enseignement en criminologie au Maroc : état des lieux

Par Mohamed Jaouhar

Mohamed Jaouhar *est professeur à l'Université Hassan II Aïn Chok de Casablanca (Maroc), vice doyen et responsable du master de sciences criminelles.*

Introduction

Traiter de la situation de l'enseignement de la criminologie au Maroc, en tant que pays émergent n'est pas une entreprise facile, étant donné l'absence de transparence et de référence dans ce domaine. Dans l'esprit des décideurs, la question est considérée tellement secondaire qu'elle ne vaut même pas la peine d'y prêter grande attention.

Vis-à-vis du phénomène criminel, il semble que le grand souci sécuritaire de l'Etat marocain a relégué à un second plan tout ce qui concerne des préoccupations d'ordre scientifique, relatives à l'analyse de l'évolution de la criminalité ou à l'explication du comportement criminel de telle ou telle catégorie de délinquants, ou encore à l'idée d'instituer un centre ou un institut de criminologie.

Les cercles scientifiques à leur tour n'ont pas prêté grand intérêt à la chose criminologique, que ce soit dans les facultés de droit ou dans les facultés de lettres ou bien dans d'autres établissements. L'espace de la criminologie se trouve tellement réduit, qu'il ne faut pas hésiter à qualifier cette discipline orpheline de parent pauvre des autres disciplines scientifiques.

Mon propos à cet égard n'a nullement la prétention d'être une communication savante, il ne s'agit en fait que d'un simple constat. Par ailleurs, il est hors de question de parler de formation ou de recherche au plein sens du terme, aussi limiterai-je ma communication à la question de l'enseignement, en faisant un état des lieux dans les différents établissements en fonction d'un plan articulé autour de deux parties : 1. l'enseignement de la criminologie dans les facultés de droit et 2. L'enseignement de la criminologie dans les autres établissements.

1 – L'enseignement de la criminologie dans les facultés de droit

Afin d'avoir une clarté de vision, je serai amené à traiter d'abord la situation des études de la licence, ensuite celle des études de 3ème cycle.

1.1 – La licence

A cet égard, il faut distinguer trois étapes.

Première étape (avant 1980) : le régime des études ne réservait aucune place à l'enseignement de la criminologie dans le cursus de la licence es sciences juridiques, licence dont la durée était fixée à trois ans.

Deuxième étape (de 1980 à 2002) : on voit émerger l'enseignement de la criminologie en tant que matière d'oral de la troisième année avec un volume horaire d'une heure et demi hebdomadaire. A l'époque, la licence en droit privé était organisée en quatre ans.

Troisième étape (à partir de 2003) : adoption du système modulaire et l'organisation des études à travers six semestres, pour une licence d'une durée de trois ans. L'enseignement de la criminologie était alors repris au niveau du 5ème semestre de la licence de droit privé, en conservant le même volume horaire d'une heure et demie.

Que ce soit avant 2003 ou après, vue l'absence de criminologues, l'enseignement de la criminologie était le plus souvent confié à des pénalistes et, à défaut, à tout enseignant du département de droit privé, quelque soit sa spécialité.

1.2 – Etudes de 3ème cycle

Là aussi, il faut distinguer trois étapes.

La première se situe avant 1997 où les études de 3ème cycle étaient sanctionnées par le diplôme d'études supérieures (D.E.S.). La criminologie était considérée comme une discipline tout à fait secondaire. Et étant donné sa marginalité, ses thèmes ne pouvaient mériter d'être l'objet de recherche des mémoires de D.E.S. Même les mémoires de droit pénal pouvaient se compter sur les doigts de la main, dans les quelques facultés de droit qui avaient l'apanage d'organiser ce genre de formation.

La deuxième étape s'étale de 1997 à 2005, avec la réforme des études de 3ème cycle et l'abandon d'un diplôme unique décrété sur le plan national. On est alors passé aux systèmes du diplôme d'études supérieures approfondies (D.E.S.A.) et du diplôme d'études supérieures spécialisées (D.E.S.S.). Dans les deux systèmes, une équipe universitaire peut présenter à l'accréditation du ministère un projet de formation dans un champ disciplinaire déterminé.

Sous l'égide de ce système, la situation n'a pas vraiment changé pour la formation et la recherche en criminologie. Mais on a vu émerger une nouvelle matière pénale qui présente des liens avec la délinquance économique, à savoir le droit pénal des affaires.

La troisième étape a démarré à partir de 2006 avec l'adoption du master, dans le cadre du système L.M.D. Là aussi, une équipe pédagogique peut présenter à l'accréditation du ministère un champ disciplinaire déterminé, soit pour un master recherche, soit pour un master spécialisé.

Dans cette phase, on a assisté à l'émergence, dans certaines facultés de droit, de masters s'orientant vers le champ pénal, soit uniquement au niveau de la 2ème année du master de droit privé (cas des facultés de Rabat et de Tanger), soit englobant des études pénales au niveau des deux années du master (cas des facultés d'Oujda et de Marrakech). Dans le même giron, la faculté de Settat projette le lancement d'un master en sciences de la sécurité, adossé à une licence professionnelle dans le même domaine qui vient de démarrer à la fin de l'année 2008.

Il faut attendre 2007, pour voir attribuer une accréditation par le ministère de l'Enseignement supérieur à la faculté de droit de Casablanca pour son projet de master en sciences criminelles. Premier de son genre au Maroc, où vont émerger des disciplines relevant pleinement de la criminologie, telles que : l'anthropologie criminelle, la sociologie criminelle, la cybercriminalité ou encore la criminalité transnationale organisée.

Etant donné la carence dans certaines disciplines pointues de la criminologie, l'équipe de Casablanca a dû avoir recours au partenariat avec des universités européennes. Le lancement de ce master était en principe prévu pour cette année universitaire 2008 / 2009. Mais à cause de certaines difficultés conjoncturelles, son démarrage a été reporté à l'année universitaire prochaine.

2 – L'enseignement de la criminologie dans les autres établissements

2.1 – Dans les facultés de Lettres et la faculté des sciences de l'éducation

Etant donné le caractère multidisciplinaire de la criminologie, on pourrait penser que les départements de sociologie et de psychologie pourraient accueillir tout naturellement en leur sein l'enseignement de la criminologie.

Mais un coup d'œil sur les enseignements de ces deux départements nous fait rendre à l'évidence de l'absence d'un enseignement de la criminologie en tant que telle ; c'est-à-dire en tant que discipline autonome faisant l'objet d'un cours à part entière. Avec toutefois cette observation que ces deux départements n'existent pas dans toutes les facultés de lettres. Ils n'ont de place que dans les facultés de Rabat, Fès et Mohammedia. Cependant, on relève dans certaines de ces facultés la mise en place de certains démembrements de la criminologie; à savoir des branches qui relèvent normalement du champ disciplinaire de la criminologie. La première étant la faculté de lettres de Rabat, qui vient de mettre en place un master en « psychopathologie et pratique clinique ». En outre le département de psychologie a eu le mérite d'abriter l'année dernière au mois de mai, le 11ème Congrès international de l'Association Internationale de Criminologues en Langue Française (A.I.C.L.F.).

Le second établissement étant la faculté des sciences de l'éducation, qui se trouve à Rabat, qui au niveau de sa licence fondamentale en sciences de l'éducation a programmé un module au niveau du semestre 3, s'intitulant : « Psychologie de l'apprentissage et troubles du comportement ». En outre cette faculté vient récemment d'instituer un master spécialisé portant l'appellation « Rééducation des délinquants et intégration professionnelle ».

2.2 – Dans les facultés de médecine et l'école de psychologie

De toute évidence, la criminologie ne peut être enseignée en tant que telle dans les facultés de médecine. Cependant, on relève la présence de disciplines ayant de forts liens avec la criminologie. Ainsi au niveau des quatre facultés de médecine (Rabat, Casablanca, Fès, Marrakech), on retient l'enseignement de la médecine légale au niveau de la 5ème année. Quant à la faculté de médecine de Casablanca, elle se distingue par l'institution, il y a deux ans, d'un master en « Neurosciences et psychiatrie biologique ». En outre, dans le cadre des certificats universitaires, on signale l'apparition de deux diplômes ayant des relations avec la criminologie, à savoir le certificat de sexologie et le certificat d'addictologie.

Reste à signaler, enfin, l'introduction de l'enseignement de la criminologie, en tant que discipline à part entière au niveau de la 5ème année de l'Ecole de psychologie de Casablanca. Celle-ci est une école privée qui vient de remettre ses diplômes à la première promotion à la fin de 2008. Dans le même ordre d'idées, rappelons la création en 1994, de la Société marocaine de médecine légale et de criminologie, suite à l'initiative des professeurs Saïd El Ouahlia et Mohamed Jaouhar.

2.3 – Dans les écoles de police et de gendarmerie

On pourrait penser que la criminologie trouverait une place toute privilégiée au sein des écoles de police ou de gendarmerie. Mais l'existence de cette formation reste modeste dans ces écoles paramilitaires.

Ainsi en ce qui concerne la formation dispensée aux commissaires stagiaires par l'Institut royal de police de Kenitra (I.R.P.), il faut distinguer deux étapes. Avant l'année 2000, aucun enseignement portant le nom de criminologie n'était dispensé à ces commissaires stagiaires, même à ceux destinés à exercer dans la police judiciaire. Cela correspondait à une étape où l'administration de la police était encore réservée pour s'ouvrir sur des enseignements universitaires.

Mais à partir de l'année 2000, les choses vont changer et l'ouverture était amorcée par l'introduction de la criminologie en tant que matière enseignée aux commissaires stagiaires de la police judiciaire, avec un volume horaire de 24 heures. Mais en dehors de ce cours, on peut noter le déplacement effectué de temps à autre par certains cadres étrangers, notamment français, pour donner des séminaires sur des thèmes particuliers relevant de la criminalistique.

Quant à l'Ecole royale des officiers de la gendarmerie (E.R.O.G.), implantée à Ain Harrouda dans la périphérie de Casablanca, les choses se présentent autrement, puisque cette école avait introduit l'enseignement de la criminologie un peu plus tôt, pratiquement à la fin des années 1980. Les officiers de l'E.R.O.G. reçoivent quatre types de formation : 1. une formation militaire ; 2. une formation professionnelle ; 3. une formation générale ; 4. une formation juridique. Sur un total de 439 heures de formation professionnelle, l'école réserve 24 heures à l'enseignement de la criminologie. Mais elle programme parallèlement quelques séminaires en relation avec telle ou telle forme de criminalité, comme c'est le cas pour la délinquance économique ou la délinquance informatique.

On peut noter toutefois la louable initiative prise par le Laboratoire de recherches et d'analyses techniques et scientifiques (L.A.R.A.T.E.S.), l'Association marocaine des médecins d'hygiène et l'Institut médico-légal du C.H.U. Ibn Rochd de Casablanca, la création de la Société marocaine de sciences forensiques, le 10 mai 2008.

Conclusion

Telle est la merveilleuse histoire de l'enseignement de la criminologie au Maroc. Etant donné ce qu'elle est, il est inutile de parler alors de recherche structurée, pratiquement inexistante dans ce domaine. Quant à la recherche artisanale, elle est très sporadique et de temps à autre, on peut tomber sur un article ou un petit ouvrage sur des sujets comme la délinquance juvénile ou la consommation de la drogue.

Il est regrettable de constater que le phénomène criminel au Maroc ne peut faire l'objet d'une appréhension objective, et donc d'une approche scientifique, étant donné que les statistiques criminelles ne sont pas accessibles aux chercheurs, et sont conservées jalousement par les différents services administratifs chargés de leur élaboration.

Il est, certes, triste de constater cet état des choses au Maroc concernant une discipline aussi dynamique que la criminologie, ne disposant pas d'un droit de cité et occupant souvent des positions de seconde zone. Mais l'évolution de la situation est déjà amorcée, c'est ce qui permettrait peut être d'être optimiste.

III

La formation en criminologie

des acteurs de la sécurité, de la justice, de la santé, des militants associatifs, etc. :

constats et conséquences, besoins et objectifs

9

Quels besoins ? Quels objectifs ? [1]

Par Jean Danet

Jean Danet *est avocat honoraire, maître de conférences à l'Université de Nantes, directeur de l'Institut d'études judiciaires de Nantes. Il a présidé le Syndicat des avocats de France (S.A.F.) et préside la commission « Justice » de la Ligue des droits de l'homme (L.D.H.).*

Quelques mots de présentation pour permettre de mieux comprendre « d'où je parle » comme on disait autrefois. Et sur la question qui nous occupe, ce n'est peut-être pas inutile. J'ai exercé la profession d'avocat, spécialisé mais pas exclusivement en pénal de 1978 à 2000 et je suis maître de conférences à la faculté de droit de Nantes depuis 1995, également spécialisé en tout cas aujourd'hui, en pénal dans mes enseignements comme dans mes recherches. Celles-ci portent sur les évolutions de la justice pénale et des politiques criminelles. Je travaille dans un laboratoire U.M.R. / C.N.R.S. qui compte une équipe de cinq pénalistes, mais nous travaillons aussi depuis longtemps de manière pluridisciplinaire. Actuellement et pour exemple, nous travaillons pour trois ans sur les nouveaux modes de traitement des délits avec des historiens, sociologues, des psycho-sociologues, et une spécialiste de finances publiques. C'est un projet qui bien entendu implique un travail de terrain, il est financé par l'Agence nationale de la recherche (A.N.R.). Comme directeur de l'Institut d'études judiciaires (I.E.J.), j'ai charge d'organiser la préparation à divers examens et concours et d'organiser

1. Communication sollicitée par le comité scientifique.

l'examen d'entrée à l'Ecole des avocats. Je travaille aussi avec les Ecoles d'avocats et préside le C.A.P.A. (examen final de la formation d'avocats).

Mes observations seront directement en relation avec ces pratiques. Je resterai délibérément très proche des réalités que je puis observer.

1 – Sur le constat

Le contexte global ne doit pas être oublié. Le droit pénal et les sciences criminelles sont en France artificiellement rattachés au droit privé alors que le développement des politiques publiques de sécurité rend toujours plus nécessaires les regards croisés avec les publicistes. Institutionnellement, le droit pénal pèse peu dans cette section du Conseil national des universités (C.N.U. – 01) « droit privé et sciences criminelles ». Ainsi que Christine Lazerges l'a démontré, de nombreuses facultés de droit n'ont pas aujourd'hui de professeur en droit pénal, le concours d'agrégation en « produit » d'ailleurs peu et les enseignements offerts en ce domaine aux étudiants sont dans certaines facultés de droit parfois très restreints (un ou deux semestres !) quand sur le premier cycle et le master 1, il est cohérent de proposer neuf semestres [2] dont un seulement consacré à la criminologie. Bref le développement de ce domaine du droit n'est pas bien assuré. Les facultés de droit essaient parfois de compenser cette faiblesse générale en proposant un Diplôme d'Université de sciences criminelles, pluridisciplinaire et davantage ouvert aux praticiens au plan des intervenants. On compte enfin quelques masters 2 de droit pénal et sciences criminelles dont la qualité n'est pas en cause et qui sont très recherchés par les étudiants.

A partir de ce contexte général de faiblesse du droit pénal, il n'est pas surprenant de constater qu'il n'existe en France que de rares expériences de formation (initiale ou continue) qui soient pluridisciplinaires, même construites au sein d'un parcours mono disciplinaire et qui portent sur le phénomène criminel (entendu au sens large) et la réaction qu'il suscite (perçu dans ses différents aspects) pour reprendre ici la définition proposée par Jocelyne Castaignède dans sa contribution.

Il n'est pas nécessaire d'insister sur le fait qu'à l'étranger, les situations peuvent être assez différentes (voir les interventions précédentes et la contribution de Frédéric Diaz et Luc Hébert).

---

2. Un semestre d'initiation aux sciences criminelles, deux semestres de droit pénal, deux de procédure pénale, un semestre de pénologie, et deux semestres de droit pénal spécial dont un en droit pénal des affaires avec enfin un semestre de criminologie.

Le second constat, c'est la faiblesse des échanges sur la question de ce que pourrait être la formation pluridisciplinaire sur le phénomène criminel et les réponses pénales. Quelle formation ? Pour quoi ? Pour qui ? Comment et avec qui ? Ces questions ne sont presque jamais abordées nulle part et on peut que savoir gré à Pierre Victor Tournier d'avoir pris l'initiative de cette journée.

2 – Quels besoins et quels objectifs ?

Je distinguerai ici, pour plus de clarté, la formation initiale universitaire, la formation initiale professionnelle et la formation continue.

2.1 – La formation initiale universitaire

En droit comme ailleurs sans doute, l'évolution de nos publics, leur rapport nouveau à la lecture, aux sources d'information, les exigences posées par le cursus universitaire de plus en plus éloignées de ce que les étudiants savent faire quand ils nous arrivent, l'importance des acquisitions nécessaires ou posées comme telles en droit positif, et d'autres facteurs encore, rendent illusoires une découverte par les étudiants eux-mêmes d'autres approches, d'autres disciplines, ce qui supposerait d'ailleurs qu'ils sachent, seuls, choisir dans l'immensité des productions en sciences humaines par quoi commencer. La très grande majorité des étudiants en droit sortira du second cycle et en tout cas de master 1 sans avoir jamais approché ne fut-ce que de très loin la sociologie, la psychiatrie, la psychologie, la démographie ou l'anthropologie [3].

On peut le déplorer (les jurys d'examen d'entrée aux écoles d'avocats et notamment les praticiens avocats et magistrats qui y participent ne manquent pas de le faire !) mais il n'est pas raisonnable de dire que cela ne concerne pas les facultés de droit, que ce serait affaire de culture générale et que c'est à chacun ici de trouver sa voie. Les étudiants en droit qui se préparent à devenir avocats, magistrats, à entrer dans l'administration pénitentiaire, à la protection judiciaire de la jeunesse, dans la police, les collectivités territoriales sur les questions de sécurité etc. ont besoin de découvrir les autres approches disciplinaires qui travaillent sur le phénomène criminel et les réactions qu'il suscite, sur les questions pénales. Ils ont d'abord besoin d'en

3. Ajoutons que leur rapport à la pratique n'est pas mieux assuré et la plus grande partie d'entre eux n'a jamais assisté à une audience pénale complète. C'est là un constat fait tout à fait précisément dans les écoles d'avocats.

connaître l'existence, de connaître un peu ces disciplines, leur histoire, de découvrir les savoirs qu'elles produisent, de savoir les repérer dans le paysage intellectuel, de comprendre que dans les domaines d'action (sécurité - justice pénale) auxquels les étudiants se destinent, elles seront présentes et de savoir comment elles sont présentes, de quoi elles sont en charge, dans quels enjeux elles sont prises.

C'est en prenant au sérieux cette mission que les facultés de droit pourraient préparer la formation initiale professionnelle. Sinon, il sera toujours facile, comme après l'affaire d'Outreau, de prendre des mines hypocrites et de faire reproche à l'Ecole nationale de la magistrature (E.N.M.) – on aurait pu aussi faire le reproche aux écoles d'avocats ! – de ne pas avoir « livré » des juges capables de distance, d'une approche moins technique, etc.

Cette mission de l'Université, comment la remplir ? Les questions évoquées ci-dessus réclament sans doute des approches très didactiques qui présentent les autres disciplines travaillant sur le champ criminologique (défini comme ci-dessus le phénomène criminel et la réaction sociale qu'il suscite) mais aussi d'autres approches par thème, où soient présentés sur une question précise les savoirs de diverses disciplines. Les cours numériques accessibles en ligne aux étudiants sont sûrement un support très prometteur et sur ce point, la production de l'Université Numérique juridique francophone pourrait nous inspirer.

Les universitaires, enseignants / chercheurs, en charge de préparer des jeunes à un parcours professionnel ont là un premier défi à relever très concret.

2.2 – La formation initiale professionnelle

Elle concerne les écoles mais aussi une grande partie des masters 2. Les futurs avocats, magistrats, policiers, membres du personnel pénitentiaire, etc. ont besoin d'être préparés à ce que sera leur confrontation à d'autres approches dans un exercice professionnel. Sous réserve que la phase précédente de leur formation ait été assurée par l'université, ils peuvent alors approcher un peu plus ces autres disciplines.

Il s'agit ici de transmettre des savoirs plus précis, plus concrets, des méthodes pour ensuite en situation professionnelle aller chercher une information précise sur telle production d'une autre discipline dont ils auront besoin. Bien sûr, les contenus doivent permettre de leur donner le bagage minimum pour assurer les premières missions qu'ils auront en charge. Je pourrais sur l'exemple du dossier de personnalité et des expertises développer tout ce que je dis là et montrer comment avocats et magistrats ont évidemment des besoins de formation précis pour ensuite interagir efficacement dans une procédure pénale. Il ne s'agit pas à mon sens de leur donner une formation pluridisciplinaire complète, ils resteront des juristes, mais il s'agit de faire en sorte qu'ils comprennent les approches des autres disciplines auxquelles ils vont être très concrètement confrontés.

Sans doute ici l'étude de cas, mais aussi des cycles de conférences débats, en binôme, c'est-à-dire avec un juriste et par exemple un psychiatre peuvent-ils permettre de dissiper plus facilement les incompréhensions face aux notions de l'autre discipline. Sans doute comme le montre très bien la contribution de Frédéric Diaz et Luc Hébert, et comme les écoles d'avocats le savent bien aussi, la question de la pédagogie se pose dès lors qu'il s'agit de faire intervenir des professionnels, de même que le lien avec la pratique se pose aussi lorsque ce sont des enseignants / chercheurs qui interviennent dans de telles formations.

2.3 – La formation professionnelle continue

Faut-il faire de longs discours pour dire que nous avons besoin les uns et les autres, praticiens et enseignants-chercheurs, formés à des disciplines différentes, de débat pluridisciplinaire sur les questions émergentes, de débat critique sur les pratiques mais aussi sur les constructions conceptuelles, de confrontation entre recherche et expériences des praticiens et que cette confrontation ne peut pas se suffire de colloques savants où les chercheurs pratiquent l'entre soi ? Qu'elle ne peut pas se suffire de « séances d'actualisation » proposées par les formations continues des professions concernées par le champ criminologique. C'est là aussi une organisation à construire.

3 – Faut-il former des « criminologues » ?

Le point de vue que je vais exposer là n'a aucune prétention. Il est un moment d'une réflexion personnelle et n'a surtout pas statut pour moi de conviction inébranlable fondée sur des certitudes « scientifiques » dont je me sentirais avec d'autres le gardien ! Ce n'est que parce que nous sommes invités à débattre que je m'autorise à l'exprimer.

Il y a en France un champ criminologique qui n'est pas reconnu institutionnellement. Il existe pourtant et nous savons bien que des chercheurs travaillent à partir de disciplines distinctes selon les méthodes de celles-ci sur le phénomène criminel entendu au sens large et sur la réaction sociale à ce phénomène, entendue elle aussi au sens large. Nous savons qu'au sein de ces disciplines, il existe, sur ce champ, différents paradigmes, une diversité des approches, des orientations. Nous expérimentons aussi tous les jours le fait que des chercheurs de disciplines différentes peuvent se retrouver plus ou moins étroitement en accord sur des approches communes, des orientations, un paradigme commun. Il y a bien un champ criminologique et ceux qui y travaillent dans différentes disciplines se connaissent, se lisent, utilisent les travaux des uns et des autres, montent des colloques, publient ensemble et mènent ensemble des recherches. C'est dans ce contexte, l'idée même qu'ils n'auraient rien à penser au plan institutionnel qui surprend.

Que la construction de débats entre disciplines et aussi entre groupes pluridisciplinaires qui peuvent avoir des approches différentes soit dans ce contexte utile, nul ne le contestera je pense. Et il paraît aussi que de tels débats sont la meilleure garantie contre toute instrumentalisation des savoirs en cause par quelque pouvoir que ce soit.

La nécessité de ces débats de criminologie fait-elle aussitôt naître la possibilité de penser une formation de criminologue ? Ce n'est pas sûr.

D'abord pour des raisons de temps. Il faudrait à tout le moins que nous ayons débattu bien plus avant entre disciplines pour pouvoir prétendre construire des cursus universitaires cohérents qui soient autre chose que la projection sans doute sympathique mais insuffisante de nos choix même collectifs et le rapprochement disparate de cultures encore bien éloignées.

Sur l'exemple du droit, une objection plus importante me paraît tenir au fait que le champ criminologique a besoin de juristes qui soient formés à toutes les méthodes du droit mais aussi aux différents droits si l'on veut qu'ils puissent mener une réflexion de qualité sur le plan juridique dans le champ criminologique. Pour prendre un exemple simple, le pénaliste qui veut réfléchir à la question du « consensualisme » en droit pénal, à ce qu'il faut penser des procédures nouvelles où la peine est proposée et acceptée a besoin, me semble-t-il, d'une culture de « civiliste ».

La réalité des exercices professionnels des avocats et des magistrats, des policiers, etc., les carrières professionnelles des fonctionnaires de plus en plus amenés à la mobilité peut permettre de préférer une formation de juristes et une spécialisation pluridisciplinaire en « criminologie » plutôt qu'une formation d'emblée pluridisciplinaire mais sur le seul champ de la criminologie. Bref, la formation à un « métier de criminologue » ne me paraît pas faire sens dans le contexte où nous sommes. On peut d'ailleurs craindre qu'il soit un cursus dévalorisé d'emblée en raison de ce qu'il ne supposerait pas la maîtrise des méthodes d'une discipline (droit, psychiatrie, sociologie, psychologie, etc.). Tandis qu'on voit bien la nécessité d'une formation pluridisciplinaire à la criminologie comme une spécialisation proposée dans chacune de nos disciplines. Bien entendu, une telle construction supposerait que la constitution de cette spécialisation « criminologie » soit rendue visible pour que chacune des disciplines puisse en son sein en faire reconnaître la légitimité.

10

De psychiatrie en criminologie : une formation de 3ème cycle transversale [1]

Par Jean-Louis Senon

Jean-Louis Senon, *est psychiatre, professeur à l'Université de Poitiers, responsable du master 2 professionnel « Psychopathologie, pratiques cliniques criminologie », président du collège de psychiatrie médicolégale à la Fédération Française de Psychiatrie, vice président de l'Association Française de Criminologie (AFC).*

J'interviens ici avec Jean Danet marquant ainsi un travail conjoint entre droit et psychiatrie qui n'oublie pas psychologie et sociologie pour la constitution d'une criminologie transversale et pluridisciplinaire. Psychiatre clinicien ayant créé un des premiers Services médico-psychologiques régionaux (S.M.P.R.) en milieu pénitentiaire que j'ai animé pendant près de 20 ans, formé en droit pénal, j'enseigne la psychiatrie à l'Université de Poitiers. Je co-anime un enseignement décloisonné de 3ème cycle de criminologie clinique associant dans notre université les U.F.R. de droit, de psychologie et de médecine dans trois masters et D.I.U. partagés confrontant enseignants / chercheurs et enseignés des trois facultés avec un lien fort et déterminé avec Rennes et son enseignement de psycho-criminologie. Au plus prés du travail de terrain, je me contenterai d'aborder les aspects pratiques des besoins actuels et les réponses possibles dans la mise en place d'un enseignement et d'une recherche en criminologie pour les soignants de psychiatrie.

1. Communication sollicitée par le comité scientifique.

La contribution de la psychiatrie à la criminologie appartient à l'histoire, la dimension médicolégale et criminologique de la clinique ayant toujours constitué le noyau de la sémiologie comme de la pratique des aliénistes du 19ème siècle à l'image de Pinel, d'Esquirol, de Jean Pierre Falret ou de Baillarger. Depuis 1801 et la sortie du Traité médico-philosophique sur l'aliénation mentale de Pinel et surtout 1838 avec « *Des maladies mentales* » d'Esquirol, le regard médicolégal sur la maladie mentale a toujours eu une double préoccupation : reconnaître le malade mental et lui apporter les soins nécessaires en faisant le nécessaire pour protéger la société d'un possible passage à l'acte en rapport avec la maladie.

Autre spécialité médicale, la médecine légale a des liens dans la pratique clinique avec la psychiatrie autour du développement récent de la victimologie.

1 – La psychiatrie contemporaine et ses besoins nouveaux dans le champ médicolégal et criminologique

Le psychiatre est sollicité sur le plan médicolégal et criminologique dans deux fonctions différentes : en premier rang comme clinicien, puis comme expert, l'expertise n'étant pas en psychiatrie une activité exclusive.

Comme clinicien, le psychiatre a une pratique médicolégale ou criminologique dans de nombreuses situations de l'exercice quotidien d'un secteur de psychiatrie publique comme, à un moindre degré, en exercice libéral : évaluation et gestion de patients en situation de crise, premiers épisodes psychotiques marqués par des comportements violents, ruptures de soins, hospitalisations sous contrainte en application de la loi de 1990, gestion des patients présentant des troubles du comportement majorés par la prise d'alcool ou de drogues... Une formation médicolégale est indispensable pour tout clinicien en psychiatrie. Le besoin est en particulier très important dans les structures d'urgence des hôpitaux généraux comme dans les unités d'admission des hôpitaux psychiatriques qui accueillent, évaluent et orientent nombre de personnes présentant des troubles du comportement violents qu'ils soient ou non liés à des troubles mentaux et/ou à la prise d'alcool ou de substances psychoactives.

L'évolution libérale des soins en psychiatrie rendue possible par les thérapeutiques modernes et le souci actuel de la société de valoriser la liberté individuelle, le libre choix du patient et de faire du consentement aux soins la pierre angulaire de la relation médecin - malade, la conjugaison de ces facteurs a été à l'origine d'une désinstitutionnalisation de l'hôpital psychiatrique et de la fermeture de nombreuses unités fermées qui pouvaient auparavant contenir des patients présentant des troubles du comportement ayant une dimension médicolégale. Cette libéralisation de la psychiatrie publique a nécessité le développement de structures psychiatriques médicolégales spécialisées se donnant les moyens d'accueillir les malades présentant des troubles graves du comportement : unités pour malades difficiles (U.M.D.) [2] et unités de soins intensif en général interrégionales (U.S.I.P.) reçoivent des patients médicolégaux considérés comme dangereux du fait de leur pathologie qui ne peut pas être prise en charge dans les secteurs de psychiatrie générale. Dans un domaine parallèle, le développement de la victimologie, en particulier dans les services d'urgence est, elle aussi, à l'origine de nouveaux besoins de formation.

A ces besoins propres à l'hospitalisation des malades mentaux s'ajoute la prise en charge, dans les structures pénitentiaires, des détenus présentant des troubles mentaux, ceci depuis la loi de 1994 qui confie à l'hôpital les soins en détention. Depuis cette date, les équipes psychiatriques de secteur interviennent dans les établissements pénitentiaires implantés sur leur ressort géographique dans une mission de prévention et de soins prévus par un protocole signé par l'établissement pénitentiaire et l'hôpital de rattachement. 26 S.M.P.R., implantés dans des maisons d'arrêt mais aussi dans des centres de détention permettent d'accueillir des détenus présentant des troubles mentaux et consentant aux soins. A partir de la fin de l'année 2009 vont aussi se mettre en place des Unités hospitalières spécialement aménagées (U.H.S.A.) pouvant recevoir sur un site hospitalier, sécurisé par l'administration pénitentiaire, des détenus relevant de soins psychiatriques libres ou sous contrainte. Le développement de l'activité hospitalière en détention justifie des formations adaptées pour les acteurs de santé et un travail sur l'articulation avec les équipes socio-éducatives en préfigurant une criminologie transversale et pluridisciplinaire.

Une autre sollicitation du psychiatre clinicien est celle des soins obligés. Depuis la loi de 1998, les suivis socio-judiciaires avec injonction de soins concernent les auteurs de violences sexuelles avec la nécessité de formations nouvelles sur la clinique du passage à l'acte et la spécificité de la prise en charge des auteurs de violences.

Le besoin de formation en psychiatrie médicolégale et criminologique ne fait donc que s'accroître depuis quelques années. Il concerne tous les acteurs

---

2. 4 nouvelles UMD en cours de création s'ajoutent aux 5 existantes et feront que ces structures vont disposer de 600 lits.

de l'équipe de soin hospitalière : psychiatres, psychologues et infirmiers psychiatriques.

Dans un second champ, le psychiatre est de plus en plus sollicité comme expert que ce soit au civil comme au pénal. C'est au pénal surtout que la formation médicolégale et criminologique est devenue indispensable. L'audition publique de la Haute Autorité de Santé a posé il y a trois ans les problèmes multiples de l'expertise psychiatrique pénale : réquisitions ne jouant plus le rôle de filtre permettant de diagnostiquer précocement les sujets mis en examen présentant des troubles mentaux, problèmes posés par le double niveau d'évaluation du discernement de l'article 122-1 CP, multiplicité des missions d'expertise de pré-libération avec demande d'évaluation de la dangerosité… La nécessité de formation en psychiatrie médicolégale et en criminologie des psychiatres est d'autant plus importante que les experts psychiatres sont de moins en moins nombreux et devront être renouvelés après de nombreux départs à la retraite dans une situation de pénurie de la démographie.

2 - L'enseignement actuel de psychiatrie et les besoins de formations complémentaires en criminologie

La formation initiale des psychiatres est faite au cours d'un D.E.S. d'une durée actuelle de 4 ans après le concours de l'internat validé par un examen national classant passé en 6ème ou 7ème année de médecine. La formation au cours du D.E.S. comporte des séminaires de psychiatrie médicolégale et, sur certaines universités, une ouverture au champ criminologique. Cette formation demande à être complétée, notamment pour les psychiatres travaillant dans les structures spécialisées telles que S.M.P.R., U.M.D. ou U.H.S.A. Les universitaires de psychiatrie ont dans ce sens proposé la création d'un D.E.S.C. de psychiatrie médicolégale qui est en cours d'instruction. Ce diplôme d'étude complémentaire pourrait en particulier développer enseignement et recherche dans les domaines où les cliniciens sont très sollicités : victimologie, clinique du passage à l'acte, psychopathie, violence dans l'évolution des troubles mentaux…

Plusieurs D.U. ou D.I.U. de psychiatrie médicolégale sont actuellement proposés dans plusieurs universités. Ces diplômes sont très sollicités par psychiatres, psychologues ou infirmiers psychiatriques. Ces diplômes, délivrés par les facultés de médecine, sont, sur quelques sites, articulés avec des masters 2 professionnels ou de recherche de psychologie, psychopathologie ou psycho-criminologie, de sociologie ou encore de droit et sciences criminelles. L'expérience que nous développons à l'Université de Poitiers va dans ce sens en proposant d'ouvrir les masters de droit et sciences criminelles aux cliniciens, de permettre aux médecins l'accès au master de psychopathologie et surtout d'associer les 3 U.F.R. de droit, psychologie et médecine pour un enseignement de criminologie clinique ouvert aux étudiants des trois branches comportant des apports des enseignants chercheurs des trois U.F.R. avec une contribution internationale francophone.

Dans ce contexte, comment envisager un enseignement de criminologie pour le psychiatre ? La majorité des psychiatres l'envisage comme une formation de 3ème cycle qui pourrait se faire sous la forme de diplômes de 3ème cycle ouverts aux psychiatres titulaires du D.E.S. ou au cours de l'internat de psychiatrie. Ces diplômes pourraient être accessibles aux infirmiers ayant une pratique professionnelle dans des services spécialisés. Une formation transversale rapprochant juristes, socioéducatifs, psychologues et sociologues, faisant le pari d'un savoir partagé, pourrait générer un décloisonnement des pratiques comme une clarification des rôles indispensables à une criminologie moderne.

11

Une formation « au corps » des éducateurs de la Protection judiciaire de la jeunesse

Par Philippe Bernier

Philippe Bernier *est doctorant en sciences de l'éducation, sous la direction de Jacques Pain, secteur « Crise, école, terrains sensibles », Paris Ouest La Défense.*

Nous proposons à la réflexion la description et l'analyse d'un dispositif de formation professionnelle destiné aux éducateurs de la Protection Judiciaire de la Jeunesse (P.J.J.) qui a pour intitulé : « approche corporelle de la situation violente ». Ces personnels sont particulièrement exposés à la violence, « au quotidien » selon eux, de la part de sujets délinquants et/ou criminels. Nous défendrons ici l'idée selon laquelle la criminologie est concernée par ce qui se passe dans cette dimension interindividuelle de la situation violente.

Nous défendrons aussi l'intérêt de l'approche phénoménologique (comme Balier ou Selosse) et nous mettrons ainsi plus particulièrement en évidence l'importance d'un registre particulier de la rencontre, le pathique, dont le respect ou l'écrasement détermine l'issue de cette rencontre.

Introduction

La question de la violence se pose maintenant depuis suffisamment longtemps pour que les chercheurs de tous pays aient accumulé une expertise certaine sur ses causes, ses modes d'expression, le profil des auteurs et des victimes, ainsi que les démarches en mesure de la prévenir [1]. Or, la formation des personnels constitue un axe privilégié des stratégies de lutte contre la violence. Nous nous attacherons ici à questionner ce dernier point.

L'analyse des formations proposées aux éducateurs de la P.J.J. suscite plusieurs interrogations. Ainsi, les éducateurs ne reçoivent généralement, durant leur formation initiale ou continue, qu'une information sur les déterminations sociales, psychologiques et économiques à l'origine supposée des violences. Comment traiter (de) la violence alors même qu'il n'existe pas de consensus sur sa définition et que tous les auteurs en soulignent la polysémie ?

On observe parfois une tentative de la cerner, à distance, en une approche pluridisciplinaire (qui allie sociologie, psychologie, histoire, philosophie, ou le droit...). Cet effort est méritoire si le but est d'informer ou de produire des « savants », tout en conservant à l'esprit que l'« immobilisation » dans un concept est impossible ou schématique car la violence engage l'être même, qui est irréductible au concept.

Il sera donc plus juste de parler « des » violences ou « des manifestations » de la violence, le respect de la singularité des situations étant une condition *sine qua non* pour y voir clair. Il ne s'agit donc pas de diaboliser ou d'animaliser la violence comme certains écrits le laissent entendre et nous poserons comme prémisse que la violence est un élément fondamental et intrinsèque de la rencontre humaine.

Lorsqu'il s'agit d'approcher ce qui, par essence, est de l'ordre de l'abus, de la transgression, du hors-limite, la démarche exclusivement intellectuelle montre ses limites : les manifestations les plus intenses de la violence ont pour effet de stopper la pensée, comme tous ceux qui ont vécu ces situations l'ont éprouvé. Il est impossible de faire appel à des connaissances quand on se trouve aux prises avec la violence.

La formation continue des éducateurs propose parfois des stages mettant en œuvre l'analyse de pratique et, plus rarement, des jeux de rôles ou du psychodrame. Nous pouvons déjà observer que certains axes ne sont que très rarement abordés, comme la dimension du corps, des affects et en particulier de l'angoisse. De même, les modalités de formation privilégient souvent le mode magistral, parfois même sous la direction d'un supérieur hiérarchique ou de celui qui va évaluer le stagiaire.

---

1. Pour la France, nous renvoyons aux ouvrages de Jacques Pain qui exposent des enquêtes, évoquent des stratégies de lutte et de prévention et questionnent la violence au cœur de la relation humaine.

Bien que l'étape de l'information ait son rôle à jouer, nous poserons l'hypothèse qu'une formation efficace sur cette question multiforme de la violence ne peut faire l'économie des dimensions corporelle, affective et clinique.

Cette hypothèse s'appuie tout particulièrement sur les travaux pionniers de Jacques Pain au sein du V.I.R.F.O. [2], qui ont illustré l'importance d'une approche multi-dimensionnelle de la violence. Nous nous appuyons également sur notre activité de formateur auprès des éducateurs de la P.J.J.

1 – Une formation « au corps » des éducateurs

Nous œuvrons ainsi, avec un petit groupe (le G.R.I.F.ON [3]), à proposer à ces personnels un module de formation reprenant les conceptions du V.I.R.F.O. Ainsi, pendant trois, six ou douze heures, les éducateurs s'engagent dans des exercices qui mettent en évidence la centralité de la dimension corporelle [4] (comme lieu d'émission ou de réception des violences, comme source des affects et témoin de leurs effets), ainsi que de la question de l'angoisse.

Rappelons ici que si la violence (réelle et fantasmée) suscite de l'angoisse, le processus de formation n'en est pas exempt (car il déstabilise et réarticule des représentations dont il faut parfois faire le deuil [5]). La polysémie des termes « violence » et « formation » ne peut qu'ajouter à cette angoisse.

Il apparaît donc qu'une formation qui prétend réellement faire évoluer représentations, *habitus* et *hexis*, réactions et jugements sur la violence, va produire une angoisse « au carré », que les formateurs vont devoir prendre en charge s'ils veulent éviter un mouvement défensif important chez les sta-

2. Le V.I.R.F.O. (Violences, Recherches, Formations) était un groupe qui proposait des interventions et des formations dans le champ éducatif et social. Composé de pratiquants de sports de combat et d'arts martiaux, également psychanalystes (R. Hellbrunn), sociologues (P. Baudry), infirmiers (G. Tanvez), éducateurs (C. Lagrange), universitaires (J. Pain), ce groupe avait la particularité d'engager le corps, les émotions et l'angoisse dans la formation. A son actif, *Intégrer la violence* (1986) et *La relation violente* (1991) chez Matrice.

3. Groupe de réflexion inter-disciplinaire et de formation, association loi 1901, co-fondée par l'auteur, associée au Secteur Crise, Ecole, Terrains sensibles dirigé par Jacques Pain à l'Université Paris Ouest La Défense.

4. Dans son *Histoire de la violence* (1981, p. 12), Jean-Claude Chesnais écrit que « la seule violence mesurable et incontestable est la violence **physique** » (souligné par l'auteur).

5. Sur la dimension psychique de la formation, l'ouvrage incontournable d'Anzieu, Kaës et Thomas, *Fantasme et formation*, Paris, Dunod, 1975.

giaires [6]. Cependant, l'intégration par le soi de cette angoisse en situation a un effet de transformation existentielle chez les sujets.

Les stagiaires témoignent de l'omniprésence de la violence physique dans leur métier comme l'analyse de 153 questionnaires distribués entre 2003 et 2005 le révèle. Il s'agit de questionnaires distribués et remplis avant la participation au module « approche corporelle de la situation violente » et immédiatement après. Les stagiaires sont en formation initiale sur le site central de Marly ou en formation continue au Pôle Territorial de Formation (P.T.F.) de Rennes. Le stage est destiné à un public d'éducateurs stagiaires, d'assistants territoriaux d'éducation (A.T.E.) ou multi catégoriel.

Le point le plus important selon nous est la remarquable homogénéité des réponses quelle que soit la catégorie des stagiaires. Tous, sans exception, se sentent concernés par la violence qui fait partie d'un quotidien professionnel auquel ils sont régulièrement confrontés. La violence sous toutes ses formes accompagne le métier : c'est une dimension constitutive de la profession. Les attentes concernant la formation qui leur est proposée se répartissent selon trois registres :

- Un registre théorique : Savoirs, informations théoriques et analyses, grilles de lecture ; Compréhension de la violence ; Aspects psychiatriques ;
- Un registre pratique : Echanges entre pairs pour relativiser, pour avoir des solutions ; Travail sur les émotions pour prendre du recul, pour canaliser son agressivité ; Apprendre à anticiper par lecture d'indices ;
- Un registre fantasmatique : Apprendre à « bien » réagir à une situation violente, avoir des réponses concrètes ; Apprendre à se défendre, à savoir immobiliser un adversaire.

Le travail sur la corporéité, la peur et l'apprentissage de techniques de relaxation sont couramment évoqués. Les dimensions institutionnelle et collective sont citées à la fois comme cause et comme conditions de possibilité de la prévention des situations violentes.

Nous souhaitons proposer dans cette communication des éléments de réflexion sur la prévention de la violence qui s'enracine dans cette expérience de formation, et qui y articule une notion issue des pratiques de l'institutionnel : le pathique. Nous formulons l'hypothèse selon laquelle le développement de sa sensibilité à la dimension pathique par un éducateur peut prévenir les violences et la réitération d'un acte criminel. Malheureusement, cette dimension est fragile, facilement écrasée par une approche trop techniciste

---

6. Jacques Pain (1992, p. 75) observe à propos de l'angoisse qu'en formation, « tout comme la violence, on n'en parle pas, ou on l'ignore ».

du travail éducatif. Pour illustrer notre hypothèse, nous allons donc présenter ce concept, issu originellement du courant de la phénoménologie psychiatrique, puis montrer par la suite en quoi il est pertinent dans la prévention des violences. Nous évoquerons quelques situations mises en place durant nos formations, susceptibles d'être transposées [7] dans différents champs.

2 – L'origine du concept « pathique »

C'est à Viktor von Weizsäcker, un neurologue allemand, que l'on doit le terme de pathique qui désigne un registre anté-prédicatif, avant la division sujet-objet. Ce médecin a développé une approche anthropologique de la médecine : la *pathosophie* en croisant les apports de la pensée de Freud, du néo-kantisme et de Max Scheler. Le concept de « pathique » a ensuite été repris et développé en « dimension pathique » par Erwin Straus (neuropsychiatre) puis par Jean Oury en psychothérapie institutionnelle [8].

Bien que ces réflexions soient issues du champ de la santé mentale, il n'est pas inintéressant pour nous de nous y confronter. Tout d'abord parce que le registre du pathique est au fondement de toute relation : qu'elle soit thérapeutique, pédagogique éducative ou formative. Ensuite parce que c'est la sensibilité à cette dimension pathique qui permet aux personnels travaillant avec des sujets psychotiques de parfois prévenir les crises violentes et les passages à l'acte. Ainsi, la dimension pathique recèle une source d'efficacité car elle permet de réaliser une rencontre réelle entre les sujets qui va avoir un effet thérapeutique ou d'apaisement sur les parties en présence comme l'expose Jean Oury (2000) : « *Dans le rapport à l'autre, il faut essayer de créer des moments rares mais essentiels de rencontre. La rencontre c'est quelque chose qui est (...) du hasard, mais d'un hasard de rencontre qui va modifier quelque chose* ».

Il ne s'agit pas ici du sens commun du mot « rencontre » mais de son acception en tant qu'évènement imprévisible et non planifiable. Cette rencontre, quand elle arrive, produit une modification chez les sujets singuliers qui y sont engagés. Claude Balier, qui a développé une très importante clinique des agirs violents a également évoqué ce type de rencontre. Il la définit comme située à l'arrière-plan de la relation d'écoute compréhensive. Il s'agit

7. Dans sa préface à l'ouvrage de Rémi Casanova, op. cit., Jacques Pain définit la transposition comme « *l'intelligence de la difficulté* » (p. 13).

8. Le courant de la psychiatrie phénoménologique (von Weizsäcker, Straus) est une source d'inspiration pour notre recherche sur les formations professionnelles concernant la violence.

d'une « *perception, l'espace d'un instant, de tout notre corps, indissociable d'un monde qui nous entoure* » [9]. Cette intrication souple du corps et du monde correspond bien selon nous à la rencontre au niveau pathique, bien que Claude Balier ne cite jamais ce registre phénoménologique.

Pour que les sujets se rencontrent, et Jean Oury fait de la violence une « rencontre ratée », il faut donc que soit préservée la dimension pathique. Or, nous avons évoqué la fragilité de cette dimension (leitmotive de Jean Oury). Pour la préserver, il faut réaliser ce que François Tosquelles (fondateur de la psychothérapie institutionnelle) appelait « l'asepsie » : le « nettoyage » de tous les préjugés et jugements de valeurs sur l'Autre, démarche qui correspond à l'*epochè* phénoménologique.

Dans le champ éducatif, et dans une perspective de prévention de la violence, il s'agira pour exemple pour les éducateurs de travailler sur le mécanisme parfois institutionnel d'étiquetage / stigmate des jeunes, qui risquent parfois d'adhérer au rôle qui leur est ainsi assigné par l'institution. Une formation professionnelle respectueuse de toutes les dimensions de l'humain se doit de préserver cette forme de sensibilité.

3 – La formation des éducateurs à la dimension pathique

Nous avons évoqué plus haut, avec la question de l'angoisse, la capacité « transformatrice » existentielle de la formation professionnelle. On parlera ainsi de formation « pathématique » du grec « *pathei mathos* » (repris de l'Agamemnon d'Eschyle). *Pathei* est un terme qui renvoie à la souffrance, à la douleur, mais aussi à ce qu'on éprouve (le pathique), l'expérience au sens de l'éprouvé. *Mathos* évoque l'enseignement, la connaissance. On peut donc traduire « pathématique » par un enseignement par l'épreuve (Maldiney [10]), ou comme la transformation « *d'un vécu en expérience* » (Fédida, 1991, p. 8) : il faut apprendre du « sentir » dirions nous, reprenant ici un concept clé d'Erwin Straus. Pour illustrer cette conception « pathématique » de la formation, nous allons décrire quelques situations mises en place dans les formations que nous animons.

Les stagiaires sont amenés à travailler progressivement sur le regard, puis la distance, et enfin le contact. Des exercices simples, inspirés du théâtre de Boal ou des arts martiaux, leur permettent de ressentir des affects liés aux situations violentes. Jacques Pain (1999) parlait à cet effet d'un « montage

9. Balier (2007, p. 42).

10. *« L'épreuve enseigne. Non par raisons, mais par sens »*, Maldiney (1973, p. 71).

d'angoisse ». La clé de cette formation est de mettre en évidence qu'une part de la situation violente est d'abord le fait du fantasme, de l'imaginaire. La situation « violente » se déploie au préalable dans le psychisme des sujets et produit des manifestations physiques (suée, tachycardie, tremblements).

Bien que généralement, les stagiaires se connaissent car membres d'une même promotion, nous observons qu'ils développent des réactions de défense intenses : rires nerveux, commentaires malgré la consigne de silence, défi, agressivité, incapacité à faire l'exercice. Par la mise en jeu du corps dans diverses situations duelles, en réalisant des montages d'angoisse, les participants expérimentent des états somato-psychiques caractéristiques des situations violentes. Le simple fait de se tenir face à face, sans parler, sans bouger, en se regardant, suffit à susciter des réactions de défense : rires gênés, regards qui s'évitent, mouvements d'inconforts...

Plus intéressant, on observe parfois une montée d'agressivité de la part d'un des participants, surtout si son partenaire présente un certain profil victimaire : il est plus rassurant pour le duo d'établir une relation dominant – dominé que de rester dans l'angoisse de l'indécision.

La consigne de silence pendant l'exécution des exercices a pour objectif d'éviter tous les désamorçages d'angoisse : demande d'explication, rationalisation, témoignage spontané... Un stress certain, voire de l'angoisse, est déjà susceptible d'être généré par des rencontres cadrées, sans geste d'agression. Une progression de l'intensité, selon le public considéré et sa demande (explicite et implicite), permettra d'envisager un engagement plus intense allant jusqu'au combat (avec emploi de certaines protections).

Tout au long de la formation, divers temps de recentrages physiques et psychiques permettent aux stagiaires de vivre avec profit ces moments de tension interne.

Un temps est toujours consacré à l'éclaircissement de quelques points théoriques, à la participation orale des stagiaires, voire à la production en atelier avec restitution en commun.

Nous essayons de proposer un travail des seuils de tolérance à des situations qui sont vécues par certains comme violentes, car il nous semble que sans cette connaissance de soi, à partir du corps, il n'est pas de travail possible sur la prévention ou la lutte contre la violence.

Cette part subjective de la qualification « violente » d'une situation implique la nécessité d'une dédramatisation : une « défantasmisation » oserions-nous dire. Cette opération est la condition de possibilité d'un vécu à bonne distance de la situation problématique.

Il ne s'agit pas de proposer des recettes polyvalentes mais « simplement » d'exercer la sensibilité des stagiaires au registre du pathique afin de permettre l'abduction et ainsi d'éviter le déclenchement de la situation violente.

Le but de ce type de formation est donc d'offrir aux stagiaires une possibilité de décentrage vis-à-vis de la situation violente, une suspension permettant un accès à sa *sous-jacence* afin de peut-être effectuer *l'acte juste*, de prononcer *la parole juste* [11].

L'apprentissage d'une forme de sensibilité à la situation est une condition *sine qua non* pour détecter les points de bifurcation, de crise, menant à la violence ou au conflit. J'utilise sciemment le vocabulaire associé à la théorie du chaos car à un point de bifurcation, une infime influence suffit à orienter la situation dans des directions très différentes et produire des effets parfois opposés [12]. *L'acte juste*, inspiré par l'abduction, permet de s'évader de la situation de violence émergente et d'aller vers le conflit ou l'évitement.

Par un travail de leur capacité à sentir, les stagiaires ont la possibilité de mettre en œuvre des actions qui relèvent de la logique abductive.

Pour exemple, certains exercices exigent pour être réussis une suspension du jugement et de l'anticipation : il faut agir au juste moment, ni trop tôt, ni trop tard.

Cette capacité d'action *ad hoc* nous semble importante dans la prévention de la violence au sein de l'institution : il peut être essentiel avec certains jeunes de sentir très rapidement un changement de climat [13] du lieu, du groupe ou de la relation duelle, et plutôt que d'être dans une forme de forçage pour obéir à une programmation, il faut parfois changer d'activité, de lieu, de rythme. Autant d'ajustements permis par l'expérience réfléchie de l'éducateur : son *pathei mathos*.

---

11. J'utilise ici des termes issus du bouddhisme zen et des pratiques de l'institutionnel dont la convergence fait l'objet de deux articles complémentaires de notre ouvrage cité *infra* : « *Budô* et psychose » et « Métapsychologie institutionnelle et esthétique japonaise ».

12. « *En science comme dans la vie, on sait fort bien qu'une succession d'événements peut atteindre un point critique au delà duquel une petite perturbation peut prendre des proportions gigantesques* », J. Gleick, *La théorie du chaos*, Flammarion, Paris, 1987, 1989, p. 71.

13. Le volume prescrit pour cet article nous interdit de développer le concept de « climat », familier des praticiens de l'institutionnel, également rencontré sous le terme d'« ambiance » ou de Stimmung (von Weizsäcker encore).

Conclusion

Nous avons avancé quelques éléments de réflexion prônant l'usage de concepts peu usités dans le champ de la formation. Ces concepts sont issus de la psychiatrie phénoménologique et utilisés dans les pratiques de l'institutionnel. Ils permettent de cerner certaines dimensions souvent négligées de la relation intersubjective. On peut néanmoins citer Jacques Selosse qui défendait une lecture plurielle des troubles, dont la lecture phénoménologique, afin de ne pas négliger les ressentis d'ambiance particuliers dans la relation intersubjective (1997, p. 430). Citons également l'école de Louvain autour de Jacques Schottes [14]. Nous avons évoqué le pathique, mais il faudrait détailler le « sentir », et toute l'articulation à « l'ambiance », au « paysage », à la « sous-jacence », en reprenant les vertus de « vigilance » et de « disponibilité ». Cette nouvelle lecture privilégie les registres les plus archaïques, les dimensions les plus ténues vers le fondement même de l'intersubjectivité. La violence commence par une première rencontre qui se passe mal, avant même que des mots soient échangés, dans un nouage des corps et des affects. Il nous a donc semblé important de ne pas négliger cette approche « phénoménologique » de la situation violente dans les démarches de prévention et de lutte, pour ses intérêts heuristiques et opératoires en criminologie.

14. On lira avec intérêt l'ouvrage collectif : *Le contact* aux éditions De Boeck-Wesmael, Editions universitaires, 1990, 4ème édition.

Références bibliographiques

Balier C., *La violence de vivre*, Ramonville Saint Agne, Eres, 2007.

Baudry P., Lagrange C., Pain J., Tanvez G., *La relation violente*, Vigneux, Matrice, 1991.

Bernier P., Chedri H., Luca-Bernier C., Marques V., Pain J., Porterie J., Zayas C. (Dir.), *Paysages et figures de la violence*, Vigneux. Matrice, 2003 – préface de Michaud G.

Bernier P., « Les pratiques de l'institutionnel : matrice et hiatus », in *Institutions*, Vigneux, Matrice, mars 2004, n°34, pp. 15-19.

Casanova R., *Ces enseignants qui réussissent*, Vigneux, Matrice, 2004.

Chesnais J.-C., *Histoire de la violence*, Paris, Robert Laffont, 1981.

Fédida P., *Psychiatrie et existence*, Paris, Millon, 1991.

Kaës R., Anzieu D., Thomas L.V., *Fantasme et formation*, Paris, Dunod, 1975.

Maldiney H., *Comprendre, Regard Parole Espace*, Lausanne, L'âge d'homme, 1973.

Oury F., Vasquez A., *Vers une pédagogie institutionnelle*, Paris, Maspero, 1967 – préface de Françoise Dolto.

Oury F., Vasquez A., *De la classe coopérative à la pédagogie institutionnelle*, Paris, Maspero, 1971 – préface de Jean Oury.

Oury F., Oury J., Pochet C., *L'année dernière j'étais mort*, Vigneux, Matrice, 1986.

Oury J., « Le pré-pathique et le tailleur de pierre, les enjeux du sensible », *Chimères*, n°40. Vigneux, Matrice, 2000.

Pain J., Hellbrunn R., *Intégrer la violence*, Vigneux, Matrice, 1986.

Pain J., *Ecoles : violence ou pédagogie*, Vigneux, Matrice, 1992.

Selosse J., « L'inquiétante étrangeté des incasables », in *Adolescence, violences et déviances*, 1997.

12

Brève réflexion sur le thème

Par Jocelyne Castaignède

Jocelyne Castaignède *est maître de conférences en droit à l'Université de Bayonne, responsable du master « Criminologie et droit des mineurs en difficulté »*

La formation en criminologie des acteurs de terrain doit s'inscrire dans le périmètre défini par cette discipline, science du phénomène criminel (entendu au sens large) et science de la réaction sociale qu'il suscite (perçue dans ses différents aspects). La double dimension de la criminologie, science à visée théorique et à visée pratique, permet d'envisager, au niveau de la formation, une traduction opérationnelle utile aux acteurs engagés dans le champ concerné. De plus, le caractère pluridisciplinaire de la criminologie doit favoriser l'attrait pour cette discipline et optimiser le bénéfice apporté par une formation en la matière.

Partant ainsi de cette définition de la criminologie, il est possible et certainement fructueux pour les acteurs de terrain, quel que soit leur champ d'intervention (délinquance, victimisation, inadaptation, problèmes médico-sociaux, problèmes sociaux, etc.), d'acquérir une formation en criminologie. La formation dispensée à l'Université doit pouvoir leur permettre d'acquérir des compétences scientifiques et opérationnelles adaptées aux différents champs couverts par la criminologie : connaissance du phénomène criminel, des problématiques en cause, des textes, des institutions, sensibilisation aux outils méthodologiques, autant de compétences d'ordre théorique qui doivent être complétées par des compétences d'ordre pratique relatives aux prises en charge, au traitement, à la prévention. Les acteurs de terrain sont en effet souvent demandeurs de références théoriques, d'un cadre qui peut non seulement se révéler utile dans leur pratique quotidienne mais aussi sécurisant au plan intellectuel. De plus, les savoir-faire professionnels afférents à un domaine considéré ne peuvent s'abstraire d'un contexte plus large qui optimisera l'action ; ce constat se révèle particulièrement net dans le domaine d'application des sciences criminelles.

Dès lors, l'aspect pluridisciplinaire de la criminologie doit ouvrir à l'interdisciplinarité : s'il est nécessaire de maîtriser les références relatives à son propre secteur d'intervention, il est enrichissant d'être sensibilisé aux grandes lignes des champs voisins. La logique des regards croisés, la perspective transversale susceptible de mettre en synergie différents champs de connaissance, favorise une approche globale et intégrée des phénomènes en cause. L'enseignement en criminologie doit s'inscrire dans cette perspective de formation qualifiante ; tel est certainement l'objectif à atteindre pour les universitaires en sciences criminelles. Une telle logique est développée dans le master 2 « Criminologie et droit des mineurs en difficulté » (Université de Pau et des Pays de l'Adour – Faculté pluridisciplinaire de Bayonne).

13

Enseigner à des policiers. L'analyse criminologique comme support aux actions de l'enquêteur

Par Frédéric Diaz et Luc Hébert

***Frédéric Diaz** est docteur en sociologie, chercheur associé au Centre international de criminologie comparée (CICC) de Montréal, chargé de cours à l'Université de Montréal et à l'École nationale de police du Québec.*

***Luc Hébert** est docteur en criminologie, fonctionnaire de la Sûreté du Québec, responsable de programme à la Direction du développement et de la formation (certificat « gestion appliquée à la police et à la sécurité » et certificat « intervention dans les groupes et les organisations »).*

> *On a pu ainsi objecter avec quelque raison que la police n'était pas faite d'abord pour être contrôlée ! Au regard surtout de ce que l'on peut décrypter des fonctionnements réels de tout appareil policier. Car s'il n'y a pas de « théorie » de la police, l'analyse sociologique des polices, telle qu'on l'a développée ici, met au jour non seulement des cercles vicieux et des dysfonctionnements, les crispations corporatives, la résistance au changement et l'ensemble des mécanismes que la sociologie des organisations repère dans toute grande organisation complexe, mais aussi et surtout des contradictions intrinsèques, liées au mandat policier lui-même. À ce point, la police cesse d'être une organisation et une profession « comme les autres ».*
>
> Monjardet (1996, p. 286).

Étudier la police n'est pas chose aisée. Lui enseigner l'est encore moins. Institution opaque, elle recouvre des réalités et des pratiques variées. Dominique Monjardet soulignait, déjà en 1996, la faculté qu'elle cultive de rester dans l'ombre, autant aux yeux des profanes qu'aux yeux de ses propres membres.

Quand il s'agit d'étudier le crime et le criminel et de l'enseigner, les choses ne sont guères plus évidentes. Le crime fascine les gens (Kalifa, 2005). Du coup, il est sujet à tous les discours. Chacun a son mot à dire, son idée à faire passer, une action à suggérer. Pour le policier, il constitue une partie intégrante de sa raison d'être, une réalité quotidienne sujette à des contraintes multiples (politique, citoyenne et hiérarchique). Mais dans sa philosophie de passer très rapidement du problème à une action, il en oublie presque l'importance de prendre un temps de réflexion pour l'analyse. Il a été souvent démontré que l'analyse même de problématique de criminalité prioritaire est plutôt superficielle (McElroy, Cosgrove, Sadd, 1993).

C'est de ce temps précieux consacré à l'analyse que se propose de discuter cette contribution, à partir de l'expérience, cumulée depuis cinq ans, d'enseignement en analyse criminologique à des enquêteurs policiers provenant de l'ensemble des services de police de la province de Québec.

Lier ainsi le travail du criminologue, dans sa motivation de comprendre et d'expliquer, avec celle du policier, dans sa quête de vérité et d'action, voilà la réflexion que propose ce texte. Tout d'abord, en dépeignant le cadre d'enseignement à une clientèle d'étudiants policiers, puis, en montrant l'apport de l'analyse criminologique comme support à l'action policière et en faisant des liens entre théorie et pratique sous la forme d'études de cas, issues d'enquêtes policières basées sur des faits réels.

Au terme de cette contribution, nous souhaitons avoir démontré la pertinence de l'analyse criminologique pour le policier en quête d'outils favorisant une prise de décision éclairée dans le cadre d'une enquête criminelle.

1 – Comprendre les principes d'une démarche d'analyse et de résolution de problèmes et son enseignement

Enseigner l'analyse criminologique, c'est mettre la méthode au cœur du processus de résolution de problème. L'analyse est ici comprise comme une démarche méthodologique qui consiste à apprendre et à expliquer le mieux possible les éléments constitutifs d'une problématique de criminalité. Chez l'enseignant, la méthode doit tenir compte de la compréhension de la clientèle, de la manière de l'approcher et de passer un message. En d'autres mots, il s'agit de trouver les qualités pour se mettre à son service.

1.1 – Enseigner à la police : être ou ne pas être policier [1]

Au Québec, depuis juin 2006, la Loi sur la police impose un nouveau droit de pratique au policier s'il veut devenir enquêteur. Ce droit de pratique est constitué d'un programme de formation universitaire de dix-huit crédits. La structure du programme comporte trois cours de base, en droit, en éthique appliquée, de même qu'en criminologie adaptée à l'analyse en enquête criminelle, en plus d'un séminaire d'intégration. Une entente entre l'ensemble des universités québécoises et les représentants de l'École nationale de police du Québec (ÉN.P.Q.), a partagé les offres de cours en fonction des spécificités de chacune. Ainsi, les trois cours et le séminaire ont été attribués en exclusivité à une institution universitaire [2]. L'Université de Montréal s'est occupée de monter le cours de criminologie. Cette nouvelle entente fait en sorte que le cours de criminologie est donné plusieurs fois par année par une équipe de chargés de cours enseignant à des groupes composés uniquement de policiers en fonction, parfois dans les locaux de l'Université, parfois à l'É.N.P.Q.

Enseigner à des groupes de policiers actifs, souvent dans les années les plus productives en matière d'avancement professionnel, n'est pas une tâche facile et pose à l'enseignant un défi relatif à certaines circonstances : la composition du groupe, le lieu d'enseignement, les habiletés pédagogiques de l'enseignant et l'origine professionnelle de l'enseignant.

Au regard de l'origine professionnelle des enseignants, le recrutement initial de la première équipe pour le trimestre de l'automne 2003 se fait selon des modalités régulières. Cette équipe se compose alors de quatre professeurs de criminologie de l'Université de Montréal et de deux praticiens chargés de cours, détenteurs d'un doctorat en criminologie. La pédagogie est essentiellement traditionnelle, soit des cours magistraux avec, comme évaluation trimestrielle des apprentissages, un travail (qui comporte une présentation orale en classe) et examen final. Dès le trimestre d'hiver 2004, des changements majeurs ont dû être apportés à cette équipe d'enseignants. Les évaluations d'enseignement étaient très critiques, constat confirmé par les nombreux courriels d'étudiants policiers qui dénonçaient notamment le fait

1. Les constats discutés dans cette section sont fondés sur l'analyse de documents recueillis à l'occasion de plus de quarante répétitions de cours GSP2600Z *Analyse criminologique : enquête policière* (45 heures) : comptes rendus de la rencontre annuelle des chargés de cours et les évaluations de l'enseignement de ces cours.

2. Le cours de droit a été attribué à l'Université Laval, le cours d'éthique, à l'Université de Sherbrooke, le cours de criminologie à l'Université de Montréal et le séminaire d'intégration à l'Université du Québec à Trois-Rivières.

que les enseignants manquaient de connaissance du terrain et de la réalité de l'enquête policière, malgré leurs compétences reconnues en criminologie. Les étudiants policiers se plaignaient que l'enseignement était désincarné et loin de leur réalité, notamment dans les exemples utilisés. Il apparaît que les enseignants n'étant pas policiers, les étudiants ne leur accordaient que peu de crédibilité pour parler d'enquêtes criminelles se déroulant sur leur terrain à eux. De surcroît, ces étudiants policiers exprimaient l'opinion que, selon eux, la criminologie n'était pas une discipline permettant une application concrète dans les activités de travail, comme l'était le droit pénal, par exemple. Ils critiquaient les modes d'évaluation qu'ils considéraient comme fastidieux, de même pour les lectures demandées et suggérées. Seul l'un des deux enseignants / praticiens reçut des évaluations favorables. Comme il était le seul des deux travaillant dans une unité d'enquête de lutte contre le crime organisé, les étudiants policiers lui reconnurent la crédibilité nécessaire à la réussite de son enseignement auprès d'eux.

Évidemment, force a été de constater que ces étudiants avaient des exigences aussi élevées que spécifiques pour déterminer la compétence d'un enseignant en matière de criminologie adaptée à l'enquête criminelle. Non seulement s'attendaient-ils à ce que l'enseignant connaisse très bien le milieu policier dans son ensemble mais aussi dans ses processus, ses méthodes, ses moyens et sa culture. À leurs yeux, toute lacune de connaissances en ces matières disqualifiait automatiquement l'enseignant. Ces premières expériences difficiles ont amené l'É.N.P.Q. à exiger des changements à l'équipe d'enseignants et au plan de cours. À la suite d'une analyse, les contenus pédagogiques ont été réorientés vers des dimensions plus pragmatiques, selon les souhaits des policiers étudiants, qui voulaient des outils concrets quasi instantanément transférables dans leurs activités de travail journalier.

La composition de l'équipe d'enseignants fut modifiée et l'embauche de praticiens policiers (ou ex-policiers) privilégiée [3]. La deuxième « cuvée » d'enseignants fut alors composée essentiellement de praticiens policiers, mais pas toujours très expérimentés en matière d'enseignement (habiletés pédagogiques). Les contenus du cours furent aussi modifiés pour privilégier les approches théoriques les plus pertinentes à l'analyse dans le cadre d'une enquête criminelle (notamment celles de la perspective du passage à l'acte, de la criminologie environnementale et de l'analyse de réseaux).

3. Ce choix ne modifie en rien l'exigence minimale de qualification d'un chargé de cours à l'Université de Montréal qui consiste à détenir un diplôme de maîtrise (2e cycle) dans un domaine pertinent.

Les premiers résultats d'évaluation de l'enseignement s'améliorèrent mais demeurèrent tout de même mitigés. Des nuances furent relevées : dans les cours donnés dans les locaux de l'Université, les résultats étaient sensiblement meilleurs. Mais les cours donnés à l'É.N.P.Q. faisaient toujours l'objet de critiques similaires à celles des trimestres passés. Dans certains cas, les commentaires d'étudiants, furent personnalisés (on y interpellait l'enseignant personnellement), parfois très sévères, voire carrément méchants. Cela, même si les enseignants envoyés à l'É.N.P.Q. étaient des praticiens policiers. Il semblait alors évident, au regard de l'évaluation sur trois trimestres, que le fait d'être ou de ne pas être policier n'était pas le facteur le plus déterminant dans la réussite de l'expérience de l'enseignement.

Que l'enseignant soit un criminologue reconnu, qu'il ait une expérience personnelle de la vie policière ne semblent pas être les dimensions déterminantes. Un nouvel enseignant / praticien de ce deuxième groupe se démarque. De nouveaux chargés de cours se joignent à l'équipe. Un de ceux-ci, issu du milieu de la sécurité intérieure et non de la sphère policière, gagne rapidement la faveur de ses étudiants, et ce, même dans les locaux de l'É.N.P.Q. Les résultats des évaluations de son enseignement sont positifs, certains commentaires étant même élogieux. À quoi peut-on attribuer ce revirement heureux de situation ? Au fait que cet enseignant (et d'autres par la suite) a démontré d'importantes habiletés pédagogiques. Il a adopté des approches et des méthodes pédagogiques lui permettant une mise en contexte concrète des diverses thèses criminologiques à l'aide d'exemples pertinents. Il a déployé des moyens qui permettent aux étudiants policiers de transposer plus facilement les connaissances théoriques intégrées en classe en savoir-faire concrets. Le cœur de cette stratégie pédagogique est l'étude de cas, sous forme de scénarios, de mise en contexte des principes théoriques et d'exercices en classe.

Une autre dimension importante de l'évaluation de l'enseignement concerne la composition des groupes d'étudiants. Bien qu'ils soient tous policiers, ils n'ont pas tous le même profil professionnel. Certains groupes sont composés essentiellement de policiers provenant de la gendarmerie (patrouille et premier répondant aux appels de service) ; ceux-ci s'inscrivent au programme avant de postuler à une fonction d'enquêteur dans leur service de police. Ces groupes rassemblent généralement des policiers novices (un à cinq ans d'expérience), qui s'inscrivent au programme afin d'entreprendre la démarche en vue de détenir éventuellement le droit de pratique en enquête. L'autre type de groupe est constitué, lui, en majorité de policiers enquêteurs ou qui viennent récemment d'être nommés à cette fonction. Ils doivent suivre cette formation pour se conformer à la loi (le policier enquêteur nouvellement nommé doit terminer sa formation initiale en enquêtes criminelles dans les neuf mois suivant sa nomination). Les policiers de ce groupe sont plus âgés (six à quinze ans d'expérience). Or tous ces groupes suivent leur cours de criminologie dans les locaux de l'É.N.P.Q. Tout se passe comme si leurs connaissances fonctionnelles de l'enquête judiciaire les amenaient à penser que seul un enquêteur policier (détenteur des exigences de qualification en enseignement) est apte à enseigner la criminologie adaptée à l'enquête.

Chiffres à l'appui, les groupes ayant été les plus satisfaits de la formation, ceux qui ont évalué favorablement ou très favorablement les enseignements, sont surtout ceux qui ont évolué dans les locaux de l'Université de Montréal. Les groupes de l'É.N.P.Q. ont manifestement moins apprécié les enseignements, ils étaient généralement plus exigeants au regard de la pertinence des acquis expérientiels des enseignants.

ANNÉE	MOYENNE É.N.P.Q.	MOYENNE Université de Montréal
2005	2.9	3.1
2006	3.1	3.3
2007	2.8	3.3
2008	3.2	3.4

Figure 1 : Moyenne des évaluations d'enseignement [4] des chargés de cours par année et par établissement.

Ce constat engendre la question, en quoi le lieu d'enseignement peut-il constituer un facteur influençant l'attitude des étudiants policiers ? Les écoles de police comme l'É.N.P.Q. se caractérisent comme lieu d'obéissance quasi absolue aux règles, lieux où se pratique un entraînement physique rigoureux, où se donnent des cours techniques en méthodes policières et où se révèle un souci du ritualisme. En fait les contenus de la formation de base de l'É.N.P.Q. insistent presque exclusivement sur les aspects techniques du travail policier (les « comment »), donc très peu d'enseignement qui suscite la réflexion critique (les « pourquoi ») (Van Maanen, 1973, 2003). C'est ce

4. Ces chiffres proviennent des résultats agglomérés de l'évaluation des enseignements, ceci afin de protéger le caractère individuel des évaluations d'enseignement.

que les étudiants policiers attendent du cours de criminologie, des techniques applicables directement à leur travail d'enquête. Ainsi, l'accent mis sur le volet technique de la formation policière initiale (ainsi que celle du perfectionnement), amène le policier à voir son développement professionnel uniquement sous l'angle technique.

Ajoutons à ce constat celui fait à l'égard du travail de l'enquêteur en matière de crime de prédation. Il passe la plus importante partie du temps à étudier des rapports, à élaguer des dossiers, à accomplir des formalités et à s'investir dans la préparation et la structuration de la preuve devant être présentée au tribunal. Un autre fait soulevé par ce champ de recherche montre que la majorité des affaires de crime de prédation (entre 50 % et 75 % des crimes les plus graves) est résolue rapidement, entre une et vingt-quatre heures après le crime. Ce sont dans ces cas les patrouilleurs, premiers répondants, qui participent à cette résolution (Chappell, Gordon, Moore, 1982 ; Brodeur, 2005).

Il est pour nous évident que la proximité de l'É.N.P.Q. comme lieu d'enseignement universitaire a exacerbé la dimension contrainte de l'activité elle-même et a rendu les étudiants policiers plus méfiants et sur la défensive. En réalité, l'obligation d'étudier la matière de l'enquête criminelle, un domaine qui leur était quasi-exclusif auparavant, auprès d'enseignants externes à l'organisation, dans les locaux de l'É.N.P.Q., cumulait dès le départ plusieurs facteurs susceptibles de créer quelques tensions.

En tant que groupe social, les policiers tendent à utiliser les pouvoirs qu'ils détiennent pour atteindre leurs fins propres. Les policiers, partie intégrante et importante du système de justice pénale, vont, à mesure qu'ils s'intègrent à leur groupe, adhérer aux valeurs institutionnelles (Westley, 1950, 2003). On peut évoquer, par exemple, la valeur de défenseur du droit pénal, celle de rempart à la criminalité et celle de groupe social au statut distinct des autres membres de la société (le phénomène du nous, eux).

Autrement dit, en de telles situations, les policiers ont adopté une attitude conforme au cadre de leur « maître du jeu » : l'exercice du pouvoir.

1.2 – Avec l'aide de Descartes, ou quand tout est toujours question de méthode

Une méthodologie pédagogique adaptée aux objectifs d'un cours de même qu'aux caractéristiques de la clientèle étudiante est l'une des clés de la réussite des étudiants tout autant que de la reconnaissance de l'enseignant. Dans les faits, enseigner à des praticiens policiers est fort différent que d'enseigner à des étudiants au profil plus « novice ». Les praticiens détiennent un vécu qui les amènent à relativiser les contenus enseignés, ce qu'ils reflètent souvent en formulant des jugements critiques, parfois précipités, au regard des contenus disciplinaires. Dans un tel contexte, l'enseignant doit, d'une part, être en pleine maîtrise des contenus enseignés et illustrés à l'aide d'exemples appropriés et, d'autre part, il doit traduire les savoirs théoriques en principes d'action concrets, pouvant s'intégrer aux activités opérationnelles sur le terrain. Généralement, enseigner à des étudiants revient à « construire » des mécanismes de références à partir d'exemples, pour concrétiser des idées et créer des images. Dans l'enseignement à des policiers, c'est la démarche inverse, à savoir « déconstruire » des habitudes techniques, des idées reçues, ou changer de points de vue et chercher ainsi à élaborer dans leur conception d'autres voix possibles pour comprendre et interpréter une problématique de criminalité.

Il s'agit de reconstruire un mode de raisonnement pratique, constitué de conceptions criminologiques et adapté au mode de raisonnement policier. Dans ce contexte, c'est la résolution de problèmes qui trouve un écho favorable, et la méthode S.A.R.A. (*Scanning, Analysis, Response, Assesment* – Situation, Analyse, Réponse, Appréciation) est tout à fait appropriée (Goldstein, 1979 ; Clarke et Eck, 2003 et 2004 ; Home Office, 2003). Cette construction s'appuie alors sur l'approche de l'étude de cas. À partir d'un état de la situation, du contexte, de l'environnement, des besoins, se construit une analyse axée sur l'étude du contexte sociodémographique, sur les statistiques criminelles et appuyée par une grille d'analyse composée de principes tirés des théories pertinentes de la criminologie. Ensuite, se dégagent des réponses en fonction de l'analyse réalisée. On cherche finalement à évaluer les résultats en tenant compte des limites liées aux contraintes budgétaires, hiérarchiques ou encore de temps.

Pour ce genre de clientèle étudiante, l'étude de cas adaptée est une méthode des plus adéquates. La bonne étude de cas comporte des objectifs pédagogiques précis en ce qui concerne l'intégration de portions déterminées des contenus disciplinaires. Elle offre l'occasion d'un retour sur la matière et elle stimule la mise en application concrète de connaissances théoriques en fonction de conditions particulières. Il faut donc, dès le départ, concevoir une étude de cas qui sera en mesure d'atteindre ces objectifs d'apprentissage (Hébert, 2007). De notre côté, nous avons développé le projet d'études de cas avec une équipe d'enseignants, en sollicitant l'expertise de chacun. En tout dernier lieu, nous avons soumis le projet à un conseiller en pédagogie afin d'évaluer les dimensions cognitives du matériel.

1.3 – Se mettre au service d'une profession : mythe ou réalité ?

On peut dire que, généralement, le milieu universitaire offre à ses clientèles des programmes de formation dont l'un des objectifs est de les préparer à entrer sur le marché du travail. Ces programmes s'adressent à des clientèles de jeunes adultes ayant réussi une formation collégiale et qui désirent poursuivre leurs études. L'expérience discutée dans cet article s'inscrit dans un tout autre cadre, rappelons-le. Elle s'inscrit plutôt parmi les demandes spécifiques de formation universitaire que des organismes publics ou parapublics adressent parfois à l'Université de Montréal. Inévitablement, cellesci entraînent la formation de groupes forts homogènes dont les attentes seront tout aussi semblables. Selon cette dynamique, l'Université de Montréal s'est ainsi placée dans un rôle de fournisseur / client. Le défi pour les artisans de ce projet, depuis, est de chercher à atteindre le meilleur équilibre entre d'une part, les exigences universitaires (transférer un savoir qui permet la réflexion critique) et d'autre part, les besoins et les attentes (techniques) du « client ».

Dans notre cas, le demandeur de formation, l'É.N.P.Q., a formulé la demande pour une formation en criminologie, adaptée à la démarche d'analyse, volet incontournable d'une enquête judiciaire. Cette formation devait toucher la thématique de la cybercriminalité, de la victimologie et de l'évaluation d'impact, en plus de permettre, le plus possible, aux étudiants policiers d'intégrer des savoir-faire en analyse et de se doter d'outils pertinents à celle-ci. Pour accomplir ce mandat, il fut nécessaire de se donner une connaissance fine des contextes dans lesquels les connaissances criminologiques spécifiques seraient utilisées par les enquêteurs judiciaires.

Concrètement, pour le chargé de cours, l'enseignement se traduit par une activité où il doit se tenir « au service » des étudiants, mais tout en gardant le caractère universitaire des contenus et des enseignements. Il y a certes un passage obligé où l'on transmet une matière, mais il est surtout très vite question de s'appuyer sur des exemples et de faire appel au vécu des étudiants policiers. Cette approche permet d'ancrer les principes théoriques sur des réalités opérationnelles et ainsi de témoigner de la pertinence de comprendre une telle approche et son utilisation pratique.

Une fois les principes et la méthode intégrés, c'est à l'analyse criminologique et à ses apports qu'il s'agit de porter attention.

2 – Intégrer l'analyse criminologique à l'enquête policière comme réponse à l'agir délinquant

Cette compréhension de l'agir criminel permet de dégager des variables qui seront intégrées à l'analyse criminologique. Il s'agit d'arriver à une explication spécifique du passage à l'acte et de permettre, du même coup, de fournir des options pour agir sur le phénomène et de mieux le prévenir.

2.1 – L'analyse au service de l'action : « Comprendre, c'est donner du sens à quelque chose »

L'enquêteur rassemble généralement une grande quantité d'informations au cours de la démarche initiale de l'enquête (Chappell, Gordon, Moore, 1982 ; Brodeur 2003 ; Brodeur 2005). Or, lorsqu'on lui parle d'analyse, sa première réaction est souvent de dire que celle-ci relève de l'analyste et non de lui. Cette réaction révèle une mauvaise conception de l'analyse. Les policiers valorisent l'action et ils œuvrent dans des organisations où la dynamique est réactive, ce qui les amène à développer une conception des choses et des habiletés axées sur l'action. Cet accent mis sur l'action engendre une forme de court-circuit de la démarche d'analyse, pour ne laisser qu'une forme d'analyse intuitive et routinière.

Dans les faits, il est impossible pour un enquêteur d'arriver à un aboutissement concluant sans procéder à une analyse progressive et approfondie de l'ensemble des informations recueillies. Les données ne parlent pas d'elles-mêmes ! Elles requièrent un premier niveau de traitement, de classement et d'ordonnancement, selon des catégories préliminaires. À ce stade, les informations doivent être validées afin d'établir leur degré de véracité et de fiabilité. Elles doivent ensuite être manipulées en fonction d'un cadre d'analyse prédéterminé qui inclut celui de la criminologie.

Lors de cette phase, des approches, des principes, des constats de recherche sont intégrés sous d'autres formes pour en faciliter l'illustration, la compréhension et l'interprétation. Par exemple, la transposition peut prendre la forme d'organigrammes, de tableaux, de grilles, de schémas, de graphiques ou de cartes. Cette intégration facilite l'étape centrale de l'analyse, le questionnement de l'hypothèse de départ, la grille d'analyse, la détermination des liens communs, la comparaison et l'interprétation. Enfin, le processus d'analyse aboutit à son étape finale au moment où l'enquêteur prend position au regard des résultats obtenus. Il peut alors faire des recommandations sur l'orientation de l'enquête, ou encore justifier le besoin de ressources nécessaires à la continuité de l'enquête.

En d'autres mots, l'exercice d'analyse est centré sur la compréhension et l'explication des faits. Une bonne analyse révélera diverses dimensions et conditions agissant sur la dynamique d'une problématique de criminalité. Il s'agit de cerner les interrelations entre les personnes en jeu, d'une part, et entre les diverses composantes socio-économiques, physiques et temporelles, d'autre part. Il est incontournable de prendre en considération les conditions physiques, sociales et temporelles à l'origine de l'existence et de la durabilité d'une problématique de criminalité. En d'autres mots, à partir d'une analyse systématique du phénomène criminel, il s'agit d'établir l'état des opportunités présentes dans un environnement particulier et d'étudier la variable vulnérabilité qui est à leur origine.

2.2 – Comprendre la complexité pour s'adapter au changement

Nous sommes aujourd'hui plongés dans un monde en changement continu et accéléré, un monde interconnecté où tout est rapide, ce qui accroît la complexité des phénomènes sociaux, en particulier ceux de la criminalité. Plusieurs dimensions de cette complexité sont nommées en utilisant le préfixe « in » (du préfixe latin « *in-* », privé de, indique aussi le contraire, la négation) : incertain, insécurité, incompréhensible, incohérent, invraisemblable, incontrôlable, imprévisible, inconfortable, impensable, instable, inquiétant, inconnu et, surtout, impuissant. Plusieurs de ces changements ont des conséquences majeures. Les problématiques de criminalité sont vécues de plus en plus comme un morcellement de responsabilités, une augmentation du nombre d'acteurs concernés directement et indirectement, de sources démultipliées à l'intérieur d'un volume imposant d'informations et de pistes des solutions incertaines.

Ainsi, la complexité intègre la notion de risque. On peut définir celui-ci comme étant l'expression de la probabilité d'actualisation d'un danger (caractéristiques inhérentes d'une personne ou d'une chose), ou d'une vulnérabilité, d'un événement susceptible d'influencer négativement le déroulement normal des choses. La vulnérabilité signifie qu'il y a une faiblesse, une faille, une brèche ou une lacune dans un système, dans une organisation, dans un environnement ou même auprès d'une personne (un itinérant, par exemple). Elle correspond aussi au degré d'exposition aux facteurs (absence de loi ou de règlement, absence de politique de sécurité, conditions physiques précaires) qui exposent un système, une organisation, un lieu ou une personne aux conséquences du risque.

Il n'est jamais possible de faire disparaître, voire de contrôler tous les risques existants, surtout dans les lieux ouverts et publics. Afin de se prémunir contre les risques et de réduire le degré de complexité, il faut procéder à une démarche d'analyse, qui consiste à répertorier les différentes vulnérabilités (source, nature, conséquences), à étudier les conditions susceptibles d'enclencher son actualisation, ses fonctionnements probables et ses impacts directs et indirects pour, enfin, en estimer les probabilités d'occurrence, et proposer des pistes pour réduire, contrôler voire éliminer l'actualisation.

Une fois compris ces enjeux, il est maintenant temps d'en percevoir la pertinence appliquée à des exemples concrets issus de cas discutés en milieu d'enquêtes.

2.3 – L'analyse criminologique comme aide à l'application pratique

Les deux cas développés dans cette section ont pris pour origine les travaux de trimestre des étudiants policiers issus de l'É.N.P.Q. Il s'agissait pour les étudiants de reprendre leur enquête à la lumière d'une grille d'analyse constituée de principes et de moyens tirés des théories criminologiques enseignées (passage à l'acte, criminologie environnementale, théorie des marchés criminels) et de les intégrer dans une démarche de compréhension donnant lieu à des actions. Et d'ainsi intégrer à leur analyse des actions justifiées, concrètes et adaptées à leurs interventions à l'égard d'une problématique criminelle.

Les cas pratiques reprenaient la logique du S.A.R.A. précédemment expliquée, mais en mettant au cœur du raisonnement l'analyse selon la figure 2 *infra*.

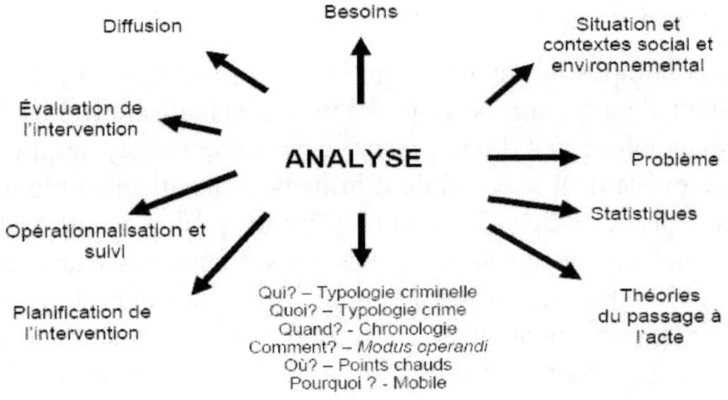

Figure 2 : L'analyse au cœur du raisonnement de l'enquêteur.

Particulièrement utile dans des enquêtes avec une série de crimes (introduction par effraction, vols de véhicules, agressions sexuelles, crimes de trafics), force sera de constater que l'analyse criminologique peut aussi être utilisée dans des problématiques récurrentes avec ou sans victimes directes (prostitution, dégradation de l'espace, trafics de stupéfiants).

Le premier cas discuté concerne des agressions sexuelles en série sur les territoires de Laval et Montréal entre 2002 et 2004. Neuf délits ont alors été rapportés aux autorités policières durant cette période. L'arrestation du coupable, en 2005, a permis de prendre conscience de l'apport possible des théories comme aide à l'enquête. Il a fallu ainsi attendre la cinquième victime pour trouver des similitudes entre les cas, des liens communs et comprendre l'apport que pouvait représenter l'analyse criminologique. Les délits ne seront reliés qu'après une analyse exhaustive des crimes et des demandes d'analyse au niveau du S.A.L.V.A.C. (système d'analyse des liens entre les victimes d'actes criminels) et que sur une particularité, le délinquant pliait le linge de ses victimes. Un travail précis d'analyse s'est alors mis en œuvre à partir de plusieurs axes. Le profil victimologique à partir d'entrevues, le profil du suspect à partir de son portrait robot et de son mode opératoire, l'analyse chronologique et spatiale ont été autant d'entrées pour chercher à déterminer les liens entre ces différentes affaires et surtout à prévenir par une surveillance accrue les lieux potentiels des prochains actes.

Deux théories ont été particulièrement applicables en pareille circonstance : la théorie spatio-temporelle et le profilage géo-criminologique (Ouimet, Beauregard, 2001). Selon la première théorie, l'enjeu a été de situer l'agresseur dans le temps et dans l'espace, à partir de ses lieux de résidence, de travail et de loisirs. La deuxième théorie a cherché à comprendre un « *pattern* » répétitif du criminel à partir des scènes de crime et des entrevues cognitives auprès des victimes. Ce dernier agissait ainsi dans un rayon restreint qui se concentrait autour d'un dénominateur commun, à savoir un terminus d'autobus. Selon les études de Rhodes et Conly (1981), par exemple, il était vraisemblable de penser que l'agresseur vivait à proximité [5]. L'acteur délinquant rationalisait ses actes en diminuant les risques de se faire prendre (il agissait à la noirceur, dans un espace connu, sur des femmes de petite taille, en les accostant par l'arrière), en augmentant ses bénéfices (toutes les victimes possédaient les mêmes caractéristiques physiques : 18 à 29 ans, cheveux bruns, yeux bruns, 1,68 m, plus ou moins 55 kilos) et en diminuant son effort (toutes les victimes étaient à pied, il utilisait toujours le même mode opératoire, dans un espace connu, où il se servait d'un couteau pour

5. 2,53 km selon cette étude ce que vient préciser Besson (2008).

intimider ; il attachait les personnes, les bâillonnait et cachait leurs yeux). Et c'est dans le plus petit détail que le criminel a pu être identifié et arrêté. Les profileurs de la Gendarmerie Royale du Canada dans leur rapport notaient ainsi que le comportement de tels agresseurs après la réalisation de leur méfait cherchaient à se rendre dans un lieu sécuritaire et le plus souvent à leur domicile. Lors de la sixième agression, l'agresseur, qui volait ses victimes, ne s'est pas aperçu qu'il volait également un téléphone cellulaire. Quarante minutes après l'agression alors que l'agresseur n'avait pas encore éteint le cellulaire, la mère de la victime a appelé sa fille. L'appel a ainsi permis de préciser le lieu de résidence de l'agresseur et de pouvoir restreindre les recherches à partir de la localisation de l'appel.

Le profilage, dans ce cas, n'a été qu'une aide, il n'a pas permis de résoudre l'enquête mais de prioriser les quatre cent trente-huit informations qui ont été recensées lors des diverses médiatisations. La stratégie était, tout d'abord, de rencontrer les individus qui résidaient au moment du premier délit dans la zone délimitée par le profileur géographique. Le profileur criminel a, quant à lui, guidé les enquêteurs sur le choix du questionnaire pour interroger divers suspects. À l'issu du questionnaire, tous les individus interrogés se sont soumis à la prise d'échantillon de sang pour un comparatif avec l'ADN de la victime. Peu de sujets ont refusé la prise d'échantillon et un seul résidait dans la zone ciblée. Cette affaire est un véritable cas d'école, mettant à profit l'approche de la rationalité de l'acteur et l'utilisation d'outils tirés de la criminologie, pour susciter la réflexion fine à l'égard des interventions des enquêteurs.

Des applications peuvent aussi être trouvées à l'égard de formes plus quotidiennes de criminalité et sans réelle victime (plaignante en tout cas), comme dans le cadre de la prostitution. Pour qu'il y ait prostitution, selon le *Petit Robert*, il faut qu'il y ait un échange d'actes sexuels pour de l'argent. Le cas présent, enquêté en 2007, était motivé par une donnée complémentaire. En effet, des prostituées étaient victimes de violences et de divers sévices (rappelant la tuerie de Robert Pickton à Vancouver), occasionnant une pression politique et sociale supplémentaire. À cette criminalité s'ajoutaient d'autres délits comme la flânerie, le racolage, la dépréciation de l'espace physique (condoms et seringues) et sociale (des vols, un trafic de stupéfiants qui pouvaient entraîner à terme un départ des personnes les plus aisées et une baisse des loyers).

Le passage à l'acte dans de telles problématiques peut être analysé, cette fois-ci, à partir de la théorie de la dissuasion, de la théorie économique et de la théorie des marchés. À ces perspectives, il faut ajouter l'idée d'une tolérance relative de la population à ces formes de crime. La théorie de la dissuasion est limitée par la faible capacité du système à arrêter les personnes. Qui plus est, les peines sont le plus souvent peu suivies d'effets en comparaison des bénéfices économiques [6] qui peuvent être atteints par certaines prostituées (on parlait dans ce cas précis de sept cents dollars par jour). Ainsi, il n'y aurait que peu de solutions face à ce phénomène. Pour autant, si l'on change sa cible d'intérêt en se centrant plus seulement sur la prostituée mais sur sa clientèle, le phénomène peut évoluer de manière différente. Plusieurs actions découlant directement de l'analyse du passage à l'acte peuvent être envisagées. La première cherche à augmenter la surveillance de la zone pour augmenter les risques d'être pris.

La deuxième, l'enquête d'instigation [7] avec l'aide de policiers en civil, permet de se centrer non plus uniquement sur la prostituée mais sur le client, en augmentant la certitude d'être puni, donc connu (l'aide des médias peut en ce sens accroître le risque). Le verdict rendu par le système judiciaire aura, en effet, un poids bien au delà de la sentence (amende le plus souvent), mais une réalité plus difficile à vivre au regard de sa famille, de son cercle d'amis ou encore de son travail.

La troisième cherche à reconduire ces actions à plusieurs reprises en gardant une forte médiatisation pour décourager les clients. Dans une logique d'offre et de demande et la théorie des marchés, il s'agit d'une part de se centrer sur la diminution de la demande des clients qui, à terme, va voir l'offre se raréfier. D'autre part, de compliquer le jeu de l'offre, en interdisant, aux prostituées, notamment de déambuler dans des secteurs précis de la ville.

La quatrième, finalement, suit la même logique en prévenant ce type de criminalité par des interventions dans les écoles sur le phénomène, notamment en insistant sur la prévention des dangers possibles de transmission de maladies par l'acte ou par des objets trouvés sur le sol.

La réalité de l'agir délinquant est éminemment complexe de par sa rationalité et sa tendance adaptative et évolutive. La compréhension par l'analyse ne peut s'appuyer que sur des raisonnements en adéquation avec ces particularités. L'enseignement de l'analyse criminologique peut intégrer ces réalités en cherchant à les rendre compréhensibles et utilisables dans le cadre de la formation de professionnels aux prises avec ces mécaniques sociales tan-

---

6. Selon la théorie économique, le délinquant agit suivant l'évaluation de ses gains et de ses coûts pour réaliser son activité délinquante.

7. L'instigation consiste à fournir à un criminel, ou une victime consentante, les conditions de la perpétration d'un crime sous l'observation policière, afin de recueillir une preuve contre lui (Brodeur, 2005).

gibles. L'analyse criminologique peut ainsi devenir un outil indispensable au service de praticiens. Il y aurait donc des raisons légitimes d'espérer et de croire à une véritable « action criminologique ».

Les expériences d'enseignement à des clientèles policières amènent à penser que, dans le futur, celles-ci auraient avantage à utiliser des grilles d'analyse criminologique. Pour être valides, ces grilles devraient incorporer des principes et des postulats de la criminologie du passage à l'acte, et de la criminologie environnementale. Elles seraient élaborées, en étroite collaboration, avec des chercheurs et validées auprès de praticiens. Ces grilles d'analyse seraient plus concrètes comme outil de support à l'enseignement et plus faciles à intégrer dans le travail quotidien d'enquête.

Références bibliographiques

Besson J-L., « Origines, destinations, relations spatiales des mis en cause et des victimes de violences sexuelles à Paris en 2005 », *Focus*, OND, 2008, 3.

Brantingham P-J., Brantingham P.L. (Ed.), *Environmental Criminology*, Beverly Hills : Waveland Press, 1981.

Brodeur J-P., *Les visages de la police, pratiques et perceptions*, Montréal : Les presses de l'Université de Montréal, 2003.

Brodeur J.P., « L'enquête criminelle », *Criminologie*, Les presses de l'Université de Montréal, 2005, Vol. 38, n° 2, Montréal, 2005.

Chappell D., Gordon R., Moore R., « Rand, le principe hérétique ; les conclusions du greenwood sur l'enquête criminelle », 1982, in J.P. Brodeur et D. Monjardet (Dir.), *Les cahiers de la sécurité intérieure*, « Connaître la police, grands textes de la recherche anglo-saxonne », Paris, 2003.

Clarke R-V., Eck J., *Become a problem solving crime analyst*, Jil Dando Institute of crime sciences, London, University College London, 2003.

Clarke R-V., Eck J., *Crime analysis for problem solvers in 60 small steps*, U. S. department of Justice, Washington, Office of community policing services, 2004.

Descartes R., *Discours de la méthode*, suivi des *Méditations métaphysiques*, avec une présentation de Jean-Paul Sartre, Verviers, Marabout, 1974.

Goldstein H., « Améliorer les politiques de sécurité, une approche par les problèmes », 1979 in J.P. Brodeur et D. Monjardet (Dir.), *Les cahiers de la sécurité intérieure*, « Connaître la police, grands textes de la recherche anglo-saxonne », Paris, 2003.

Hébert L., *Enseigner par compétences, le guide d'étude de cas*, 4e éd., Faculté de l'éducation permanente, Université de Montréal, non publié, 2007.

Home Office, *Passport to crime reduction*, Crime Reduction Centre, London, 2003.

McElroy J.E., Cosgrove C.A., Sadd S., *Community Policing: The C.P.O.P. in New York*, Newbury Park, Sage Publications Inc, 1993.

Monjardet D., *Ce que fait la police, sociologie de la force publique*, Paris, La Découverte, 1996.

Murphy C., « La police et la résolution de problème : un manuel pratique », in A. Normandeau (Dir.), *Une police professionnelle* notamment *de type communautaire*, éditions du Méridien, tome 1, Montréal, 1998.

Ouimet M., Beauregard E., « Géocriminologie et profilage criminel », *Revue de science criminelle et de droit pénal comparé*, , 2001, n°1, pp. 223-225.

Rhodes W.M., Conly, C., "Crime and mobility : an empirical study", in Brantingham P.J., Brantingham P.L., (Eds), *Environmental Criminology*, Beverly Hills, Sage Publications, 1981.

Van Maanen J., « Comment devient-on policier ? », 1973, in J.P. Brodeur et D. Monjardet (Dir.), *Les cahiers de la sécurité intérieure*, « Connaître la police, grands textes de la rccherche anglo-saxonne », Paris, 2003.

Westley W. A., « Les racines de l'éthique policière », 1950, in J.P. Brodeur et D. Monjardet (Dir.), *Les cahiers de la sécurité intérieure,* « Connaître la police, grands textes de la recherche anglo-saxonne », 2003.

14

Former les professionnels…

des collectivités, du milieu enseignant, de la justice ou du milieu associatif à une culture de la prévention sociale. La création d'un diplôme universitaire (DU) prévention de la délinquance et « des conduites à risques » à l'Université Paris 12, en partenariat avec un club de prévention

Par Eric Marlière

***Eric Marlière** est docteur en sociologie, chargé de recherches au Laboratoire d'études et de recherches sociales (L.E.R.S.), Institut du développement social (I.D.S.), Institut régional du travail social de Rouen (I.R.T.S.) et chercheur associé au Centre de recherches sociologiques sur le droit et les institutions pénales (C.E.S.D.I.P., Ministère de la Justice, C.N.R.S., Université de Versailles Saint-Quentin en Yvelines).*

Les questions de prévention et de sécurité constituent un enjeu majeur pour les politiques nationales, régionales et locales. La question de la sécurité et surtout de l'insécurité génère un « sentiment de peur » (Bonelli, 2008) auprès de l'opinion publique déstabilisée par les mutations économiques en cours depuis maintenant trente ans. Sujet sensible, la notion de prévention ne peut être pensée seulement que sur le thème de la « tranquillité publique » ou de l'« ordre public » et encore moins dans le temps court des échéances électorales. La notion de prévention est devenue ainsi un objet politique à tel point que cet objet a été dépolitisé ces dernières années (Boucher, 2004). Si les communes de droite ont moins de « scrupules » à orienter la gestion de la problématique de la prévention sur celle de la sécurité, les communes de gauche ont de plus en plus de mal à gérer la problématique de la « question sociale » (Tissot, 2007), et s'acheminent avec plus ou moins de malentendus également sur les questions de sécurité, de prévention de la délinquance et de régulations maladroites d'une « jeunesse populaire troublant l'ordre public » (Marlière, Fontaine, 2009).

Les politiques de prévention dans le champ des collectivités territoriales ont trop souvent négligé l'aspect « prévention sociale » dans leur application. En effet, les politiques de prévention mises en œuvre dans d'autres pays européens sont trop souvent méconnues. Oscillant entre prévention générale et prévention de la délinquance, les actions qu'elles ont initiées sont restées souvent secondaires alors que nous vivons dans une société du risque et de l'insécurité qui impose un développement plus approfondi et imaginatif. C'est pourquoi le D.U. *prévention de la délinquance et des « conduites à risque »* de l'Université Paris 12 [1] a pour objectif de diffuser une culture de prévention permettant à tous les professionnels concernés [2] de disposer des connaissances et de savoir-faire, afin d'optimiser une démarche de prévention sociale et lui redonner une place prépondérante dans les politiques publiques criminelles d'aujourd'hui.

S'agissant d'une formation – action, qui fait interagir la recherche et l'application – ce diplôme d'université repose sur une approche interdisciplinaire de la prévention de la délinquance qui décloisonne tant la réflexion que l'action. Elle s'appuie sur des applications concrètes de prévention précoce en France, en Europe et au Canada et tend, par une analyse comparée, de favoriser les conditions de la réussite. Elle vise ainsi à redonner ses lettres de noblesse à une démarche trop méconnue et qui reste encore marginale en France alors que des expériences réussies à l'étranger en démontrent la pertinence.

1 – La prévention précoce versus sociale : palliatif et / ou complémentarité d'une politique répressive parfois trop coûteuse

La volonté de monter un diplôme d'université est le fruit d'une détermination commune : celle de Claude Beau, juge pour enfant, vice-présidente du TGI de Paris et présidente de l'association Mission Possible (association loi

1. En partenariat avec une association de prévention parisienne.

2. Magistrats, psychologues, pédagogues, psychiatres, sociologues, médecins, éducateurs, chefs de projet C.L.S., travailleurs sociaux, et tous les métiers en charge de la prévention et de la sécurité urbaine.

1901 chargée de faire de la prévention précoce auprès d'enfants vulnérables des « quartiers sensibles ») et celle de Gérard Teboul, professeur en droit à l'Université Paris 12. La célèbre magistrate part d'un constat pragmatique et professionnel. La justice ne peut résoudre les problèmes de vulnérabilité sociale et psychologique des enfants connaissant des conditions sociales, économiques et familiales difficiles : précarité des familles, mère soumise aux mauvais traitements du père, environnement social dégradé, etc. Le second, universitaire et juriste en droit international, n'hésite pas à rappeler les principes directeurs de Riad afin de prévenir la délinquance juvénile ; les textes internationaux contiennent de nombreuses règles soulignant la nécessité d'actions multiples. Au nombre de celles-ci, deux politiques méritent, notamment, de retenir l'attention : l'une se propose de financer certains services, équipements et personnels susceptibles d'être bénéfiques pour les jeunes ; l'autre entend soutenir l'exercice de la fonction parentale au profit des mineurs (Teboul, 2008).

Pour aller plus loin, les inspirations intellectuelles communes de Claude Beau (*Les échos*, 2008) et de Gérard Teboul vont de pair avec le projet *High Scope* aux Etats-Unis, (suivi intensif pendant 40 ans d'enfants âgés de 3 et 4 ans jusqu'à l'âge adulte). Il s'agit d'un programme appliqué à un nombre réduit d'enfants en maternelle (un adulte pour 6 enfants), Quatre demi-journées par semaine pendant deux ans. L'intervention est centrée sur le développement des fonctions exécutives, à savoir ce que Jean Piaget nous a montré au sujet de la petite enfance : la capacité de résoudre des problèmes. Elle n'est donc pas centrée sur les comportements d'agression mais sur la capacité à développer des fonctions exécutives permettant de gérer nos comportements. Ce programme comportait aussi un soutien aux parents à domicile. Quels sont les effets, observés 40 ans plus tard ? De meilleures performances scolaires, moitié moins de criminalité à l'adolescence, moins d'emprisonnement à l'âge adulte, meilleure intégration sur le marché du travail, revenus plus élevés. Après 27 ans, cela représente un rapport coût / bénéfice de 1 à 7 : le bénéfice financier réalisé au niveau des politiques publiques est 7 fois plus élevé que les politiques répressives plus classiques [3]. Après l'âge de 40 ans (les résultats ont été publiés en 2008), le rapport coût / bénéfice est de 13. Toutefois, contrairement au projet mené dans les pays anglo-saxons, davantage orienté vers la prévention précoce [4] (avec

3. Nous entendons ici les dégâts causés par les faits de violence et de délinquance auprès de victimes, de matériels, etc. Le coût de l'incarcération est également très élevé s'agissant d'adolescents ou de jeunes adultes.

4. Certes, avec les enjeux idéologiques sous-jacents qui peuvent être dangereux autour de la notion de prévention précoce. Nous faisons allusion, entre autres, à l'eugénisme.

les enjeux idéologiques sous-jacents qui peuvent être dangereux), cette formation s'oriente autour de l'interdisciplinarité et davantage vers la prévention sociale pour la situation française.

2 – Le constat d'un manque d'une culture de « prévention sociale » dans les réponses apportées aux problématiques de la délinquance juvénile

La démarche de l'association « Mission Possible », influencée par les expériences étrangères notamment des Etats-Unis (projet *High Scope*), est donc pour le moins originale en France, puisqu'elle tente de prévenir les causes de la délinquance juvénile. Implantée bientôt sur 7 sites en France [5] l'Association « Mission Possible » apparaît comme une alternative à « l'enfant oublié » [6]. C'est dans ce contexte qu'est né le projet D.U. « *Prévention de la délinquance et des conduites à risques* » destiné à des professionnels de tous bords (enseignants, médecins, avocats, etc.), des salariés (cadres ou non) des collectivités en charge des questions de sécurité urbaine ou de jeunesse. Ce Diplôme d'Université vient à la fois concrétiser sept ans d'expérience en termes d'action de l'Association de prévention en question tout en ayant la volonté de pérenniser un savoir-faire original et de développer surtout une « culture de la prévention sociale ». La démonstration d'un réel besoin d'une culture de « prévention sociale », associé à celui de la prévention précoce (prévenir auprès d'enfants en situation de vulnérabilité sociale), incite les initiateurs du D.U. à proposer, auprès de professionnels censés intervenir sur les questions de sécurité et de jeunesse, un réel enseignement de la prévention.

Ce D.U., au travers d'une formation pluridisciplinaire associant sociologie, économie, droit et qui tente d'articuler recherche, réflexion et action apporte des outils d'analyse et de réflexion à des élus et cadres des collectivités territoriales qui ont peu de formations théoriques et / ou le recul nécessaire pour répondre aux problématiques de délinquance. Si le thème de la « prévention précoce » interroge également celui de la « prévention sociale », il nous questionne surtout sur la problématique de la « question sociale », trop souvent absente des diagnostics des politiques publiques criminelles territoriales.

---

5. Paris 19ème et 20ème, Argenteuil, Amiens, Montbéliard, Drancy, Strasbourg,

6. Voir plaquette de l'association.

3 – Les objectifs :
agir sur une délinquance en augmentation dans les « quartiers sensibles », faire réfléchir les élus et les professionnels sur les « demandes de sécurité »

De nos jours, dans les réponses apportées par les politiques publiques aux questions de délinquance, les réponses davantage répressives (notamment depuis les lois Perben 1 et 2) altèrent une partie de la compréhension des causes intrinsèques à la « question sociale » dans les « quartiers sensibles » [7]. Sans aller jusqu'à évoquer l'« excuse sociologique », s'il est important de s'interroger sur le rôle des parents tout comme celui de l'école, il semble essentiel d'y inclure celle de la « question sociale » [8] qui doit être recentrée comme variable essentielle pour agir sur les causes et donc les effets de la délinquance juvénile. Si la prévention précoce est primordiale pour « désamorcer la délinquance des jeunes », le souhait de la magistrate Claude Beau est d'associer également une « culture de la prévention sociale » au D.U. (pluridisciplinaire). En effet, dans les réponses inefficientes apportées aux problématiques de délinquance juvénile [9], il est impératif de ne pas occulter les problématiques plus globales afin d'agir avec plus d'efficacité sur une « jeunesse en manque de repères » (Claude Beau, *Les échos)* mais surtout en ressources et de capitaux (au sens de Bourdieu). Cette jeunesse populaire en situation de vulnérabilité sociale ne peut avoir recours aux mêmes modes d'insertion professionnelles que les autres jeunes. Si la situation de la jeunesse française s'avère de plus en plus difficile (Chauvel, 2002) et se voit même mise en difficulté par les blocages institutionnels et les systèmes corporatistes propres à notre société (Galland, 2009), la situation des « jeunes de cité » se voit renforcée par les effets déterministes de la structure sociale et donc de la domination sociale, des inégalités sociales auxquels on doit ajouter les processus de discriminations (Marlière, 2008).

L'intérêt cependant de la formation pluridisciplinaire du D.U. *prévention de la délinquance et des « conduites à risques »* montre que les enjeux psychologiques, juridiques, éthiques et sociologiques sont tous de première importance pour saisir la question de la jeunesse des quartiers populaires en proie aux difficultés économiques, sociales et familiales, phénomènes qui seraient, en partie, à l'origine des problématiques de délinquance juvénile et

---

7. Nous pourrions évoquer certes la question des problèmes sociaux, mais aussi celle des discriminations ethniques.

8. Les conditions de vie, les revenus souvent très insuffisants, le manque de perspectives d'avenir, etc.

9. Sans se focaliser sur la portée des médias, la délinquance juvénile devient un phénomène de plus en plus récurrent et qui concerne davantage de jeunes dans les quartiers populaires.

des troubles de l'ordre public. La grande variété des disciplines enseignées par le D.U. a ainsi pour objectif de former le professionnel à une connaissance plus large des problématiques auxquelles il est confronté au quotidien en tant que professionnel.

Ainsi, il est impératif, pour tout professionnel, quel que soit son métier ou sa formation d'origine, en charge des questions de sécurité, d'acquérir des connaissances plus importantes et plus approfondies afin de développer une « culture de la prévention sociale », dans sa structure. Les questions de la délinquance juvénile, des « violences urbaines », des « bandes de jeunes », des « quartiers sensibles », pour la majorité de nos citoyens, deviennent « figure d'épouvante » mettant en difficulté le travail des professionnels et des experts. Les effets visibles et souvent médiatisés dépolitisent la perception des citoyens et de certains professionnels relayant du coup la problématique de la « question sociale » à la seconde place devant l'urgence politique et médiatique. Dans nos recherches empiriques, nous avons montré que ces jeunes cumulaient un ensemble d'handicaps sociaux trop souvent absents des diagnostics locaux de sécurité : ils appartiennent aux classes populaires émergent des deux dernières générations françaises concernées par la « crise », sont, pour la plupart d'entre eux, issus des immigrations africaines et nord-africaines et enfin, évoluent dans des espaces territoriaux et sociaux stigmatisés en voie de relégation sociale (Marlière, 2009).

Conclusion

A côté des facteurs indispensables que sont la psychologie adolescente, les questions familiales, l'environnement social ou encore les problèmes éthiques, il est important de mettre en contexte la problématisation de la question sociale dans le cadre d'une formation continue pour des professionnels de la sécurité comme le propose le D.U. Ainsi, dans toute formation, il est essentiel de resituer le parcours des jeunes dans le contexte des difficultés économiques d'un pays certes développé mais confronté, depuis plus de 25 ans, à une mutation profonde des modes de production qui ont accru les difficultés des classes populaires. Pour autant, ces jeunes, enfants d'ouvriers et immigrés (pour la plupart), sont en proie à des difficultés sociales majeures alors que bon nombre de nos institutions ne les traitent trop souvent comme une menace. C'est pourquoi cette formation s'adresse à des praticiens qui officient au sein d'institutions municipales afin d'agir plus efficacement sans pour autant discriminer ou exclure et se faire entendre des élus et des citoyens même [10].

Il s'agit en quelque sorte de dépolitiser une question supprimée depuis trop longtemps de l'agenda politico-médiatique et qui fait le jeu des partis d'extrême droite. C'est pourquoi il est maintenant essentiel de considérer les « jeunes de cité » non comme une menace mais plutôt comme une « ressource » (Marlière 2005). Cette formation D.U. a donc pour objectif de transmettre aux professionnels soucieux de répondre à une problématique de sécurité, des savoirs périphériques et de retraduire des questions plus globales comme celles de la « question sociale » par le biais également des politiques publiques de sécurité. Toute la question est de savoir si une telle formation accessible en formation continue peut être abordable à tout salarié en raison du coût qui doit être pris en charge par l'employeur et si cette qualification, certes diplômante, permettra à son acquéreur une insertion durable, voire une promotion interne au sein de son service. L'enjeu est de taille, mais très incertain en raison de la dévalorisation du diplôme universitaire dans le monde professionnel d'aujourd'hui.

10. Notamment lors de réunions de quartier sur les contrats locaux de sécurité.

Références bibliographiques

Bonelli L. *La France a peur. Histoire sociale de l'insécurité*, Paris, La Découverte, 2008.

Boucher M., *Repolitiser l'insécurité. Sociographie d'une ville ouvrière en recomposition*, Paris, L'Harmattan, 2004.

Castel R., *Les métamorphoses de la question sociale. Une chronique du salariat*, Paris, Arthème Fayard, 1995.

Chauvel L., *Le destin des générations. Structure sociale et cohortes en France au XXe siècle*, Paris, P.U.F, 2002.

Galland O., *Les jeunes français ont-ils raison d'avoir peur ? Eléments de réponse*, Paris, A. Colin, 2009.

Marliere É., *Jeunes en cité. Diversité des trajectoires ou destin commun ?*, Paris, L'Harmattan, 2005.

Marlière É., *La France nous a lâchés ! Le sentiment d'injustice chez les jeunes de cité*, Paris, Arthème Fayard, 2008.

Marlière É., « Jeunes des banlieues et émeutes urbaines », in B. Roudet (Dir.), *Regard sur les jeunes en France, Québec et Canada*, P.U.L., 2009, pp. 127-145.

Marlière É., Fontaine S., « Médiations de rue et logiques politiques municipales. Entre gestion des risques, négociations politiques et stratégies individuelles », V.E.I., *Diversité*, 2009, n°158.

Mucchielli L., « Une société plus violente ? Une analyse socio-historique des violences interpersonnelles en France, des années 1970 à nos jours », *Déviance et Société*, 2008, vol. 32, n°2, pp. 115-147.

Parazetti M., « De la prévention précoce à la prévention féroce. Acteurs associatifs et chercheurs se mobilisent », in Collectif, *Pas de zéro de conduite pour les enfants de trois ans*, Paris, Erès, , 2006, pp. 187-194.

Tissot S, *L'Etat et les quartiers. Genèse d'une catégorie de l'action publique,* Paris, le Seuil, 2007.

Teboul G., « Prévention de la délinquance juvénile et droit international : quelques observations », *Journées internationales de la prévention,* 31 janvier – 1er février 2008, La Défense (92), site internet : www.missionpossible.asso.fr.

IV

Enseigner au sein de la Babel criminologique

Quoi ? Comment ? Quelles résistances au sein de l'université ? Quels enjeux sociopolitiques ? Et l'éthique dans tout cela ?

15

Une Babel criminologique ou la richesse inexploitée de la criminologie française dans ses enseignements [1]

Par Loick M. Villerbu

Loick M. Villerbu *est professeur de psychologie à l'Université de Haute Bretagne Rennes 2, co-responsable des masters 1 et 2 « Psycho-criminologie et victimologie », directeur de l'Institut de criminologie et de sciences humaines, directeur du Groupe d'intérêt scientifique (G.I.S.) « Criminologie & Société » (C.R.I.M.S.O.).*

Avertissement. L'auteur est psychologue et c'est bien entendu à travers ce prisme particulier que les propos sont écrits.

A propos de la Babel criminologique et de ce qui s'en suit

Au début de cet ouvrage, Pierre V. Tournier recense plus de 70 mots ou propositions identifiant des enseignements possibles dans l'espace des références criminologiques en usage. C'est dire que le champ est vaste et sans doute encore plus grand qu'on ne le soupçonne si chaque tendance actuellement en désordre pousse plus loin ses investigations et cherche au mieux à redéfinir ce qu'elle fait en propre. Sauf à dire que les variétés d'usages sont en fait instanciellement portées par un petit nombre de variations fondamentales qui dessinent, en creux, des axes forts d'intérêts ; axes encore peu susceptibles d'apparaître dans la mesure où se défiant de *mots territoires*, les

1. Communication sollicitée par le comité scientifique.

chercheurs, enseignants et praticiens de toute discipline référée à la criminologie font barrière à toute tentative d'invasion et d'envahissement. Comme toute existence cherchant à faire reconnaître son identité, on est alors en droit de se dire que les avancées fragiles de nouvelles entrées dans les savoirs et pratiques contemporains, notamment en France, craignent d'abord d'être récupérées et instrumentalisées. Un processus d'autodestruction référentielle est, comme une épée de Damoclès suspendue ainsi, à toute nouvelle proposition.

Si ne pas être instrumenté peut être une volonté commune à beaucoup et cela est non seulement légitime mais exigence éthique, le fait de craindre *a priori* d'être instrumentalisable et de se construire un *bunker* auto référentiel vient dire que nous ne sommes pas encore prêts à aborder l'adversité ; que d'une certaine manière *tout se passe comme si* se saborder valait mieux qu'aborder la différence, tout autant des savoirs que des mises à dispositions et de ce qui s'ensuit, par la force des choses.

Est-ce typique à notre hexagone que de faire des définitions et des principes des conditions *sine qua non* ? Devons-nous avoir disposition de la chose à dire avant même d'en commencer son exploration ou de se donner à penser qu'elle est déjà close ? Les exigences, de ci delà, à vouloir Une définition de La Criminologie, Des Criminologues, de leur Usage… sont des points repères de cette pensée qui, forte des aïeux reconnus, cherche dans un mouvement invasif permanent à prendre toutes les places, au titre d'une seule vérité, oublieux du rapport originaire, de force, polémique. Si l'on peut également, identifier là, les éléments d'un débat démocratique qui exige des adversaires aux idéologies différentes, si l'on reconnaît là le mouvement démocratique qui ne peut être fait que d'un consensus exprimable en pourcentage, on ne peut que constater que les terrains sur lesquels s'appuient les références criminologiques sollicitent moins débats et mouvements démocratiques qu'exigences synergiques de compétences et de faire de ces synergies empiriques nées de l'échec de l'Un à vouloir tout faire, le laboratoire social de nouveaux développements tant scientifiques que professionnels.

La Babel criminologique, dit autrement, c'est la revendication d'un droit à l'expérimentation et les moyens de l'exercer. Comment ?... avec les mêmes exigences requises par toutes fondations, dans le temps, dans une politique d'expérience qui en se voulant transdisciplinaire repose sur quatre pieds fondamentaux : éthique / déontologie, épistémologie / histoire, clinique / savoirs expérimentaux, méthodologie / conditions contre transférentielles. Déontologie parce qu'il n'est pas opposable que les avancées scientifiques et les modes d'exercices reconnus ne puissent pas être mis à disposition. Ethique parce que, en dernière instance, la décision revient à chacun dans le conflit que cette dernière instaure. Epistémologie parce que tout savoir s'élabore de modèles fondamentaux et controversés. Histoire parce que la mise en perspective des pratiques et des savoirs requis exigent un dépaysement. Clinique parce que, de quelconque façon que l'on se place, la dimension de la subjectivité est inéluctable et oblige à la considération de la différence qui s'entend bien mieux lorsque qu'elle est également saisie dans des références statistiques descriptives et épidémiologiques. Méthodologie parce tout est question de protocole (de langage) et que les différences ne tiennent que de la manière dont il en est fait usage.

Dans ces contraintes scientifiques et professionnelles il est peut être plus aisé de reconnaître que, tout comme il y a des *faisant fonction* d'obstacles, des missions impossibles venant des conditions d'existence impossibles, il y a des mots qui font mal et dont le but est de faire mal. Mots tabous d'un coté, mots stigmates de l'autre sont deux faces d'une même incrédulité. Des mots dont le sens premier, dans leur usage, est de saper toute expérience renouvelée : ainsi quand on croit pouvoir définir la criminologie par la question de la dangerosité, quand on croit que la criminologie a une résidence évidente dans la question de l'acte et que l'on met au défi tout un chacun dans sa capacité à l'anticiper, anticipation - prédiction posées alors comme un diagnostic. Ou encore quand on fait de la criminologie un savoir autosuffisant et que de manière connexe se crée souverainement une victimologie, comme s'il n'y avait pas là deux envers d'un même contexte à redéfinir, engageant toutes normes de toutes les langues.

Que faire alors d'un savoir référable à la problématique générale de la chaîne pénale mais non réduite à celle-ci, aux questions de déviance, aux recours à l'acte infractionnel comme pratiques de soi et d'autrui et issues à différentes impasses existentielles, inducteurs de sciences et pratiques diverses ?

1 – En introduction

Que la question de la criminologie se pose en France comme matière enseignable est sans aucun doute le produit d'un « malaise de civilisation » qui dépasse la simple querelle d'agents disciplinaires ayant fait de cet espace criminologique un champ d'études et d'activités, sans visibilité politique autre que dans la contestation ou dans une affiliation non critique.

Dans ces querelles, tout se passe *comme s'*il y avait un axe qui liait de manière symétrique et opposée le criminologique au politique comme dans un passé récent le répressif au thérapeutique, le sécuritaire aux droits et respects de la dignité humaine. Tout se passe *comme si* dans un naturel (?) qui nous serait propre, les questions infractionnelles, de déviance et leur traitement n'avaient pas autant de droits de sortir des cercles de spécialistes pour s'exposer au grand public comme la démonstration en a été faite à propos de la folie et de sa conversion en diagnostics différentiels, de ses traitements et des offres multiples qui s'en sont induites.

Entre le criminel et le fou, une nature commune, monstrueuse et réifiante prend le pas sur les souffrances qu'ils représentent. La question est omniprésente dans nos actualités. Il va bien falloir admettre qu'ils peuvent et doivent devenir ou continuer à être, l'un comme l'autre, sujet des cultures, de savoirs, de diffusion et l'objet de nos investissements sociétaux. Toute langue déliée. L'un et l'autre ont, envers et contre tout, une vocation commune : celle de nous renseigner sur la condition humaine et ses modes d'expériences empiriques. Ils jouent l'un et l'autre, dans le savoir scientifique qui s'en saisit, le rôle dévolu dans un autre siècle à la méthode pathologique.

Axe, sans nul doute lié aux évolutions de *l'art pénitentiaire* et aux différents intervenants qui y contribuent, aux besoins à la fois d'évaluer la réalité de phénomènes dont tout un chacun, donc *n'importe qui,* est capable de parler et de s'assurer de l'effectivité des types de traitements qu'ils soient judiciaires, éducatifs ou thérapeutiques. Sans compter ce qui tient aux autres problèmes traités dans ce colloque. Et l'on peut sans grandes difficultés dire que cet art vient au creux de ce 21ème siècle prendre (sans la récuser !) la fonction dévolue au cours des 19ème et 20ème à l'art médical [2] dans les conjonctions qui ont été les siennes avec les sciences juridiques. C'est là une mutation profonde que masque la constante référence à la notion de soin qui continue à évoquer spontanément le champ médical, le médecin et le psychiatre, le thérapeute, exclusivement.

Parce qu'en France on pense criminologie dans un contexte de droits normatifs légiférés plus que jurisprudentiels, cela n'est pas sans incidence sur la façon dont on peut penser ses acteurs et les rapports évidents du savoir et du politique, comme de ceux-ci, par ailleurs, avec le mythe.

Ce qui se dessine comme matière, avec les remous que cela provoque, n'est pas sans rappeler d'autres histoires semblables. Que l'on se rappelle l'introduction d'un savoir et d'un savoir faire psychologique dans les facultés de lettres, de l'appropriation abusive du terme clinique par le corps médi-

2. La criminologie au 20ème siècle, cycle de conférences organisées en 2007 par le service culturel de l'Université de Rennes 2, sous la responsabilité scientifique de Loick M. Villerbu ; site de l'Université Rennes 2.

cal et des polémiques infinies que cela a suscité… des crimes de lèse majesté, des explosions ironiques et destructrices quand à coté de la psychologie expérimentale il a bien fallu donner corps à un enseignement de psychologie clinique par où s'est engouffré la problématique analytique… qui n'est pas elle-même sans douter de l'opportunité de tout autre savoir que le sien. Et l'on dirait de même de toute psychologie de l'enfant ou du développement, sociale ou expérimentale, du travail ou de l'ergonomie, de la psychopathologie généraliste et de la psychopathologie infantile, ou des neurosciences etc. Et, dans tous ces cas comme dans bien d'autres, quel est, a été le terme magique, incendiaire : éthique. C'est toujours au nom de l'éthique que les puissances en risque de perdre leurs dominations donnent des leçons de morale politique ! Et ces temps qui ont précédé ce colloque universitaire n'ont pas été sans manquer de donneurs de leçons dont le caractère principal traitait de territoires aux risques de souillures et aucunement de considérations épistémologiques ou sociétales. Au point que cela a heurté nombre d'universitaires qui ont préféré s'abstenir participant alors à leur insu (au moins) aux jeux des *contre pouvoirs* en attendant de consommer sans frais : sans contribution [3].

2 – Pour quelles questions ?

Enseigner, oui mais avec quelles résistances internes et externes, selon quelles utilités ? :

- Quoi ? : Quel objet, dans quelles disciplines ?
- Comment ? : Dans quels types de formation, selon quelles procédures ?
- Pour Qui ? : Quels seraient, préexistant, les débouchés possibles ?
- Pourquoi ? : Quels sont les enjeux socio-politiques et ou scientifiques ?

Chacune de ces questions se donne à entendre à travers un *a priori* d'efficacité. L'efficace est une catégorie de pensée devenue apriorique. La question d'une efficacité au service de quelles causes critiques en est le corollaire comme l'abordent, frontalement ou non, les communications soumises aujourd'hui.

Enseigner, oui mais en tenant compte de l'existant avec ses forces et ses faiblesses, ses résistances et ses avancées. Poursuivons notre analogie : il est devenu impensable de se former à n'importe quelle carrière du lien social sans connaître les éléments de base d'un savoir psychiatrique ou psychologique. Est-il admissible que la non mise à disposition d'un savoir criminolo-

3. Voir postface de Pierre V. Tournier, « Mensonges d'un matin d'hiver ».

gique soit un obstacle majeur à la double raison qui sied à chacun : efficacité et effectivité auprès de la population que le crime, la déviance... les victimations, objectivent ?

Du passé ne faisons pas table rase, mais du futur n'en voyons pas seulement la répétition de ce qui d'hier, se répète encore aujourd'hui. *Comme si* nous n'apprenions pas dans l'écoute, le dialogue et la contradiction.

Quoi **:** l'enjeu de savoir se tient-il dans une observance disciplinaire ? Non, nos disciplines ne sont que le produit d'une histoire et des enjeux politiques qui ont créé gestion et administrations des savoirs. Tous nos savoirs et leur gestion ne sont que des *constructs* et ne tiennent leur force que des phénomènes qu'ils font émerger.

Une discipline n'a pas un objet mais *un axe* dont les régionalités ne cessent de convertir et de s'étendre. Les limites de compétences disciplinaires d'un savoir ne s'observent qu'au moment où une pensée empruntant un modèle se rend compte que cet emprunt n'est plus qu'une métaphore au lieu de faire modèle heuristique ; la parole se fait paraphrase et se rend à ses poncifs. Si sans rapport constitutif au droit et à la norme il n'est guère envisageable de penser *les criminologies*, les régions de savoirs à quoi expose ce constat sont bien loin d'être à ces jours répertoriées, et notamment dans les sciences sociales et humaines, dans les référents cognitifs, neurosciences et cliniques.

Et si une anthropologie criminelle s'est constituée dans l'affirmation toujours plus vive d'un droit positif pour s'en éloigner au fur et à mesure que les questions sociales puis psychiques prenaient les dimensions que l'on connaît aujourd'hui, sans non plus s'en extraire et en renaissant sous d'autres formes... l'histoire nous montre au moins ceci que rien n'est figé et que les débats ont toujours été d'une grande pugnacité à la mesure de ce qui est engagé comme *condition humaine* et enjeux, dans le fait criminel.

Si l'on prend un champ pour une discipline, on peut aisément se gausser d'un objet introuvable, mais ce n'est que faire *comme si* nous ne savions pas que quoiqu'on on ne s'en rende pas compte dans l'expérience première, la terre tourne.

Comment **:** Questionner l'architecture des formations en criminologie n'a de sens qu'en se posant le problème d'un savoir minimum de base, projeté dans chacun des axes producteurs de savoirs.

Développer la criminologie à l'université et la passion que nous y portons démontre-t-il à l'envie que celle-ci s'offre encore comme garantie de formations ou... que c'est un moyen économiquement rentable de proposer des formations ?

Minimum de base qui ne peut s'interpréter qu'à la condition de se demander pour Qui ? En fonction de quelle identité scientifique ou professionnelle, et pour quelles spécialisations. Pour quelles gouvernances, quels experts ?

A quels niveaux de formation ? Initiale ? Continue ? Cyclique ?

Problème de la *mastérisation* avec ce que cela implique au niveau national et international mais aussi problème plus général des licences professionnelles et des écoles de formations professionnelles qui ont créé un savoir « pour elles-mêmes ». Ainsi ce que l'on peut apprendre à l'Ecole national d'administration pénitentiaire (E.N.A.P.) n'est pas ce que l'on apprend à l'Ecole de police ou de gendarmerie… à l'Ecole des avocats. Il y a des régions entières de *savoirs conjoints*, introuvables, par exemple en criminopsychologie, en psychologie pénale, en psychiatrie criminelle…

Faut-il sanctuariser la criminologie ? Tout sauf la criminologie ? Ou, seuls sont aptes à en parler et à en faire ceux qui la pratiquent dans des conditions qui, du futur, font table rase ?

Dans une prospective qui reste encore la meilleure des perspectives : considérons qu'il s'agit d'abord d'un problème de langue. Chaque langue et toute langue produit et est produite par ses courants disciplinaires magistraux. Le temps est venu d'inventer une autre langue : celle d'une criminologie au pluriel, transdisciplinaire et pas seulement inter- ou multi- disciplinaire, qui ose affronter ses peurs et ses enjeux, nonobstant les avancées et les stagnations des langues disciplinaires en place : celles qui occupent le terrain de la science des savoirs actuels. Une autre langue pour d'autres dispositifs, la volonté d'arrêter de penser dans les cadres contemporains. Enseigner les criminologies c'est faire rupture avec les cloisonnements disciplinaires qui font de la criminologie. Certes l'on dira ; quelle en est la définition, où sont les criminologues… comme si l'on se savait pas déjà qu'ils sont nulle part et partout. Rien ne sert de s'accrocher à l'existant comme forme figée des savoirs sur les recours aux actes infractionnels, comme si l'on se savait pas depuis fort longtemps que ces savoirs sont dépendants d'une double histoire, celles des personnes et des contextes sociétaux et peut-être ou sans aucun doute (mais comment), des constructions neurobiologiques.

Prenons un exemple simple : l'histoire de la récidive. C'est cette histoire qui a produit les technologies de recherches de la trace, c'est elle qui a élaboré les ingénieries pénitentiaires de suivis judiciaires, c'est elle qui a inventé la scène de crime… c'est elle qui a inventé de nouvelles formes et procédures juridiques. Nul ne pourrait dire qu'à ses débuts tout cela fut présent. Pas plus qu'on ne puisse affirmer qu'il ne s'agissait que de mettre hors d'état de nuire. Il y a fondamentalement dans tout projet sociétal, de quelque coté que l'on se tourne, une phase répressive accompagnant une phase promotionnelle des droits de l'individu.

L'enfermement psychiatrique s'il fallait un autre exemple en serait témoin. La dangerosité (quand elle n'était que psychiatrique) est faite à la fois, de soins pour soi et pour autrui. Il faut une mauvaise foi inaugurale pour oublier les termes magistraux des ordonnances initiales de commissions d'experts à partir des lois de 1810 et des actualisations de 1838. Que cet enfermement ait bougé dans ses bases et ses formulations, dans ses courants est à mettre en parallèle avec les mouvements que l'on peut repérer sans problèmes dans les articles qui en 1945 ordonnaient une autre prise en compte, dans le sociétal, des problématiques délinquantes des mineurs de justice.

Nous ne pouvons pas penser la langue d'une criminologie plurielle sans penser conjointement les deux enfermements psychiatriques et pénitentiaires et sans considérer que les développements de l'un sont en phase constante avec les développements de l'autre et les arts comme les sciences qui se sont développés.

Enseigner les criminologies, c'est d'abord concevoir une autre langue dans une dimension anthropologique, dans les conditions contemporaines de la responsabilité : ce ne peut être un calcul stratégique des horizons disciplinaires et des partages opportuns des savoirs sur le risque.

C'est ce pourquoi l'architecture des enseignements devient fondamentale et qu'il convient de penser et d'opérationnaliser une formation universitaire qui commence dès la première année de licence. Devrait-elle être identique partout ? Non, chaque région universitaire et dans certains d'entre elles, certaines disciplines, ont développé des pôles différents de savoirs et de ressources, et toutes les régions universitaires n'ont pas pris parti sur ce débat. Il serait donc vain de penser que toutes soient ou même, puissent se sentir, directement concernées. Plus que d'émietter des moyens il convient de recourir à des pôles d'excellence sur la base de ce qu'ils se sont empiriquement construits, et trop souvent de façon indépendante, sauvage, parce que sans soutien institutionnel réaliste. Il conviendrait de faire avec celles qui le sont et de développer alors des pôles qui uniraient université / région / département / synergie entre acteurs de terrains et acteurs de recherches, quelque soit les disciplines ou professions référentielles.

Pourquoi vouloir faire partout à l'identique, pourquoi, sur quelles pressions internes vouloir que tout soit homogène ?

Pour Qui ? Sans aucun doute émerge un ensemble de questions ou d'interrogations sur la meilleure façon *d'identifier ces savoirs et leurs acteurs*. Il y a là des incertitudes identitaires qui montrent bien que le problème n'est pas posé par ce colloque, qu'il est latent dans nombre de formations existantes et qui ont besoin d'être repérées, de se rendre lisibles sociologiquement, économiquement, politiquement.

Un problème qui n'est pas nouveau mais qui ne cesse de mettre en débat ceux qui sont « les vrais et ceux qui seraient des similis ». C'est là que se profilent aussi bien l'éventualité d'une création d'une nouvelle section au Conseil national des universités (C.N.U.), que la possibilité de se porter candidat sur titre aux différentes offres d'emplois de tous les secteurs professionnels.

Le vrai problème du *débouché professionnel* se pose là. Si la référence « criminologies » est rendue secondaire rien n'empêchera une quelconque commission de spécialistes universitaires d'affirmer que, comme ce n'est pas une « science » inscrite au catalogue des C.N.U., tout autre intervenant de sa chapelle fera aussi bien l'affaire. Et c'est ainsi que les postes disparaissent, les emplois s'effritent et que peut s'affirmer triomphalement l'inutilité sociétale d'une telle référence, la pratique de cette autre langue [4].

Au fond, restons comme on est, si la terre tourne sur elle-même, au moins gardons-nous de bouger, faisons *comme si* (restons dans cette croyance) nous étions à nous-mêmes et pour les autres, notre propre horizon d'excellence. A la mégalomanie des uns s'offre ainsi, en symétrie, la mythomanie des autres. Rien n'empêchera tel ou tel tenant d'un titre de se proclamer expert au titre d'un savoir qui a exclu d'emblée toutes références aux savoirs criminologiques et en se faisant passer pour tel lorsque le marché est porteur [5].

Le problème ne devrait pas être « pour quels débouchés professionnels existant ? ». Il conviendrait de dresser une architecture des enseignements. La seule question fondatrice est bien : par quelles formations et exigences

4. Ici comme ailleurs, voir l'article écrit par François Clément, *enseignant chercheur, membre titulaire des commissions de spécialistes*, dans le *Monde* du 26-06-07. « Université : la foire à l'embauche ». Et l'auteur ici pourrait en dire la même chose dans les commissions où il a pu siéger et cela sans que frémisse en rien une quelconque autorité de référence.

5. L'expertise psychologique est ainsi un marché qui n'exige souvent pas des experts un quelconque savoir en criminologie ; et, dans le même sens, nombre d'experts au pénal se félicitent de n'avoir aucune culture en criminologie se fondant sur la notion, importée du champ thérapeutique, de la vérité du sujet.

requises, pour quelles compétences pouvons-nous penser et mettre en œuvre un renouvellement du champ social des compétences ?

Changer de registre de pensée et d'actions, sur le terrain et pour la recherche : penser en référence à des plates formes de compétences requises pour actualiser une problématique sociale, penser en termes de références d'abord criminologiques puis en second lieu, disciplinaires ; celles-ci renvoyant à ce que notre histoire a fait de nous dans la distribution des compétences d'un autre temps (auquel nous ne pouvons pas plus échapper) : des psychologues, des sociologues, des juristes, des médecins légistes, des psychiatres...

Le terrain ne peut être seulement formalisé par ce que nous en savons : il lui faut être pensé en fonction de ce qui reste en creux dans nos compétences : nos incompétences.

Pour Quoi ? À chaque siècle ses problèmes, générés par les effets de sa construction. Du sanctuaire à l'électron libre en passant par les alliances aux frontières... autant de modèles qui ont chacun leur ingénierie et stratégie.

Le nôtre se trouve bousculé certainement par les effets de la mondialisation, de la diffusion des nouvelles et de l'immédiateté des références, des formes nouvelles d'alliances entre personnes et groupes, des refondations des figures paradigmatiques du crime et du criminel, etc.

A l'*incertitude* identitaire (je suis de quelle appartenance, je peux être affilié à qui ?) se joint une *inquiétude* identitaire (en moi-même, tel que je me ressens, suis-je suffisamment fiable ?), elle même génératrice de vagues en vagues, d'autres inquiétudes. Non pas seulement sur le demain, mais sur le *aujourd'hui, tout à l'heure, sur tout ce qui est et fait le voisin.*

Les *victimités* régionales, dans tous les champs du *socius* se font pressantes et en contre coup des exigences sécuritaires viennent ordonner une marche spéciale du quotidien et des différentes prises de positions, réassurances, d'où qu'elles viennent.

Le « *quoi* » ne peut pas être seulement celui d'un utilitarisme social mais au titre d'une alliance inconditionnelle, contre vents et marées : la question éthique n'est pas latente, elle doit demeurer au premier plan. La réponse politique doit être à cette hauteur : l'éthique est à la morale ce qu'est la déontique à la déontologie. Il faut cesser de penser seulement dans les cadres conventionnels et sécurisés de la morale et de la déontologie.

16

La Babel criminologique.
Quelques pistes pour conjurer la malédiction [1]

Par Jacques Faget

***Jacques Faget** est sociologue et juriste, directeur de recherches au C.N.R.S. (Institut d'études politiques de Bordeaux), enseignant aux universités de Bordeaux, Paris 5, Barcelone, Padoue, Bruxelles, à l'Ecole nationale de la magistrature. Il est délégué éditorial de la revue Champ Pénal / Penal Field, Nouvelle revue française de criminologie / New French Journal of Criminology.*

Les problèmes de frontières sont toujours complexes. Pourquoi faudrait-il toujours tracer des lignes qui séparent, qui ordonnent ? Pourquoi ne pas se satisfaire de limites poreuses qui désordonnent, de lignes de fuite comme les évoquent Deleuze et Guattari pour s'affranchir et non se soumettre ? La criminologie est au cœur d'une telle problématique. Voilà une « science » pensée dès le 19ème siècle comme une discipline d'ordre pour colmater les désordres sociaux produits par les grandes manœuvres de la révolution industrielle et mettant en œuvre une raison classificatoire permettant de séparer le bon grain bourgeois de l'ivraie populaire. Il faudra attendre les courants intellectuels déconstructionnistes des années 1960 et 1970, anti-psychiatrie, interactionnisme et sociologie du contrôle social, criminologie critique, pour en questionner la nature répressive. Et depuis la criminologie boîte, orpheline d'une mission sociale bien définie, hésitante à se situer au cœur d'une dialectique opposant deux pôles irréconciliables, celui de l'ordre d'un côté et

1. Communication sollicitée par le comité scientifique.

celui de la liberté de l'autre. Au gré des contextes politiques, sociaux et scientifiques, le curseur se déplace un peu plus à droite, un peu plus à gauche, cherchant son nord mais aussi son sud. Et la criminologie devient science de l'incertitude, de ses savoirs, de ses limites, de ses missions. Mais n'est-ce pas la fonction d'une science que de briser les certitudes, non pas de trouver des chemins de coutume mais des chemins de traverse ? Il semble évidemment difficile de construire une démarche scientifique sur des sables mouvants. Elle doit *a minima* s'inspirer de certains fondamentaux, comme on le dit au rugby, avant de participer à la mêlée sociale. C'est le défi que nous nous lançons ici. Faire la somme de nos différences sans nous diviser. Nous entendre sur ces fondamentaux qui nous rassemblent pour éviter la malédiction qui pèse sur toutes les tours de Babel et ensuite, si faire se peut, concevoir un cursus universitaire qui puisse constituer non seulement un lieu de transmission mais aussi de réflexion permanente.

1 – Le constat d'une apparente malédiction

La criminologie fut de langues italienne et française avant le premier conflit mondial. Elle est dorénavant de langue anglaise depuis l'entre deux guerres. Ce primat linguistique n'est pas anecdotique. Il imprime à la discipline beaucoup de ses orientations idéologiques. Je n'en donnerai qu'un exemple sans doute un peu caricatural. C'est dans la foulée des théories du *rational choice* venues d'outre atlantique et importées au Royaume-Uni que se développa en Europe la prévention situationnelle et le discours de la tolérance zéro, que se répandirent, en même temps que la doctrine néo-libérale, les exigences managériales des théories actuarielles dans le fonctionnement du système pénal.

La criminologie fut de langues juridique et psychiatrique. Ces deux disciplines la dominèrent amplement jusqu'à l'explosion des sciences humaines dans les années 1960 et en définirent les contours et le contenu. Ces deux imaginaires continuent à marquer nos représentations tant en matière de rattachement universitaire, de construction des cursus de formation, d'orientations thématiques.

Malgré la déconstruction des savoirs normatifs et nosographiques qui les caractérisaient, ils hantent encore nos débats. Pourtant à côté de disciplines annexes, subordonnées à ces deux troncs, comme la statistique officielle, la médecine légale ou la police technique, apparurent des voies émancipatoires comme la sociologie, l'analyse des politiques publiques, la psychologie, les sciences de l'éducation… mais le sens de l'histoire peine à s'inverser et leur statut est encore souvent considéré comme subalterne dans bien des programmes de formation.

La criminologie n'est pas seulement constituée de disciplines mais aussi de fractures, de dissensions à l'intérieur de ces disciplines. Chacune d'entre elles pratique plusieurs patois qui tantôt se complètent, le plus souvent s'affrontent de façon peu amène. J'en donnerai deux exemples. Le premier tiré du champ sociologique où s'opposent les partisans des théories déterministes et rationnelles, ou encore ceux des théories du passage à l'acte et de la réaction sociale. Le second tiré du champ des sciences de l'âme où se querellent cliniciens (eux-mêmes clivés en plusieurs chapelles) et nouveaux adeptes de la neurobiologie et du comportementalisme. Ces batailles dépassent naturellement le cadre de la criminologie et questionnent le statut même de ces disciplines mais elles influent largement sur son contenu et ses orientations.

La constitution d'une science criminologique ne peut naturellement ignorer ces trois césures linguistiques. Elle se doit de prendre en compte l'intégralité des langues et des patois qui se parlent dans les sciences qui la constituent mais aussi les différents accents qui leur confèrent des significations contrastées.

2. - La construction d'une éthique commune

Ce qui rassemble tous les criminologues dans un savoir de « grand vent », c'est une curiosité sur les inadaptations et les transgressions au pacte social. C'est aussi, pour définir les choses en relief plutôt qu'en creux, ce qui permet d'améliorer le vivre ensemble, de continuer l'aventure collective en évitant les écueils de la barbarie mais aussi ceux d'un ordre mortifère et dictatorial. Mais pour atteindre ces objectifs il faut se mettre d'accord sur les fondamentaux que j'évoquais plus haut. Ce n'est pas à moi de le faire en ces quelques lignes. Cet horizon « moral » ne pourra se découvrir que dans l'échange et le dialogue. Je donnerai seulement ici quelques pistes non exhaustives de débat susceptibles de nous aider à sortir d'une confusion préjudiciable.

Il faut commencer, pour accéder à une posture commune, par élaborer une sorte de code éthique de la criminologie, c'est-à-dire identifier certaines valeurs communes autour desquelles se construiraient les manières de travailler et de penser. Les quelques réflexions que je propose autour des concepts de démocratie, de pouvoir et de savoir, sont naturellement discutables. Elles partent en effet du présupposé, maintes fois affirmé dans l'histoire de la criminologie, qu'elle constitue une discipline potentiellement dangereuse puisque conçue, Michel Foucault l'a en particulier souligné, comme une technologie de pouvoir ou plus récemment comme le dernier avatar d'une doctrine toute puissante de gestion des risques.

• **Criminologie et démocratie** : un lien indéfectible lie ces deux termes. D'ailleurs le savoir criminologique n'a pu historiquement se développer que dans les pays assurant à leurs sujets un minimum de libertés juridiques et sociales. On peut même rêver d'une criminologie qui permette, à l'opposé d'une science de l'asservissement, de démocratiser la démocratie, en assurant la promotion de *l'empowerment* des citoyens, bâtissant une architecture de la contradiction plus que de la complémentarité et du consensus. Mais cette hypothèse haute concerne seulement les démocraties réelles, il en existe bien peu, et non pas les démocraties formelles qui se contentent de légitimer le pouvoir d'une oligarchie par l'organisation périodique d'élections et de sacraliser le principe représentatif.

• **Criminologie et pouvoir** : au lieu d'être conçue comme une science orthopédique, au service de logiques de mise en ordre, la criminologie peut se concevoir comme une discipline de l'émancipation. Eternelle question des relations entre le savant et le politique. Au lieu de se voir réduite à un rôle d'*ancilla* des pouvoirs politiques, en participant, espèces sonnantes, trébuchantes et gratifications diverses aidant, à la construction d'une technologie de surveillance et de normalisation des comportements, elle gagnerait à s'affirmer comme une entreprise critique de dévoilement des mystifications médiatiques et politiciennes, de toutes les ruses manipulatoires mises en œuvre par les pouvoirs publics ou les lobbies puissants participant au débat criminologique. En se définissant ainsi et par principe contre les pouvoirs et ceux qui s'en emparent et pour le respect des droits de l'homme et de l'intérêt général, elle s'affranchirait du soupçon de collusion qui pèse souvent sur elle.

• **Criminologie et savoir** : à l'adage populaire selon lequel « des chercheurs qui trouvent on en cherche » il faut opposer une vision plus complexe de la fonction sociale de la recherche. La criminologie, comme toute science, n'a pas pour ambition de fabriquer des réponses, comme les grandes théories lombrosiennes ou bien d'autres encore ont tenté de le faire, mais de poser de nouvelles questions. Bien sûr les recherches peuvent être concrètement utiles, proposer, en s'appuyant sur l'expérimentation, de nouveaux modes de traitement de l'inadaptation ou de la maladie, de nouvelles réponses institutionnelles et sociales qui excluent moins et intègrent davantage les individus. De ce point de vue, elles doivent assumer une pleine responsabilité sociale.

Mais leur pertinence n'est pas seulement là. Elle repose au moins autant sur une posture de vigie permettant d'esquiver les écueils mortifères de la peur et de la fascination qui parasitent le débat public, de détricoter les fausses croyances, de remettre en question les doxas étouffantes, de libérer la créativité dans un travail critique permanent et sans espoir de repos.

3 – L'élaboration d'un cursus criminologique

Dès lors que la question des fondamentaux est avancée, se pose celle de savoir si cette discipline « mexicaine », composée d'axes scientifiques aux oripeaux dépareillés, mérite d'être enseignée. Est-elle ou non un objet de culture autour duquel puisse s'organiser une pensée sur le monde ? Si j'en crois mon expérience et le succès incroyable que reçoivent nos formations auprès de la jeunesse étudiante, la réponse est plutôt positive. C'est justement la diversité des approches qui fascine nos élèves, qui leur ouvre des perspectives qu'un enseignement trop balisé, trop cohérent entrave, qui leur permet de tisser des articulations que les découpages universitaires sclérosent. Reste alors à savoir quel est le cadre institutionnel le plus approprié pour dispenser ce savoir multiple.

La situation actuelle n'est pas satisfaisante, un saupoudrage de petites formations, généralement peu reconnues institutionnellement et en manque de débouchés professionnels, dispersées géographiquement au gré des initiatives de quelques enseignants, sans projet commun véritable. Elles ne touchent que marginalement toutes les personnes qui travailleront plus tard dans le champ criminologique. Beaucoup d'entre elles peuvent s'affranchir sans conséquences d'une imprégnation minimale pour rentrer dans la magistrature, le barreau, les métiers du travail social, de la protection judiciaire de la jeune, de l'administration pénitentiaire, de la psychiatrie, de la psychologie… puisque aucune épreuve n'en prévoit le contrôle. Il est même certains professeurs de criminologie générale à l'université, je peux en fournir des illustrations, qui n'ont jamais suivi un seul cursus de formation en cette matière et se contentent de présenter la synthèse de deux ou trois manuels sans jamais avoir réalisé de recherches ou acquis une expérience pratique du champ considéré !

La première difficulté qui se présente à l'organisation d'un cursus est le choix d'une niche institutionnelle. Ses biotopes historiques, psychiatrie et droit, ont fait largement la preuve de leur incapacité à diffuser et à légitimer ce savoir. Il n'y a probablement rien à attendre de satisfaisant du *statu quo*. On peut alors envisager, c'est mon option actuelle, de rattacher l'enseignement de la criminologie à celui des sciences sociales et humaines.

Ce choix présenterait un double avantage, d'abord de situer la discipline en terrain neutre par rapport à ses localisations traditionnelles, puis de garantir une véritable pluridisciplinarité des enseignements sans domination d'une discipline sur les autres.

Le deuxième débat consiste à savoir si l'on doit opter pour un cursus d'enseignement complet ou complémentaire. Faut-il, comme cela se pratique en Belgique ou au Québec, imaginer une formation initiale et complète qui puisse se dérouler sur le modèle des autres formations (L.M.D.) ? Faut-il au contraire privilégier des formations initiales spécialisées (en droit, en psychiatrie, psychologie, sociologie, démographie…) et envisager la criminologie comme une discipline de spécialité pour les étudiants qui auraient déjà acquis un niveau supérieur de qualification ? La réponse à ces deux questions dépend de l'organisation des trajectoires professionnelles que l'on associe à l'enseignement. La création d'un cursus initial complet de criminologie est attractive mais il faut bien réaliser qu'elle ne permettra pas de devenir psychiatre, avocat, magistrat, psychologue, commissaire de police, tant l'accès à ces professions est ardemment réglementé. Cette solution ne pourra déboucher que sur des professions « dominées », de moindre standing. Elle se heurtera d'autre part à cet attachement typiquement français au principe du recrutement professionnel par concours comme c'est le cas pour la police, la gendarmerie, la protection judiciaire de la jeunesse, l'administration pénitentiaire ou la magistrature. Je ne vois pas l'intérêt de créer un cursus complet de criminologie pour en faire une simple voie, de préparation à des concours qui, pour l'instant, n'exigent pas de connaissances criminologiques. Ne resteraient alors que quelques possibilités contractuelles dans le travail social (mais là aussi les diplômes d'éducateurs spécialisés et d'assistants sociaux ont leurs propres règles de sélection), l'aide aux victimes, l'accès au droit, la médiation, la prévention de la délinquance dans les collectivités locales, la sécurité privée…

Repenser, pour les beaux yeux de la criminologie, l'ensemble des modalités d'accès aux professions concernées par son savoir, ne me semblant pas réaliste, j'opterai, comme le fait Pierre V. Tournier, dans ces pages, pour un cursus de spécialité de niveau master auquel on pourrait postuler par l'obtention préalable d'une licence dont la nature peut être très diverse ou d'un diplôme professionnel dans le champ considéré. La première année de master aurait pour objectif de transmettre tous les savoirs pluridisciplinaires de base en criminologie et la construction d'une culture commune. La seconde, dont l'entrée serait conditionnée par l'obtention de la première pourrait se décliner en deux troncs, un master recherche ouvrant sur l'enseignement et la recherche et la réalisation d'une thèse et un master professionnalisant basé sur l'acquisition d'un savoir spécialisé approfondi dans le domaine choisi (les types de spécialités peuvent varier d'une université à l'autre, psycho-criminologie, socio-criminologie, professions judiciaires et pénitentiaires, professions sociales, professions prévention/sécurité, journalistiques…). Il serait alors nécessaire de rendre obligatoire un tel diplôme pour accéder à certaines professions « criminologiques » afin d'assurer la plus value de la formation. Tous les détenteurs d'un master 2 pourraient se prévaloir du titre de criminologue, mais seuls ceux du parcours recherche pourraient prétendre au titre de professeur de criminologie. Cette dernière proposition soulève naturellement la question de l'institutionnalisation universitaire de cette spécialité. Le principe de la création d'une section de criminologie au Conseil national des universités (C.N.U.) est intéressant dans la mesure où il permet d'octroyer une pleine autonomie à la discipline. Mais les chantiers de l'autonomisation des universités permettront peut-être d'ouvrir d'autres voies. Les enseignants de criminologie recrutés auront vocation à dispenser leur savoir non seulement dans le cadre universitaire mais également dans celui de la formation continue des professions concernées.

Ces réflexions provisoires partent du principe « qu'on ne peut s'inventer criminologue » alors pourtant que l'écrasante majorité de tous ceux qui travaillent aujourd'hui avec ou sur le crime et la délinquance, sont ignorants de nos savoirs. Cette carence explique pour une part l'absence de hauteur du débat public et médiatique national sur le crime, l'aveuglement des politiques publiques et l'impertinence fréquente des réponses institutionnelles. Or dans une société hypercomplexe de plus en plus difficile à piloter, nous avons besoin, plus que jamais, d'intelligence pour assurer le vivre ensemble. Les savoirs criminologiques, rassemblés autour d'une matrice commune, contribueront utilement à sa floraison.

17

Enseigner au sein de la Babel criminologique

Par Annie Beziz-Ayache

__Annie Beziz-Ayache__ est maître de conférences en droit à l'Université Jean Moulin Lyon 3, directrice du master 2 professionnel « Droit privé et sciences criminelles, parcours pénologie », directrice adjointe du Centre de droit pénal.

La question de l'enseignement de la criminologie n'est pas nouvelle. Elle s'est posée dès le début du 20ème siècle. Aujourd'hui, elle doit être réexaminée sous l'angle de son utilité et de son contenu.

Il est nécessaire de rappeler, en premier lieu, l'utilité de l'enseignement de la criminologie à l'heure où les programmes des matières enseignées dans nos universités font l'objet d'une évaluation et où certains estiment que la criminologie n'est qu'une discipline de culture générale sans intérêt pour les étudiants préparant leur entrée dans la vie professionnelle. Il faut affirmer que la criminologie est essentielle dans la connaissance de l'action criminelle et l'analyse des moyens de lutte contre la délinquance. A ce titre elle doit être enseignée aux futurs magistrats, avocats, experts, directeurs d'établissements pénitentiaires…

En France, la criminologie se définit par son objet : le crime et la façon dont on réagit au crime. Elle est donc traditionnellement associée au droit. Ainsi s'explique que son enseignement soit dispensé par des pénalistes dans les facultés de droit et qu'elle soit considérée comme une discipline accessoire au droit pénal et confondue parfois avec la sociologie pénale. Par son contenu, la criminologie est une science « composite » formée de disciplines variées telles que la biologie criminelle, la sociologie criminelle, la psychologie ou la psychiatrie criminelle. La richesse de l'interdisciplinarité a un revers : l'opacité du langage criminologique. Un juriste qui explique le passage à l'acte criminel n'utilise pas, cela est une évidence, la même terminologie qu'un expert psychiatre. Et pourtant, ils doivent travailler ensemble et s'enrichir mutuellement de leurs connaissances. L'enseignement de la criminologie ne doit pas négliger cette question fondamentale de la terminologie criminologique. Du fait de l'interdisciplinarité, il faut déterminer si la criminologie doit faire l'objet d'un enseignement à titre principal ou d'une formation complémentaire à des études générales de droit, de sociologie ou de médecine. A l'heure actuelle, dans les diplômes d'Etat délivrés par les facultés de droit, l'enseignement de la criminologie occupe une place restreinte : par exemple, à l'Université Jean Moulin Lyon 3, en master 1 *carrières judiciaires,* cours de 30 heures d'enseignement sanctionné par un examen écrit de 1 heure 30 ; approfondissement de la matière en master 2 recherche et en Master 2 professionnel *pénologie.*

Si la criminologie devenait une discipline autonome, les chapitres de son enseignement devraient comprendre notamment : la criminologie clinique, les formes particulières du crime, les peines et les décisions pénales d'une façon générale, la victimologie, la prévention du crime (point important en raison de la sécurité privée en plein expansion). Cet enseignement théorique devrait être complété par une formation pratique sur les lieux même de l'application de la criminologie : les services de police, les tribunaux répressifs, les établissements pénitentiaires…

L'enseignement de la criminologie ne peut être qu'alimenté par une recherche dynamique dont le développement passe, notamment, par une meilleure lisibilité des activités de recherche en cours, la nécessité de faire un inventaire des structures de la recherche et une bonne information sur la tenue de colloques, congrès ou séminaires.

L'enseignement de la criminologie doit permettre la formation de criminologues dont il reste à définir le profil et les attributions. Seule la qualité de l'offre en matière d'enseignement, de recherche et de débouchés pour les étudiants permettra le développement de l'enseignement de la criminologie.

18

Plaidoyer pour une extension des recherches et formations criminologiques à l'action éducative judiciaire

Par Claude Bouchard, Virginie Prud'homme,
Charles-Édouard Jeanson, Philippe Boehler

***Claude Bouchard** est maître de conférences en psychologie clinique, psychopathologie et criminologie à l'Université Rennes 2, membre du Laboratoire de cliniques psychologiques, psychopathologie et criminologie (L.C.P.P.C.) et de l'Institut de criminologie & sciences humaines (I.C.S.H.). Fondateur et co-animateur du groupe de recherche « Investigations et évaluations socio-judiciaires » au sein de l'I.C.S.H.*

***Virginie Prud'homme** est doctorante en psychologie et criminologie, allocataire de recherche et monitrice attachée au L.C.P.P.C., département de psychologie* [1].

***Charles-Édouard Jeanson** est psychologue, membre de l'Association pour l'action socio-éducative en Ille-&-Vilaine (A.P.A.S.E.), Rennes* [1].

***Philippe Boehlers** est éducateur spécialisé, membre de l'A.P.A.S.E., Rennes* [1].

Traditionnellement, la criminologie est définie comme l'étude des crimes et des délits et se situe ainsi dans le champ pénal. Il est alors tout un pan de l'action de la justice qu'elle ne paraît pas étudier, et qui pourtant pourrait amplement bénéficier de ses développements et en être enrichie en retour. Il s'agit de l'action socio-éducative judiciaire relevant de la justice civile, et en particulier de la protection de l'enfance.

---

1. Membre de l'Institut de criminologie & sciences humaines, membre du groupe de recherche « Investigations et évaluations socio-judiciaires ».

Ces formes d'actions d'investigation [2] et d'intervention [3] sont généralement enseignées dans les écoles de travailleurs sociaux, parfois spécialisés au titre de la protection judiciaire de la jeunesse (P.J.J.), mais plus largement dans le cadre de l'action sociale. Mais ces formations ne prennent pas en compte la spécificité judiciaire de ces actions. Ainsi, la plupart des recherches et des publications sur ces pratiques se contente de se calquer sur l'action sociale en général, s'attardant plus volontiers sur des questions de déontologie et d'éthique dans ses rapports avec la loi, ou sur des aspects cliniques et techniques, que sur l'*objet* de l'action socio-éducative judiciaire, son champ et ses concepts propres, ses critères, ses méthodes et son évaluation.

Nous soutenons que les développements contemporains de la criminologie [4], notamment grâce à l'apport des sciences humaines et sociales peuvent contribuer à renouveler et à affiner les références théoriques et pratiques dans le champ de l'action socio-éducative judiciaire. Ces références doivent être spécifiées dans leur croisement propre avec le droit civil, que ce soit dans le domaine de la protection de l'enfance, des affaires familiales ou même de la protection des majeurs.

Pour ne citer qu'un seul exemple, la protection de l'enfance gagnerait très certainement à mener des réflexions, des recherches et des expérimentations sur la notion de *responsabilité*, au sens civil du terme. On y gagnerait une meilleure compréhension et un meilleur usage de la notion de « responsabilité éducative parentale (et professionnelle) », et un travail plus avisé sur ce point central de la protection de l'enfance. L'étude des parcours familiaux ou de celui des justiciables, est encore souvent empreinte de pratiques médico-sociales d'anamnèse ou de pratiques psychothérapeutiques de génogramme. Elle pourrait s'enrichir de l'étude des mécanismes séquentiels et polymorphes dégagés des recherches sur la « sérialité » criminelle.

Notre proposition est, d'ailleurs, déjà initiée dans certains enseignements et recherches de notre équipe universitaire [5]. Elle n'a pas pour but de « sur-

2. Mesures d'investigation et d'orientation éducative (I.O.E.), enquêtes de personnalité, enquêtes sociales, examens psychologiques.

3. Actions éducatives en milieu ouvert (A.E.M.O.), placements à domicile, placements en foyer ou en famille d'accueil, tutelles aux prestations sociales.

4. Et de la victimologie que nous lui associons intimement.

5 Citons une journée d'étude proposée et animée par le groupement « Investigation et évaluations socio-judiciaires de l'ICSH, à l'Université Rennes 2, le 8 décembre 2006, sur le thème *Logiques et pratiques des mesures d'investigation. À la croisée du judiciaire, du social et du psychologique*. Cette journée a permis une rencontre pertinente et riche de perspectives

judiciariser » l'action socio-judiciaire, encore moins de « criminaliser » les justiciables qui en relèvent. Nous préconisons un assouplissement, que nous pensons réciproquement bénéfique, des frontières habituelles entre justice pénale et justice civile. Il s'agit d'optimiser, dans la mouvance actuelle de la criminologie, un champ d'action socio-judiciaire encore à la recherche de son domaine propre, en lien avec des champs juridiques particuliers : juge des enfants dans ses fonctions civiles, juge des tutelles, juge des affaires familiales. Des formations et des recherches sont à penser et à promouvoir, en particulier par et avec les universités et leurs pôles de recherche, pour rénover une *culture professionnelle socio-judiciaire* qui deviendrait enfin digne de ce nom.

entre professionnels de la justice et du socio-judiciaire (public et associatif), enseignants - chercheurs universitaires, formateurs, et étudiants ou élèves en formation.

19

Les erreurs en matière d'expertises psychiatriques et psychologiques : un problème grave, ancien et récurrent

Par Jean-Pierre Bouchard

Jean-Pierre Bouchard *est psychologue hors classe des hôpitaux, docteur en psychopathologie, docteur en droit, spécialiste des auteurs d'infraction(s) et des victimes. Il est aussi membre et rapporteur du comité d'appel à projets sur l'expertise judiciaire de la mission de recherche Droit et Justice.*

« Expert », « expertise », voilà des mots qui évoquent pour le sens commun la connaissance, l'expérience professionnelle de haut niveau, l'art de l'analyse et de l'évaluation, portés à ce qui se fait de mieux, à l'objectivité, à l'avis très éclairé et peu contestable tant il est pétri d'exactitude et de vérité. Ce n'est hélas pas toujours cette réputation qu'ont l'« expertise psychologique » et l'« expertise psychiatrique » dans la sphère judiciaire. Il suffit d'avoir assisté à quelques querelles d'experts « psy » qui, après avoir expertisé une même personne, en font des analyses partiellement ou totalement différentes, pour douter de la validité et de la fiabilité systématiques de ces évaluations.

La fréquentation des salles d'audience, la lecture d'un grand nombre d'expertises psychiatriques, médico-psychologiques ou psychologiques, réalisées ces cinquante dernières années (dans toutes les régions de la métropole et outre-mer), la connaissance et l'examen cliniques de beaucoup de ces personnes expertisées montrent que le problème des erreurs d'expertise « psy » est ancien et récurrent. La dramatique affaire dite d'« Outreau », pour les erreurs d'expertise, n'est hélas qu'une partie visible d'un grave problème para-judiciaire et humain plus fréquent. Ce problème n'est d'ailleurs pas inconnu. Les expertises « psy » ont parfois été désignées comme étant « l'une des sources de pollution importante de la justice », ce qui est pour le moins contraire au but de la mission confiée aux experts.

Ces erreurs sont constituées par des évaluations cliniques partiellement ou totalement erronées, par des inadéquations entre les constatations cliniques et ce que prescrit le droit (l'article 64 de l'ancien code pénal français et l'article 122-1 du nouveau Code pénal notamment) [1], par des positionnements personnels ou idéologiques nuisibles au devoir d'objectivité des experts et de la justice, etc. Les conséquences négatives de ces erreurs sont judiciaires, sanitaires et plus largement humaines. Ces préjudices, quand ils sont engendrés dans les affaires anonymes, ne sont la plupart du temps ni repérés ni réparés.

Si chacune de ces erreurs est grave pour les justiciables qui en subissent les effets, les erreurs portant sur les questions de responsabilité ou d'irresponsabilité pénales des auteurs d'infractions sont sans aucun doute les plus lourdes en conséquences négatives. L'irresponsabilité préconisée à tort peut éviter les sanctions pénales prévues par la loi aux contrevenants, aux délinquants et aux criminels dont les expertises présentent ce type de conclusions (cette absence de jugement et de sanction peut bénéficier principalement aux auteurs d'affaires les plus graves puisque les expertises psychia-

---

1. L'article 64 du Code pénal français napoléonien en vigueur depuis le 12 février 1810 a été remplacé le 1er mars 1994 par l'article 122-1 du nouveau Code pénal. Comme l'article 64 autrefois, l'article 122-1 permet de statuer sur l'irresponsabilité et la responsabilité pénales des auteurs d'infractions, notamment dans le cadre des instructions criminelles ou relatives à des délits de nature sexuelle où les expertises mentales dans leurs formes actuelles (expertises psychiatriques et expertises psychologiques) sont systématiquement ordonnées.

Article 64 de l'ancien Code pénal français en vigueur de 1810 à février 1994 : « Il n'y a ni crime ni délit, lorsque le prévenu était en état de démence au temps de l'action, ou lorsqu'il a été contraint par une force à laquelle il n'a pu résister ».

Article 122-1 du nouveau Code pénal français en vigueur depuis le 1er mars 1994 : 1er alinéa : « N'est pas pénalement responsable la personne qui était atteinte, au moment des faits, d'un trouble psychique ou neuropsychique ayant aboli son discernement ou le contrôle de ses actes. »

2ème alinéa : « La personne qui était atteinte, au moment des faits, d'un trouble psychique ou neuropsychique ayant altéré son discernement ou entravé le contrôle de ses actes demeure punissable : toutefois, la juridiction tient compte de cette circonstance lorsqu'elle détermine la peine et en fixe le régime ».

triques et psychologiques sont ordonnées systématiquement dans le cadre des instructions criminelles ou relatives à des délits de nature sexuelle). Elle peut également priver les victimes directes et indirectes d'un procès pénal auquel elles ont droit par suite des infractions et des préjudices, souvent très lourds, qu'elles ont subis. Ce type d'erreurs était plus fréquent, il y a une quinzaine d'années et plus, qu'aujourd'hui. Il concernait notamment les auteurs d'infractions psychopathes ou pervers sexuels (aujourd'hui respectivement diagnostiqués personnalités antisociales ou paraphiles).

Depuis, la tendance expertale a basculé dans l'excès inverse. Trop souvent les conclusions d'expertises génèrent une sur responsabilisation des auteurs d'infractions présentant des troubles mentaux, conclusions qui engendrent une sur condamnation pénale et donc une pénalisation de la folie contraire à un très vieux principe remontant à l'Antiquité, principe clairement établi en France dans le fameux article 64 du Code pénal napoléonien de 1810 et par la suite dans l'article 122.1 du nouveau Code pénal. Cette dérive explique en grande partie la présence importante de malades mentaux en prison, présence régulièrement dénoncée par les instances les plus officielles et les spécialistes les plus divers. Dans ce cas, ces malades mentaux, s'ils sont incarcérés à tort, ne peuvent être contraints, pour la majorité d'entre eux, à être soignés. Leurs pathologies et leur dangerosité, sous le double effet éventuel de l'incarcération et du manque de soins, peuvent donc se maintenir ou s'aggraver et mettre ainsi, dans certains cas, en péril leur sécurité (stigmatisation et agressions par d'autres personnes incarcérées à cause de leurs troubles, mais aussi automutilations, suicides, etc.), celle de leurs codétenus ou celle du personnel pénitentiaire (agressions, tentatives d'homicides ou, beaucoup plus rarement, homicides). Ces troubles mentaux peuvent également entraîner des risques de passages à l'acte pathologiques et dangereux après leur levée d'écrou. Michel Bénézech a également dénoncé depuis longtemps la « faillite de l'expertise » : « Décider du sort d'une personne, fût-elle criminelle, après quelques dizaines de minutes d'un entretien unique dans un bureau, est inacceptable à notre époque pour les affaires complexes ou importantes. Le décalage entre les diagnostics portés par les experts et ceux qui sont portés par les psychiatres travaillant en milieu pénitentiaire sur des criminels condamnés est révélateur du peu de fiabilité de la pratique expertale »[2].

2. Bénézech M., *Les Dangerosités*, Paris, John Libbey Eurotext, 2004, pp. 7-23 (Chapitre « Introduction à l'étude de la dangerosité » paragraphe sur la « faillite de l'expertise », pp. 18-19) ; « De la nécessaire création de centres d'évaluation et d'expertise criminologiques à l'échelon national », in *Médecine pour la prison de l'an 2000, Actes du premier congrès mondial de médecine pénitentiaire francophone*, Paris, Palais du Luxembourg, 1996, pp. 25-

La justice moderne doit pouvoir prendre en compte avec justesse tous les éléments de la vie et de la personnalité des justiciables et ne peut pas se satisfaire d'évaluations de ces éléments trop souvent approximatives ou erronées. Une réforme réaliste de l'expertise psychiatrique et de l'expertise psychologique en général (en matière pénale comme en matière civile) doit donc être réalisée au plus vite en France [3]. Cette réforme est d'autant plus impérative que ces demandes d'expertises ne cessent d'augmenter et de se diversifier.

Les réformes et les préconisations de réformes récentes n'abordent pas ou demeurent vagues sur les solutions à apporter aux points les plus problématiques : l'aggravation régulière (et irréversible ?) du manque d'experts psychiatres, le contenu de la formation et l'expérience professionnelle des psychiatres et des psychologues experts. Si, dans l'affaire d'Outreau, les défaillances des expertises d'enfants ont été particulièrement médiatisées, il faut rappeler que les problèmes posés par les expertises « psy » ne se limitent pas aux mineurs. Ils sont d'ordre beaucoup plus général et concernent aussi et beaucoup les personnes expertisées majeures. Ces points très critiques concernant les effectifs d'experts et la qualité générale des prestations en matière d'expertise doivent donc être abordés et résolus rapidement.

1 – « L'expertise psychiatrique » et « l'expertise psychologique », une distinction devenue inadaptée à supprimer

Si, historiquement, la distinction entre « expertise psychiatrique » et « expertise psychologique » pouvait s'entendre, cette distinction paraît très difficile à conserver à l'avenir. Deux types de raison conduisent à ce constat : des raisons liées à l'effectif actuel et futur des experts potentiels et des raisons liées à la nature des questions posées aux experts.

1.1 – L'effectif actuel et futur des experts potentiels

Les psychiatres. Depuis de nombreuses années déjà, bon nombre de magistrats évoquent leurs difficultés à trouver suffisamment d'experts psy-

---

26, pp. 82-85. Voir également : Lemaire M., Lewden S., *Ces experts psy qui fabriquent des coupables sur mesure*, L'Harmattan, 2007 ; Saint P. *Inadéquations entre l'expertise psychiatrique et la dangerosité criminologique*, Synapse, 1999, 160, pp. 37-42.

3. Ce constat, certes alarmant mais nécessaire, ne doit pas masquer la bonne qualité de bon nombre d'expertises psychiatriques et d'expertises psychologiques réalisées tous les jours.

chiatres dans certaines régions. Cette raréfaction (pour ne pas dire cette pénurie) va encore s'aggraver considérablement en France, car la diminution du nombre des psychiatres en formation mise en œuvre depuis 1983 va réduire de façon très importante cet effectif professionnel dans les années à venir par le biais des cessations d'activité liées à l'âge. Il faut donc craindre que l'expertise dite « psychiatrique » ne soit plus réalisable dans des conditions satisfaisantes, faute d'experts psychiatres en nombre suffisant. La seule revalorisation pécuniaire des actes d'expertise psychiatrique pénale, comme cela a été fait en 2008, ne garantit pas la résolution de ce problème crucial. Il semble que cette revalorisation financière n'ait pas suscité d'augmentation significative de demandes d'inscription sur les listes de psychiatres experts dans le courant de l'année qui a suivi sa mise en place. Cette réévaluation pécuniaire régulièrement demandée et préconisée comme devant, entre autres, résoudre la pénurie d'experts psychiatres semble donc demeurer très limitée dans ses effets, voire totalement inefficace. Sans réforme de fond importante de l'expertise, cette revalorisation génère des dépenses supplémentaires pour l'Etat et pour les contribuables sans apporter en retour d'amélioration significative et indispensable en matière de prestations expertales psychiatriques.

Les psychologues. Les psychologues sont en nombre beaucoup plus important que les psychiatres et ce nombre ne cesse d'augmenter fortement (plus de 4 500 psychologues nouveaux sont actuellement diplômés et titrés chaque année en France). Psychologues et psychiatres peuvent avoir une zone de carences commune : dans l'immense majorité des cas, ils n'ont pas reçu, au cours de leur cursus universitaire initial, de formation valide concernant la connaissance des auteurs d'infractions, des victimes et de l'expertise. Une réforme importante de la formation initiale des psychologues et des critères de recrutement et de compétence des enseignants de la psychologie à l'université devrait également être rapidement mise en place pour remédier à ces carences. Cette réforme serait de nature à améliorer, entre autres, les prises en charge des victimes, des agresseurs, la lutte contre la délinquance, la criminalité, la récidive et les pratiques en matière d'expertise [4].

---

4. Bouchard J.-P., « Proposition de réforme de la formation des psychologues en France et dans l'Union européenne » / A Proposal for Reforming Psychologists. Training in France and in the European Union / Reformvorschläge zur Ausbildung der Psychologen in Frankreich und der Europäischen Union, *L'Encéphale*, 2009, 35, pp. 18-24 ; « La psychologie et la psychopathologie du sport enseignées aux psychologues européens », communication faîte au colloque international « Éthique et sports en Europe » organisé par le Conseil de l'Europe et l'université de Rennes 2, du 15 au 17 Avril 2009 à Rennes, publiée sur le site du réseau national des psychologues ;« Formation des psychologues : Un doctorat réformé en psychologie

1.2 – La nature des questions posées aux experts

Il existe un chevauchement important dans les questions écrites (et orales pendant les audiences) posées aux experts psychiatres et aux experts psychologues, qui font fréquemment double emploi quant aux analyses qu'elles suscitent (voir pour exemple dans l'encadré les questions habituellement posées, missions-types, en matière d'expertises psychiatriques et d'expertises psychologiques des personnes mises en examen). Ce n'est donc pas le maintien de ces deux « listes » de questions souvent semblables qui peut apporter en soi une amélioration de l'évaluation de la personnalité et des comportements des personnes expertisées. Maintenir ces deux listes de questions, même en les différenciant davantage, ne ferait qu'aggraver les possibilités de résolution des problèmes liés aux effectifs d'experts sans apporter un gain important dans l'évaluation clinique des personnes expertisées.

Ces éléments liés à l'évolution prévisible des effectifs de psychiatres et de psychologues et à la distinction de plus en plus artificielle sur le fond entre « expertise psychiatrique » et « expertise psychologique » plaident en faveur d'une suppression de cette distinction difficile à maintenir et à réaliser actuellement dans certaines régions, et ailleurs dans un avenir très proche (faute d'experts psychiatres en nombre suffisant). Les concepts d'« expertise psychiatrique » et d'« expertise psychologique », dans leurs acceptions actuelles, devraient donc être supprimés et remplacés par le concept unique d'« expertise mentale » (ou par une appellation équivalente : « expertise psychique », etc.). Cette expertise mentale serait indifféremment réalisée soit par des psychiatres soit par des psychologues, sous conditions que les uns et les autres soient bien formés et professionnellement expérimentés dans les domaines par rapport auxquels ils pratiquent cette expertise. Car comment être expert dans un domaine dans lequel on n'a pas reçu et validé de formation spécifique et dans lequel on a peu ou pas d'expérience professionnelle de terrain ?

Une augmentation qualitative du niveau général des prestations en matière d'expertise passe inévitablement par une mise à disposition de la justice d'un nombre suffisant d'experts bien formés et professionnellement expérimentés où que ce soit sur le territoire national. La création d'une « expertise mentale » pratiquée soit par des psychiatres soit par des psychologues, réellement sélectionnés comme étant formés et compétents pour réaliser ces missions, permettrait de mettre, de façon fluide et adaptée, à la disposition de

---

pour tou(te)s les psychologues », *Psychologues et Psychologies*, octobre 2008, n° 201/202-IV / V : pp. 78-80.

la justice et des justiciables ces effectifs nécessaires d'experts de qualité bien répartis géographiquement.

Leurs missions communes, et les questions qui leur seraient posées, pourraient couvrir la totalité du champ clinique des missions actuelles confiées indépendamment aux psychiatres et aux psychologues. Afin d'affiner leurs diagnostics différentiels et leurs évaluations si nécessaire, les psychiatres et les psychologues experts devraient pouvoir avoir recours à l'avis complémentaire de sachants somaticiens (sapiteurs) et à l'ensemble des informations concernant la personne expertisée (dossier[s], avis d'autres professionnels, informations et avis délivrés par des proches, etc.).

2 – La mise en place d'une pratique d'« expertise mentale » de qualité : un impératif à réaliser rapidement

La mise en place d'une pratique d'expertise mentale de meilleure qualité en France est une urgence qui ne peut se limiter à quelques modifications partielles qui se révèleront insuffisantes et à nouveau problématiques à court ou à moyen terme. Elle passe inévitablement par d'autres changements importants qui doivent obéir à quelques grands principes de nature à combler les carences qui engendrent le plus souvent des erreurs.

2.1 – La création d'un consensus clinique et juridique de l'expertise mentale

Afin d'éviter le développement d'évaluations, d'analyses, de conclusions, de points de vue erronés, subjectifs et / ou idéologiques nuisibles au devoir d'objectivité des experts, il faudrait créer un consensus clinique et juridique officiel émanant de la communauté scientifique et juridique compétente. Ce consensus porterait sur les aspects cliniques concernant les différents types de personnes expertisées, sur les différents types d'expertises, sur la mise en adéquation de ces contenus cliniques avec ce que prescrit la loi (notamment sur la question centrale de la responsabilité et de l'irresponsabilité pénales des auteurs d'infractions) et sur les façons reconnues comme étant optimales pour réaliser et pour rendre compte des expertises mentales (code de bonnes pratiques).

En ce qui concerne l'irresponsabilité pénale, par exemple, ce consensus pourrait officialiser, de façon cliniquement et juridiquement argumentée, que certains troubles psychiques graves (la débilité mentale profonde, la détérioration intellectuelle importante, les délires psychotiques, les troubles graves de l'humeur, et d'autres troubles qui feraient consensus) s'ils génèrent de façon exclusive l'infraction (ou les infractions) reprochée(s) à la personne expertisée et « abolissent son discernement ou le contrôle de ses actes », sont une cause de déclaration d'irresponsabilité pénale. Cette mesure permettrait d'endiguer la sur responsabilisation et la sur pénalisation à tort de la folie, induites par trop d'expertises. Ce grave problème judiciaire, sanitaire et humain, régulièrement dénoncé mais jamais résolu, est, comme évoqué précédemment, pour beaucoup à l'origine de la présence d'un trop grand nombre de malades mentaux en milieu carcéral [5].

Ce consensus clinique et juridique n'aurait pas pour but de brider ou d'enfermer l'expert dans un carcan rigide : il serait un repère qui l'aiderait à faire ses évaluations et à apporter ses conclusions sans perdre ses capacités d'adaptation aux particularités propres à chaque personne expertisée.

Ce consensus serait également un repère intéressant et utile pour les magistrats et pour les avocats (en particulier dans le débat contradictoire) qui doivent fréquemment gérer des développements et des querelles d'experts au jargon difficilement compréhensible et aux fondements scientifiques souvent opaques et très discutables.

Ce consensus clinique et juridique concernant la méthodologie de l'expertise, l'évaluation des victimes et des auteurs d'infractions, devrait être revu et réactualisé régulièrement au regard des évolutions scientifiques et juridiques.

2.2 – L'obligation de formation des experts

L'expertise mentale est un acte professionnel difficile et délicat qui fait appel à des connaissances importantes, vastes et complexes qui ne peuvent s'inventer ou s'improviser. L'ensemble des psychiatres et des psychologues candidats à la réalisation d'expertises mentales devraient avoir reçu et validé une formation préalable spécifique concernant les différents types

5. Malarange C., *La responsabilité et l'irresponsabilité pénale des auteurs d'infractions présentant des « troubles psychiques ou neuropsychiques » : des dérives de l'expertise à une sur représentation des malades mentaux en milieu carcéral*, Mémoire, Master 2 Droit de l'exécution des peines et Droits de l'Homme, J.-P. Bouchard (Dir.), École nationale d'administration pénitentiaire (ENAP) d'Agen, Université Montesquieu Bordeaux 4, Université de Pau et des Pays de l'Adour ; Bouchard J.-P., « Violences, homicides et délires de persécution », *Annales Médico-Psychologiques*, 2005, 163(10), pp. 820-826 ; Bouchard J.-P., « Sous l'emprise du délire : évolution d'un cas de schizophrénie ayant donné lieu à des passages à l'acte meurtriers, vampiriques et cannibaliques », *Nervure, Journal de Psychiatrie*, 1990, III/3, pp. 37-40.

d'application de l'expertise mentale et les différents types de personnes expertisées (enfants, pré-adolescents, adolescents, adultes, personnes âgées, auteurs d'infractions, victimes [6], malades mentaux, etc.). Dans cette formation préalable impérative, le consensus clinique et juridique actualisé relatif à l'expertise mentale devrait évidemment occuper une place centrale. Des connaissances périphériques mais nécessaires dans la culture d'exercice de l'expert devraient être également enseignées (la criminologie, la victimologie, la déontologie et la connaissance du système judiciaire et de ses rouages par exemple).

Afin de réactualiser leurs connaissances et leurs pratiques, et d'obtenir le renouvellement de leur agrément, les experts devraient également suivre et valider des cessions de formation continue au cours de leur carrière.

La mise en place de programmes nationaux de formation préalable et continue, harmonisant les niveaux de compétence et de prestation, devrait être préférée aux seules initiatives personnelles dans le choix des formations.

2.3 – L'expérience professionnelle des experts

Les psychiatres et les psychologues candidats à la réalisation d'expertises mentales devraient avoir déjà acquis un minimum d'expérience professionnelle clinique (cinq ans à temps plein paraît être une durée minimale). Autrement dit, en sortant de sa formation initiale à l'université, le jeune professionnel inexpérimenté – psychiatre ou psychologue – ne devrait pas réaliser d'expertise mentale. Il devrait attendre d'avoir acquis une maturité professionnelle de terrain suffisante. De même, les enseignants chercheurs dépourvus de longue expérience professionnelle clinique de terrain au contact des auteurs d'infractions et/ou des victimes ne devraient pas réaliser d'expertises dans le champ pénal. Ce même principe déontologique et d'expérience requise devrait également être appliqué en matière civile car on ne peut être expert de façon valide que de sujets que l'on connaît très bien sur le plan professionnel. Il est inquiétant pour les justiciables que cette évidence clinique et éthique ne soit toujours pas systématiquement respectée.

---

6. Bouchard J.-P., Moulin V., « Les conséquences psychologiques des agressions », *Revue de la gendarmerie nationale*, 2000, 194, pp. 51-65 ; Bouchard J.-P., « La prise en charge psychologique des victimes », *Revue de la gendarmerie nationale*, 2003, 205, pp. 88-92 ; Bouchard J.-P., Franchi C., Bourrée C., Lepers C., « Explosion de l'usine AZF de Toulouse : conséquences psychologiques sur le personnel d'une entreprise voisine », *Revue francophone du stress et du trauma*, 2003, tome 3, n°4, pp. 241-247.

Les psychologues et les psychiatres experts ayant développé leur pratique et leur expérience professionnelle de terrain dans un ou plusieurs domaines spécifiques (enfants, adolescents, personnes âgées, malades mentaux, auteurs d'infractions, victimes, etc.) devraient être commis exclusivement dans ce(s) domaine(s) pour réaliser des expertises. La seule distinction « enfant » et « adulte » est insuffisante. Cette orientation et cette expérience professionnelles pourraient être enregistrées et officiellement prises en compte lors de l'inscription et lors du renouvellement de l'agrément de ces praticiens sur les listes d'experts. Ainsi les magistrats, les justiciables et leurs conseils, auraient une connaissance claire des orientations, de l'expérience et des compétences professionnelles des experts désignables ou désignés.

2.4 – Le temps passé et les périodes opportunes pour réaliser les expertises

Si l'expert a la possibilité d'examiner la personne qu'il expertise pendant autant de temps et autant de fois que nécessaire, il est difficile de penser raisonnablement qu'au contraire, un examen d'expertise puisse être réalisé de façon valide en moins d'une heure et demie (pour les cas les plus simples). Le respect de ce minimum minorerait le phénomène de bâclage de certaines expertises, problème lui aussi régulièrement dénoncé.

Il serait également intéressant, voire indispensable, que l'expert examinât, au moins à deux périodes différentes, la personne expertisée : la première au plus près de sa désignation (c'est-à-dire également au plus près des faits qui ont déclenché la procédure) et la deuxième au plus près de l'audience de jugement qui est souvent éloignée dans le temps. Cette mesure, si elle était systématique, permettrait, et d'évaluer avec plus de validité l'état initial et l'évolution des personnes expertisées (victimes et auteurs d'infractions notamment), et à l'expert de corriger sa première évaluation si nécessaire.

2.5 – La revalorisation des actes d'expertise

L'expertise mentale est un acte clinique complexe, important, utile et noble dans sa finalité. Sa rémunération devrait évidemment être proportionnelle aux exigences de qualification et de prestations précédemment formulées.

Jusqu'en 2008, les bases forfaitaires de rémunération pour l'expertise psychiatrique pénale étaient de 205,80 euros et 222,95 euros pour l'expertise psychiatrique effectuée en matière d'infractions sexuelles. En 2008, ces bases ont été réévaluées à 257,25 euros pour une expertise psychiatrique et à 274,40 euros pour une expertise psychiatrique concernant une personne poursuivie ou condamnée pour infraction sexuelle ou pour une victime d'une telle infraction (cette différence de tarification est pour le moins étonnante, car ce n'est pas nécessairement la nature de l'infraction qui fait la difficulté de l'expertise). L'expertise psychologique au pénal, elle, demeure depuis des années au tarif très insuffisant de 172,80 euros quel que soit le type de personne expertisée (auteurs ou victimes d'infractions sexuelles compris).

L'expertise psychologique (dans sa forme actuelle) est souvent beaucoup plus longue et plus lourde à réaliser que l'expertise psychiatrique (dans sa forme actuelle), en particulier quand le psychologue expert utilise des tests psychométriques et / ou des épreuves projectives de personnalité (techniques complémentaires d'évaluation, auxquelles les psychiatres ne sont pas formés, qui supposent, en plus de l'examen classique d'expertise par entretien(s), un temps important de passation, de dépouillement, d'analyse, d'interprétation et de rédaction des résultats). Malgré cette différence très fréquente d'investissement, c'est l'expertise psychiatrique qui est la mieux rémunérée. Cette anomalie ancienne et injuste de différence importante de rémunération entre psychiatres et psychologues experts au pénal devrait être aussi rapidement corrigée.

2.6 – Le développement de la recherche sur l'expertise

Afin de mieux connaître les experts, les pratiques expertales et leur incidence dans le processus judiciaire, la recherche sur l'expertise, sur la formation et l'expérience professionnelle de terrain des experts ainsi que sur la validité des méthodes d'évaluation des personnes expertisées, recherche jusque-là quasi inexistante, devrait être développée. Les connaissances dégagées par ces travaux de recherche permettraient d'améliorer le recrutement, la formation, la validation, l'évaluation et les pratiques des experts dans l'intérêt des justiciables et du bon rendu de la justice.

Conclusion

L'intérêt majeur de cette réforme serait de permettre, en particulier par le décloisonnement des concepts actuels d'« ex-apertise psychiatrique » et d'« expertise psychologique », la mise en place d'un effectif suffisant d'experts professionnellement expérimentés et bien formés à la pratique de l'expertise mentale, où que ce soit sur le territoire national (métropole et départements et territoires d'outre-mer).

En conférant ainsi plus d'objectivité, de fluidité et de fiabilité, aux évaluations des personnes expertisées, cette réforme pourrait également diminuer le nombre de demandes de contre-expertise ou de sur-expertise qui compliquent, alourdissent et allongent les procédures.

Les psychologues peuvent être une valeur ajoutée pour réaliser cette réforme, cette modernisation, cette actualisation et cette fiabilisation de l'expertise mentale judiciaire, sous condition qu'ils soient bien formés et qu'ils aient une expérience professionnelle de terrain importante dans les domaines dans lesquels ils pourraient être sollicités pour réaliser des expertises (enfants, adolescents, adultes, personnes âgées, auteurs d'infractions, victimes, malades mentaux, etc.).

En permettant de mieux rendre compte de la dimension humaine qui est au cœur de chaque « affaire », cette modernisation, cette fiabilisation et cette simplification sur la forme de l'expertise mentale participeraient au développement d'une avancée nouvelle et indispensable dans l'art difficile de rendre la justice. À une époque où l'on a de cesse de vouloir sécuriser de plus en plus de décisions judiciaires en les prenant après expertise(s), ne faut-il pas enfin sécuriser l'expertise elle-même ?

Cette proposition de réforme, si elle est indispensable en France, peut également trouver une très grande utilité dans des pays étrangers à la France, en particulier dans certains États membres de l'Union européenne (U.E.) [7]. Afin d'harmoniser les pratiques et l'amélioration des niveaux des prestations en matière d'expertise mentale judiciaire, n'est-il pas nécessaire de mettre en place cette proposition de réforme dans l'ensemble de l'UE ?

---

7. Bouchard J.-P., « Para uma reforma da perícia psiquiátrica e da perícia psicológica na União Europeia », in A.C. Fonseca (ed.), *Psicologia e Justiça, Coimbra*, Nova Almedina, Portugal, 2009, pp. 155-174 ; Conrath P., Goetgheluck D., Bouchard J.-P. et al., *Etre Psychologue*, Tome I : *De la formation à la pratique* et Tome II, *Evolution et actualités des pratiques*, Les Editions du Journal des Psychologues, 2009 ; Bouchard J.-P., « Réformer l'expertise psychiatrique et l'expertise psychologique : un impératif pour la justice », *Le Concours médical*, tome 128-02, 2006, pp. 97-99 ; Bouchard J.-P., « L'expertise mentale en France entre « pollution de la justice » et devoir d'objectivité », *Droit pénal*, Éditions Lexis Nexis Juris Classeur, 2006, n° 2, février 2006, étude n° 3, pp. 15-16.

Questions écrites habituellement posées (missions-types) aux experts psychiatres et aux experts psychologues dans le cadre des expertises de personnes mises en examen (quelques variantes sont possibles dans la formulation de certaines questions de ces missions-types).

<u>Mission confiée aux experts psychiatres (expertises psychiatriques)</u>

1 – Dire si l'examen du sujet révèle des troubles psychiques. Le cas échéant, les décrire et préciser à quelles affections ils se rattachent ;

2 – Dire si l'infraction qui lui est reprochée a eu une relation avec ces éventuels troubles, en particulier si la personne était atteinte, au moment des faits, d'un trouble psychique ou neuropsychique ayant aboli son discernement ou le contrôle de ses actes ou d'un trouble psychique ou neuropsychique ayant altéré son discernement ou entravé le contrôle de ses actes, en application de l'article 122-1 du nouveau Code Pénal ;

3 – Le sujet présente-t-il un état dangereux ?

4 – Le sujet est-il accessible à une sanction pénale ?

5 – Le sujet est-il curable ou réadaptable ?

<u>Mission confiée aux experts psychologues (expertises psychologiques)</u>

1 - Analyser les dispositions de la personnalité du (de la) mis(e) en examen dans les registres de l'intelligence, de l'affectivité et de la sociabilité et apprécier leur dimension pathologique éventuelle ;

2 - Faire ressortir les facteurs biologiques, familiaux et sociaux ayant pu influer sur le développement de sa personnalité ;

3 – Préciser si les dispositions de la personnalité ou des anomalies mentales ont pu intervenir dans la commission de l'infraction ;

4 – Indiquer dans quelle mesure le (la) mis(e) en examen est susceptible de se réadapter et préciser quels moyens il conviendrait de mettre en œuvre pour favoriser sa réadaptation ;

5 - Faire toutes observations utiles (dans le cadre de cette question générique qui balaie de nombreux points, l'expert psychologue peut, entre autres, donner son avis sur la responsabilité ou l'irresponsabilité pénale de la personne expertisée – c'est aussi une des conclusions possibles de la réponse donnée à la question n°3 – sur son accessibilité à une sanction pénale et sur sa dangerosité).

20

De la période des fondations scientifiques des savoirs sur le crime à la formation d'une (des) criminologie(s) scientifique(s), d'un âge d'or aux prémices de l'exception

Par Stéphane Brézillon

Stéphane Brézillon *est doctorant en droit privé et sciences criminelles, Laboratoire « Droit et Changement Social », C.N.R.S. U.M.R. 6028, Faculté de droit et de sciences politiques, Université de Nantes.*

Introduction

Ce qui réunit aujourd'hui tant de grands noms des sciences criminelles françaises – et nous employons à dessin un terme aussi général – est l'occasion, certains diront la nécessité, d'une prise de position de la communauté scientifique attachée à ces objets quant au devenir institutionnel de cette (ces) matière(s). Dans notre modeste contribution, il ne s'agit que de retracer rapidement l'évolution sur une période donnée de cette discipline qu'aujourd'hui vous faites vivre et progresser : la criminologie.

Commençant de manière très simple, sentant le terrain épineux, il nous est apparu rassurant d'adopter la « méthode courante » consistant à « élucider le nom de la discipline ». Et ce malgré l'avertissement d'Alvaro Pires quant aux difficultés que présentait l'application de cette méthode à la criminologie [1].

Reprenons l'étymologie proposée par le Dictionnaire de l'Académie française 2009 : Criminologie, nom féminin, 19e siècle. Composé du latin *crimen, criminis,* « crime », et du grec *logos,* « science », « discours » et qui donne pour définition « Science ayant pour objet d'étudier le crime, ses causes, ses manifestations et les moyens propres à le prévenir ». Sur la seconde partie du mot, issue du grec *logos,* point de difficultés. Tout se joue sur l'étymologie du mot crime. Voici celle, plus poussée, proposée par Pires s'appuyant sur les réflexions de Jeffery : « le mot « crime » vient du mot latin « *crimen (-inis)* » qui signifiait à l'origine « décision judiciaire ». Ce mot vient à son tour du grec « *krimein* », c'est-à-dire « juger », « choisir », « séparer » [2]. Cette confrontation révèle le caractère protéiforme de l'objet de la criminologie. Elle ouvre un vaste champ qui part de l'étiologie du crime jusqu'à l'étude du système pénal dans son ensemble, puisque c'est de celui-ci que procède la criminalisation des comportements et l'application de la répression qui en découle. Et voici qu'à peine la définition entamée se présente à nous le nœud gordien des contours à donner à la discipline. De cette question découle aussi celle du statut de la criminologie.

Peut-on parler d'une science à propos de la criminologie ? Et, si oui, à quel prix quant à l'étendue de son objet ? Il fallait résoudre la question sans trancher le nœud, puisqu'en tranchant on excluait forcément une partie du champ de la criminologie, et que cette démarche était insatisfaisante tant d'un point de vue historique qu'épistémologique.

Deux démarches, aux résultats opposés, nous ont semblé répondre à ce critère : celle d'Alvaro Pires et celle de Jean Pinatel. Pires, dans la rigueur de son raisonnement, a préféré éloigner le terme scientifique pour l'inclure dans celui plus large, mais rendant mieux compte de l'aspect dynamique, protéiforme et pratique de la criminologie, d'« activité de connaissance » [3]. Pinatel a, quant à lui, rangé la criminologie au rang des sciences complexes, au même titre que la médecine, dans une logique similaire puisqu'il attire l'attention tant sur son constant mouvement de va et vient entre le général et le particulier, que sur la nature à la fois scientifique et éthique des concepts

---

1. Pires A., « La criminologie d'hier et d'aujourd'hui », in *Histoire des savoirs sur le crime et la peine*, Tome 1, *Des savoirs diffus à la notion de criminel-né*, éd. P.UM. / P.U.O., 1995, p. 15.

2. *Ibidem*, p.16 et 17.

3. Pires A, *op. cit.*, p. 30 et s.

sur lesquels elle travaille [4]. Mais il faut encore ajouter que Pinatel formule aussi une définition de la criminologie « pure » bien plus restrictive.

Nous voici donc appuyé quant à la question du statut, sans avoir vraiment résolu celle de la définition. Mais c'est au fond bien normal, puisque celle-ci n'a cessé d'évoluer dans le temps, et qu'au regard des considérations que nous venons d'évoquer, peu d'auteurs contemporains se sont hasardés à n'en donner qu'une seule.

Souhaitant poser quelques points de repères, il faut bien alors choisir un point de départ. La « date de naissance » de la criminologie, comme l'évoque Pires, fait logiquement elle aussi débat. Il en existe autant que de conceptions de la criminologie. De plus, à conceptions voisines, l'éclosion des savoirs que l'on qualifiera de criminologie, en fonction de la définition que l'on aura retenue, varie également selon le pays où l'on se situe. Un double consensus existe pourtant. Le premier réside dans la division de l'histoire de la criminologie en deux grandes périodes, la césure étant la première publication de l'« *Uomo deliquente* » de Cesare Lombroso. Pinatel les a baptisées période préscientifique et période scientifique. Le second consensus est le suivant : peu importe la date de naissance choisie, on ne peut exclure du champ les savoirs criminologiques précédant celle-ci.

Puisqu'aujourd'hui, c'est l'histoire de la criminologie en France qui nous intéresse, nous ne pouvions nous attacher à la réception de la pensée du célèbre médecin italien pour déterminer un point de départ. Pour faire notre choix, nous nous sommes tout d'abord appuyés sur les trois positions majeures sur la question, dégagées par A. Pires, pour éliminer d'emblée la première et la dernière de ces positions qui font référence à des italiens (C. Beccaria, avec la publication du « Traité des délits et des peines » et C. Lombroso). Par bonheur, la seconde position, à savoir « les premières recherches à prétention scientifique au premier tiers du 19ème siècle » [5] fait notamment référence aux travaux du juriste français André Michel Guerry. Partant de cette position, nous sommes retournés au second consensus quant à la date de naissance de la criminologie, qui dictait d'en rechercher les prédécesseurs directs. C'est le travail de J. Van Kerckvoorde sur les pionniers de la statistique qui nous éclaira sur le personnage d'Antoine Jean Baptiste Robert Auget de Montyon, « auteur en 1786 et 1789 de commentaires sur les statistiques des condamnations » à partir desquelles il rédigea ses « Observa-

---

4. Pinatel J. Histoire des sciences de l'homme et de la criminologie, L'Harmattan, 2001, p. 13.

5. Pires A, *op. cit.*, p. 35.

tions sur la moralité en France »[6]. C'est donc avec les statisticiens moralistes que nous commencerons notre exposé.

Mais avant, nous ne résistons pas à la tentation d'une petite digression pour poser la question de savoir si, finalement, la criminologie ne serait pas une invention française. Non pas que, dans un accès de chauvinisme, nous tentions de ramener à nous toutes les fondations scientifiques de la discipline, mais tout simplement parce qu'au fil de nos lectures nous avons remarqué que, s'agissant du vocable, la question pouvait être posée.

Communément, la construction savante de ce terme est attribuée au mérite de cet autre illustre représentant de l'école positive italienne : R. Garofalo, qui en fit le titre de son ouvrage publié en 1885. Cependant, il existe un doute quant à sa paternité. En effet, nous avons pu à plusieurs reprises trouver la référence à Paul Topinard, anthropologue français et critique de l'école italienne, notamment chez Pires[7], ou encore chez Jacques Henri Robert[8], qui laissent à penser que l'invention pourrait être française. Cependant nous n'avons trouvé par nous même aucune référence explicite à un écrit de Topinard incluant le mot, et qui soit antérieur à la publication italienne de l'ouvrage de Garofalo. Nous laisserons donc le mérite de Garofalo entier quant à cette question d'appellation.

Revenons à l'objet de ce colloque, et plus précisément à son intitulé : « Sortir de l'exception française ? ». Cette phrase s'est imposée à notre jeunesse d'esprit avec une force toute particulière. Ceci en raison de notre expérience personnelle d'étudiant en droit intéressé par le sujet. Voilà qu'en deux mots venait d'être formulé ce qui nous avait fait, après la validation des deux premières années de droit, partir à l'étranger pour entendre développer ce que nos professeurs de droit pénal et de procédure pénale ne pouvaient évoquer qu'en incise ou dans les introductions de leurs cours. Ceci nous avait poussés à changer trois fois d'université pour pouvoir, tout au long de notre apprentissage, conserver ce regard sur les autres sciences humaines si proches de notre matière, et si nécessaire à sa compréhension.

La criminologie a en France de grands esprits et de vives énergies ! Mais bien peu de lieux et de moments pour les écouter. Et rares sont les occasions de les rassembler. C'est certainement aussi cet état de fait qui les tient un peu

---

6. Van Kerckvoorde J., « Statistique criminelle et statistique morale au 19ème siècle », in Mucchielli L. (Dir.), *Histoire de la criminologie en France*, L'Harmattan, 2001, p. 255.

7. Pires A., *op. cit.*, p. 49.

8. Robert J.H., « Criminologie et droit pénal », communication devant l'Académie des sciences morales et politiques, séance du 14 janvier 2008, consultable en version texte ou audio sur le site www.canalacademie.com, seule la version audio faisant foi.

à l'écart des réformes et des institutions qui sont pourtant leurs objets. C'est à ces aspects de notre exception commune que nous souhaitons plus particulièrement nous attacher. Nous allons rechercher de la période des fondations scientifiques des savoirs sur le crime (Chapitre 1) à la formation d'une (des) criminologie(s) scientifique(s) (Chapitre 2) à proposer une lecture de cette période de l'histoire de la criminologie en France qui tienne compte des enjeux et mette en relief les forces à l'œuvre dans la construction de ce qui sera plus tard l'exception française.

1 – La période des efforts de construction sur des savoirs épars : un âge d'or ?

Pourquoi parler d'âge d'or alors que tous ne s'entendent même pas à dire que la criminologie existait réellement au début du 19ème siècle ? Tout âge d'or relève du mythe et est à rapprocher de la préhistoire. Et c'est bien de la préhistoire de la criminologie qu'il s'agit ici. Une préhistoire qui l'a vue naître comme « accouchée » de l'institution pénale qu'elle souhaitait à la fois éclairer et réformer. Dans cette période, on ne pouvait encore parler de science, ni d'enseignement des savoirs criminologiques. Ces savoirs n'en demeuraient pas moins étroitement liés à la pratique sur laquelle ils tentaient de se construire. Et c'est là, en opposition à l'exception actuelle, une sorte d'âge d'or.

1.1 – Une 1ère approche institutionnelle du phénomène criminel : la statistique « morale »

Pour les développements qui vont suivre, nous nous appuierons principalement sur les travaux susmentionnés de J. Van Kerckvoorde. Avec les Lumières a débuté la vaste entreprise de connaissance de l'homme fondée sur l'observation. Les progrès méthodologiques des sciences dites « dures » telles que la physique ou les sciences naturelles devaient être appliqués à la connaissance de l'homme. L'ambition de fonder une science unitaire de l'homme était alors dans de nombreux esprits savants. Dans cet ordre d'idée, cette connaissance nouvellement acquise devait servir au gouvernement des nations. C'était semble-t-il l'ambition d'A. De Montyon dans son ouvrage sur la moralité en France. Il établit, le premier à propos de la population française, « des corrélations entre la criminalité et des caractéristiques comme le sexe, l'âge, et le groupe social des inculpés et des condamnés », ainsi qu'avec des critères relevant de « la géographie criminelle » [9]. Cet effort de connaissance objective, mené au cœur de l'Administration, a permis de construire un outil d'observation d'ordre scientifique encore inédit à propos des phénomènes criminels : la statistique. Mais à l'époque d'A. De Montyon, il n'existe encore aucun comptage permanant des crimes jugés.

Après plusieurs tentatives, sous la monarchie absolue, puis sous le Consulat, c'est finalement la Restauration qui verra naître cet outil. Et c'est le fonctionnaire Jacques Guerry de Champneuf qui élaborera en 1827 les premiers « Comptes généraux de l'Administration et de la Justice Criminelle », portant sur l'année 1825. C'est cette « base de données » qui servit aux travaux d'un autre Guerry, beaucoup plus connu, et à son homologue belge A. Quetelet. Dans son « Essai sur la statistique morale en France », A.M. Guerry reprit le cours dc l'analyse géographique entamée par son prédécesseur et constata, au sein des régions, une certaine constance dans les chiffres de la criminalité.

En recherchant des corrélations entre le taux de criminalité et le niveau de pauvreté ou d'instruction, il arrive à remettre en question les opinions communes de l'époque (et qui pourtant ont encore la vie dure) sur les relations entre ces variables. Ce type de démarche marque bien l'effort scientifique fourni à l'époque pour se saisir du sujet.

Lambert Adolphe Jacques Quetelet ira encore plus loin dans cette entreprise scientifique. C'est à lui que nous devons entre autre la formulation de la fameuse « Loi thermique » (selon laquelle les crimes et délits de sang prédomineraient dans le sud et ceux contre la propriété dans le nord) ainsi que la règle selon laquelle [10] « il existe un rapport à peu près invariable entre les délits connus et jugés et la somme totale inconnue des délits commis ». Cette règle marque à notre sens un recul notable du statisticien quant à son outil et donc une étape supplémentaire dans la construction scientifique des statistiques criminelles. C'est aussi la première évocation de ce que l'on appellera plus tard le « chiffre noir ».

Ajoutons encore que, selon M.J. Van Kerckvoorde, en accord avec d'autres [11], un des concepts forces de A. Quetelet est « le penchant au crime ». « Il s'agit d'une probabilité statistique, portant sur l'homme en gé-

---

9. Van Kerckvoorde J., *op. cit.*, p. 255.

10. Quetelet L., cité par J. Pinatel dans *Histoire des sciences de l'homme et de la criminologie*, L'Harmattan, 2001, p. 64.

11. Digneffe F., « Problèmes sociaux et représentations du crime et du criminel, de Howard (1777) à Engels (1845) », in *Histoire des savoirs sur le crime et la peine*, P.U.M., P.U.O., 1995, p. 144-147.

néral, ou sur un groupe d'hommes », dont « il étudie la répartition dans la population, en établissant des corrélations avec certaines caractéristiques démographiques et sociales des acteurs » [12]. En incise, nous ne pouvons résister à la tentation de rapprocher cette méthode de celle tout à fait contemporaine de la criminologie actuarielle pratiquée aux Etats-Unis et contre laquelle M.B. Harcourt, notamment, nous alerte [13]. Cette application criminologique de la méthode statistique semble ne pas avoir su, contrairement à A. Quetelet, se « renfermer dans le rôle de simple observateur, et de [s']imposer une juste réserve sur ce qui concerne l'avenir » [14]. Cette position théorique stricte marque déjà une prise de distance par rapport aux institutions pénales. Eloignement à l'époque nécessaire à l'effort de « scientifisation » à l'œuvre au sein de la statistique morale. Il est intéressant de remarquer que, par ailleurs, c'est à ce moment également que les hygiénistes, mouvement porté par des médecins, se sont saisis des avancées des statisticiens moralistes pour éclairer leurs raisonnements.

1.2 – L'école pénitentiaire française : les juristes réformateurs

Les yeux tournés vers l'Amérique, ces penseurs, tous juristes, ont tiré de l'observation des pénitenciers de Pennsylvanie et d'Auburn, et de leur comparaison avec la décrépitude des prisons françaises (alors confiées à la gestion privée) plusieurs principes destinés à amender les condamnés qui devaient y purger leur peine. Charles Lucas publia « Du système pénitentiaire en Europe et aux Etats-Unis » en 1830. Alexis de Tocqueville et Gustave de Beaumont publièrent leur « Système pénitentiaire aux Etats-Unis et son application en France » trois ans plus tard. Les deux ouvrages présentent, comme le fait à juste titre remarquer Françoise Digneffe, deux visions de la punition encore présentes aujourd'hui dans la politique pénale : la punition amendement du condamné et la punition protectrice de la société. Si à l'époque le sujet a mis en opposition A. de Tocqueville et C. Lucas, leurs apports respectifs constituent toujours les fondements théoriques de la partie de notre Code de Procédure pénale dédiée à l'exécution des peines. Rencontrant plus de résistances que ses homologues étrangères (l'école pénitentiaire américaine qui l'avait inspirée, et le réformateur belge Edouard Ducpétiaux

12. Van Kerckvoorde J., *op. cit.*, p. 259.

13. Harcourt B., « Against prediction, sentencing, policing and punishing in actuarial age », mai 2005 et 2007.

14. Quetelet A., « La précision des résultats croît comme la racine carré du nombre d'observations », in *Annales d'hygiène publique et de médecine Légale*, tome 9, 1833, p. 336.

influencé par les français dès les années 1830 [15]) l'école pénitentiaire française n'a pas eu le même impact sur l'architecture pénitentiaire nationale.

S'agissant de l'organisation, la doctrine d'A. de Tocqueville trouva un relais institutionnel dans la personne de l'Inspecteur général des prisons Louis-Mathurin Moreau-Christophe pour instaurer la règle du silence dans les prisons. Le patronage, théorisé par Arnould Bonneville de Marsangy [16] (magistrat connu pour avoir inventé le casier judiciaire), fut, après la présentation d'un projet de loi par Alphonse Bérenger en 1847, l'objet de longues controverses théoriques. Ce ne fut qu'en 1872 que la Société générale de patronage des libérés fut créée, par arrêté. Quant à l'apport principal, l'isolement cellulaire, il ne devait lui aussi être intégré juridiquement qu'après la guerre de 1870, malgré les tentatives précoces de C. Lucas [17]. Et ce ne fut qu'avec la loi du 5 juin 1875 que l'emprisonnement cellulaire fut adopté pour les courtes peines [18].

A l'heure actuelle, la dualité amendement / protection de la société n'a toujours pas été dépassée lorsque l'on considère les fondements théoriques de notre code de procédure pénale.

Parallèlement à la constitution des théories de l'emprisonnement carcéral, se développait le mouvement aliéniste. Avec ses deux grandes figures, Philippe Pinel et Jean Etienne Esquirol, se constituait le savoir psychiatrique naissant [19]. C'est l'époque de la différenciation de traitement entre le fou et le délinquant. Le point de l'inévitable confrontation entre les logiques psychiatriques et judiciaires, pour ne pas dire juridiques, l'expertise médico-légale, fit l'objet de nombreux développements (Michel Foucault, Robert Castel, Christian Debuyst, Martine Kaluszynski, Jean-Pierre Alline pour ne citer qu'eux). Tous s'accordent à voir dans l'affaire Rivière (1835) le symbole d'une prise de pouvoir, par le personnage de J.E. Esquirol, des médecins sur les juristes quant à la détermination de ceux qui seront traités par l'institution pénale ou l'institution psychiatrique. Ceci marque le début d'une opposition théorique que nous retrouverons plus loin.

---

15. Digneffe F., *op. cit.*, p. 190-191.

16. Ruopoli-Cayet, S., Bonneville de Marsangy (1802-1894), un précurseur de la science criminelle moderne, L'Harmattan, 2002, p. 271-281.

17. Il inspira un projet de loi adoptant un système de type auburnien le 9 mai 1840 qui ne fut pas voté.

18. Pinatel J., *op. cit.*, p. 70.

19. Debuyst Ch., « Les savoirs psychiatriques sur le crime », in *Histoire des savoirs sur le crime et la peine,* éd. P.U.M., P.U.O., 1995, p. 215 et s.

C'est à un médecin que l'on attribue de façon consensuelle la fondation scientifique de la criminologie : le célèbre fondateur de l'école positive italienne.

2 – La formation d'une (des) criminologie(s) scientifique(s) : l'attraction / répulsion de la criminologie nouvelle et des institutions

Au cours de cette seconde période, nous verrons que si la création d'une criminologie scientifique devait naturellement la conduire à prendre une distance importante quant à l'institution pénale, ce fut aussi nécessairement à ce moment qu'elle devait s'institutionnaliser au sein des universités. Voici poindre un premier paradoxe propre à notre fameuse exception.

2.1 – L'anthropologie criminelle française, une prise de distance vis-à-vis des institutions pénales

De lectures diverses sur le sujet, il nous est apparu que la réaction théorique des anthropologues français, sous la direction du Pr. Lacassagne, aux théories Lombrosiennes, a stimulé le développement de l'anthropologie criminelle française. La fondation d'une science criminologique s'est faite à travers la construction de méthodes et d'analyses scientifiques portées par le dialogue souvent acerbe mais semble-t-il jamais totalement rompu entre les savants italiens et français. Ce dialogue s'est traduit notamment par une production scientifique intense et la tenue de plusieurs congrès internationaux d'anthropologie (7 ont été tenus sur 8 prévus [20]). R. Plas a notamment souligné que les deux opposants se citaient l'un l'autre de façon récurrente [21]. Les deux théories présentaient des typologies de criminels et prescrivaient des modes de réponses pénales. Le point d'opposition le plus généralement mis en relief est l'importance prédominante pour Lacassagne du déterminisme social dans la constitution de ces types criminels tandis que Lombroso mettait l'accent sur le déterminisme biologique. Notons au passage qu'une autre divergence résidait dans l'étiologie de ces types qui se fondait pour les italiens sur une théorie de l'atavisme et pour les français sur une théorie de la résurgence. Toujours est-il que les implications pénales de cette théorie déterministe battaient en brèche toute la construction classique de notre droit

20. Kaluszynski M., « Identités professionnelles, identités politiques : médecins et juristes face au crime au tournant du 19ème et du 20ème siècle », Mucchielli L. (Dir.), *Histoire de la criminologie en France*, L'Harmattan, 2001, p. 216.

21. V. Plas R., « Tatouages et criminalité », in Mucchielli L. (Dir.), *Histoire de la criminologie en France* », L'Harmattan, 2001.

pénal, fondée sur le libre arbitre. Et nous voyons donc l'opposition entamée quelques années plus tôt se cristalliser, alors même que vient de débuter l'institutionnalisation universitaire de la criminologie.

2.2 – La réaction des juristes : l'institutionnalisation de l'enseignement de la criminologie

Des figures comme Henri Joly, Camoin de Vence et Jules Lacointa ou Robert Saleilles se dressèrent pour défendre la théorie classique de la responsabilité pénale contre l'anthropologie criminelle de Lombroso [22]. La position du statisticien Gabriel Tarde était un peu différente puisqu'il défendit la position des juristes (il fut juge d'instruction) tout en tentant de fonder les bases d'une sociologie criminelle. France Paramelle a montré la façon systématique avec laquelle il a cherché à déconstruire les déterminismes de C. Lombroso, E. Ferri puis E. Durkheim [23].

Pourtant, il est important de noter qu'à l'époque, malgré cette opposition, juristes et anthropologues travaillaient ensemble. Des juristes sont présents aux congrès internationaux d'anthropologie dès celui de 1901. Et Lacassagne lui-même enseigna la médecine légale à la Faculté de droit de Lyon, dans le cadre d'un Certificat de sciences pénales dont Martine Kaluszynski a souligné la proximité avec les « préoccupations d'une « criminologie » moderne » [24]. Et de faire remarquer, en citant H. Joly, que l'enseignement d'une discipline est la marque discrète de son institutionnalisation. L'institutionnalisation de la criminologie dans les Facultés de droit françaises s'est poursuivie sur ce mode jusqu'à la première guerre mondiale. L'année 1922 vit la création de l'Institut de criminologie de l'Université de Paris, sous la codirection des Facultés de droit et de médecine. Citons encore cette phrase de Martine Kaluszynski pour décrire ce mouvement : « La criminologie se stabilise et se rend légitime aux yeux des scientifiques, en même temps que le grand mouvement international (et national) qui l'avait propulsée sous le nom d'anthropologie criminelle s'éteint avec la première guerre mondiale ». Nous ajouterons qu'il est bien curieux que ce soit en même temps qu'elle s'éloigne à grand pas des institutions pénales que les juristes la « captent » dans leur champ disciplinaire, pour ce qui est de son enseignement universitaire. C'est au moment où le criminel échappe aux

22. Kaluszynski M., *op. cit.*, p. 219.

23. Paramelle F., Histoire des idées en criminologie au 19ème et au 20ème siècle : Gabriel Tarde, L'Harmattan, p. 113 et s.

24. Kaluszynski M., *op. cit.*, p. 229.

juristes que ceux-ci se saisissent de l'enseignement de la criminologie. Cette captation par les sciences juridiques, alliées à la médecine en ce qui concerne l'Institut, a, en quelque sorte, figé les contours de la criminologie enseignée, en même temps qu'elle en fondait l'enseignement. En effet, nonobstant les progrès de la psychiatrie et de la psychologie qui on pu y être intégrées, cet édifice ne pouvait ajouter à ses fondations la sociologie naissante et dont E. Durkheim venait de jeter les bases.

Ajoutons encore avant de conclure que passée de l'institution pénale à l'institution universitaire, la criminologie n'a jusqu'aujourd'hui pas pu refaire chemin inverse. Nous arrêterons ici notre progression puisque voici que se profilent à l'horizon les grands bouleversements de l'après-guerre, et qu'ils sont d'une part trop complexes à nos yeux pour faire l'objet d'un résumé satisfaisant, et d'autre part bien trop présents pour que le point de vue historique puisse en rendre compte.

Conclusion sur l'enseignement de la criminologie dans les facultés de droit

Au moment où nous nous sommes arrêtés, l'enseignement de la criminologie était dispensé au sein des Facultés de droit, au mieux dans les instituts de criminologie ou de sciences criminelles (on repense aux cours de médecine légale d'A. Lacassagne). A la lecture du fameux article de Jean-Marie Aussel sur l'enseignement de la criminologie, jusqu'à 1962 [25], point d'avancées décisives. Plutôt même une certaine « dégénérescence » due au statut du droit pénal dans les facultés de droit et, *a fortiori* à celui des autres sciences humaines intéressées au phénomène criminel. Le constat était sévère. Le droit pénal était généralement une « corvée » laissée au « dernier professeur arrivé » ou à un « hurluberlu » qui se serait senti « la vocation de criminaliste » [26], et l'enseignement de la criminologie était souvent dispensé par ce même professeur, profane, « amateur, tout au plus brillant vulgarisateur ». Trente ans plus tard, l'illustre Raymond Gassin manifestait son scepticisme quand à une évolution depuis l'état des lieux dressé par J.M. Aussel [27]. Empiriquement, il nous apparaît que, sur ce point très précis, les instituts de criminologie au sein des Facultés de droit ont permis de dé-

---

25. Aussel J.M., « L'enseignement de la criminologie en France dans les Facultés de droit », *Revue de sciences criminelles et de droit comparé*, 1962, pp. 649 à 667.

26. Aussel J.M, *Op.cit.*, p. 650.

27. Gassin R., « L'enseignement de la criminologie », in Lazerges Ch. (Dir.), *L'enseignement des sciences criminelles aujourd'hui*, Erès, 1991, p. 45.

passer cet état de fait et de laisser entrer des psychologues, des psychiatres, parfois même des sociologues, pour enseigner la partie de leur discipline touchant au phénomène criminel voir même au système répressif. Toujours est-il que, depuis les années 1920, la criminologie ou les criminologies demeurent enseignées au titre de Diplômes Universitaires suivis parfois de Certificats d'Etudes Criminologiques, ou encore dans le cadre d'une option des masters de droit pénal. Il s'agit encore d'un enseignement « à la marge » du droit pénal, lui-même encore souvent « à la marge » de disciplines juridiques plus nobles, auquel on ne peut octroyer que la portion congrue de budgets déjà étriqués.

21

Vers l'alliance entre deux cultures criminologiques

Par Isabelle Dréan-Rivette

Isabelle Dréan-Rivette *est avocat honoraire au Barreau de Nantes, psycho-criminologue, chercheur associée à l'Institut de criminologie et de sciences humaines de l'Université Rennes 2.*

Au lendemain du 12ème Sommet de la Francophonie qui s'est déroulé du 17 au 19 octobre 2008 à Québec, on observe une volonté opiniâtre des gouvernements français et québécois de se rapprocher.

Ce sommet a corroboré ce qui était déjà présenté comme « une première mondiale ».

« La France et le Québec veulent conclure un ambitieux accord sur la reconnaissance des qualifications professionnelles visant à faciliter la mobilité de la main d'œuvre francophone dans une économie du savoir mondialisée » [1]. Le but est de développer une réelle économie du savoir proprement francophone, basée sur une mobilité transatlantique. La volonté affichée et concrète a pour but de faciliter la reconnaissance des qualifications des travailleurs et singulièrement les professions régies par un ordre professionnel

1. Propos de Jean Charest, Premier Ministre du Québec lors de sa rencontre le 3 juillet 2008 à Québec avec François Fillon, Premier Ministre français « c'est une première mondiale, aucune autre société ne s'est fixée un objectif aussi ambitieux ».

au premier rang desquels se trouve la profession d'avocat. On a parallèlement assisté à la mise en place du Conseil Franco-québécois de coopération universitaire (C.F.Q.C.U.) dont l'objet est de moderniser les liens académiques entre l'Hexagone et la Belle Province. Et si cette « première mondiale » constituait le point de départ d'une formidable opportunité pour assister au mariage de deux cultures criminologiques ?

L'alliance avec une culture criminologique ancrée dans une tradition solide, la criminologie nord-américaine québécoise. Celle-ci existe depuis les années 1960 avec des pères fondateurs venus du continent européen comme Denis Szabo. Cette criminologie bénéficie d'une solide implantation théorique avec des fondateurs et théoriciens de grand renom, mais aussi d'un ancrage pratique avec l'existence de la profession à part entière de criminologue, bientôt soumise à un ordre professionnel. Il s'agit ici de solides précédents construits et nourris par une réflexion théorique et pratique professionnelle de terrain.

Cette culture ancestrale québécoise se distingue de la culture criminologique française naissante dont l'incarnation se traduit par un combat de longues années et notamment la création de l'Institut de criminologie et de sciences humaines de Rennes 2 par le professeur Loick M. Villerbu. Institut, dont la dernière promotion de master professionnel en cliniques criminologiques et victimologiques, a pour parrain Robert Badinter, ancien Ministre de la Justice, à l'origine de l'abolition de la peine de mort en France en 1981 [2].

Cet institut de part sa dimension européenne et internationale constitue une plateforme fondatrice de la criminologie contemporaine en France. Il mène en effet depuis de nombreuses années un travail pluridisciplinaire international en réseaux avec Montréal, Lisbonne, Alger... A l'heure de la mondialisation qui gouverne la politique, l'économie, le mode de vie et même de pensée, l'ouverture et l'élargissement constituent une donnée nécessaire avec laquelle il faut composer et vivre. Cette mondialisation « positive » constitue une formidable opportunité d'ouverture vers d'autres cultures. Elle permet, par un partenariat, de nourrir et cultiver un échange réciproque fort riche.

Les liens existant entre la France et le Québec permettent cette ouverture sans risque de se perdre précisément grâce à cette relation unique et privilégiée qui lie ces deux territoires.

2. Loi n°81-908 portant abolition de la peine de mort en France.

Ce n'est sans doute pas un hasard si cette « première mondiale » qui unit la France au continent nord-américain prend sa source et son origine au Québec.

L'échange culturel franco-québécois ou québéco-français rend possible une économie du savoir mondialisé mais surtout une économie d'un savoir proprement francophone. Par cet échange, s'opère une réciprocité d'une grande richesse qui permet par la décentration, un changement de perspective et de point de vue. Elle génère et oblige à mettre des mots sur sa propre richesse, que bien souvent on ignore, car on doit la nommer, la formuler et verbaliser pour la transmettre à son interlocuteur. Cet exercice permet de constater sa différence de pensée, de réflexion et de positionnement. Le constat de cette distinction est par essence riche en ce qu'il vient s'ajouter, compléter et enrichir ce qui existe. Appliquée à la criminologie l'alliance – ou le mariage – de deux cultures criminologiques est ici rendue possible. La culture criminologique nord-américaine et singulièrement québécoise est ancienne, solidement ancrée par un long travail de réflexion à la fois théorique et pratique. Il est amusant de constater que pour une fois le bénéfice de l'antériorité revient au Nouveau Continent. Cette culture d'inspiration nord-américaine trouve ses sources et fondements dans la pensée anglo saxonne. Elle porte en elle l'empreinte culturelle du monde anglais.

Dans la continuité du développement entrepris par l'institut se trouve un Groupement d'intérêt scientifique (G.I.S.) dénommé « Pôle Régional de Recherche en Criminologie, Justice et Sciences Humaines ». Une convention signée à l'automne 2007 engage différents partenaires pour une première période de 3 ans. Ces partenaires sont l'Université de Rennes 2, l'Université de Rennes 1, l'Université de Nantes, la Direction régionale de la protection judiciaire de la jeunesse Bretagne - Pays de Loire, la Direction interrégionale des services pénitentiaires de Rennes [3].

Si chacun de ces deux territoires possèdent une particularité et une singularité qui leur sont propres, il n'en demeure pas moins qu'il y a entre la France et le Québec un passé, une culture, un socle commun qui constituent la fondation de rapports privilégiés. C'est ce que l'on retrouve dans le pragmatisme et l'empirisme que certains européens réduisent trop rapidement et trop péjorativement à du cognitivo-comportementalisme qu'ils jugent réducteur. On retrouve ici les critiques trop rapides adressées à la criminologie dite actuarielle ou statistique. Car avec cette culture c'est l'action qui est privilégiée. On observe, on collecte les données, le plus scientifiquement possible. Ensuite on agit obéissant à un mode de raisonnement de type in-

3. Pour plus d'informations voir le site : ICSH@univ-rennes2.fr - ICSH@univ-rennes2.fr.

ductif. On part du réel, du concret, du tangible. C'est un mode de représentation positiviste. Bien évidemment, ce mode de pensée, de raisonnement et d'action n'est pas dépourvu de fondements théoriques. On y retrouve les philosophies de grands penseurs du monde anglo-saxons comme Lockes, Hobbes ou Bacon.

Ce mode de pensée porte l'empreinte de la particularité ethnologique, anthropologique et culturelle du Nouveau Continent marqué en cela par un mode de vie de pionniers. Il faut être et faire face au réel qui s'impose et avec lequel il faut collaborer, s'ajuster. Face à cela, il faut agir et poser des actes concrets. C'est l'action à partir de ce qui existe. Il y a là un aspect phénoménologique : on observe ce qui se donne à voir et on agit avec. Cette culture ancestrale se distingue, sans toutefois s'y opposer de la culture criminologique naissante française et plus largement européenne. Cette criminologie plus totalement en gestation qui reste toutefois en cours de construction. « Criminologie en retard » pour les nord-américains qui la regardent en souriant, mais criminologie qui se caractérise par une vague émergence et prise de consciences de l'intérêt de cette discipline pour une justice plus efficace et humaine. Certes il n'y a pas de tradition criminologique en France. A ce jour cette discipline est revendiquée la plupart du temps par les sciences juridiques, voire par les sciences humaines. Cette criminologie résulte d'un mode de pensée rationaliste et formaliste. On retrouve ici les fondations de la pensée française et singulièrement l'influence de Descartes se rapprochant en cela d'un mode de pensée de type déductif. Ce raisonnement riche présente l'avantage de structurer la pensée au sens propre du terme. Cela permet en effet par les explications, justifications et démonstrations, de ramasser et d'assembler l'ensemble des données, de les remettre et repositionner dans une logique. Elles peuvent alors se présenter dans un ordre logique et compréhensible. Elles en ressortent clarifiées. Une logique est mise à jour par une pensée structuraliste. Il est vrai toutefois que le souci de rigueur intériorisé, dont les français n'ont même plus conscience, présente des inconvénients mis en avant de façon humoristique par les québécois lorsqu'ils parlent des « maudits français » et de leur façon systématique de vouloir tout expliquer, justifier ; ce qui pour eux est synonyme de critique négative voire de désir de domination.

Il y a des choses à entendre de ces « critiques ». Ce souci de rigueur, de structure nécessaire mais pas forcément suffisant, présente le risque de s'enfermer dans un formalisme stérile empêchant toute création, ouverture et disponibilité au réel. En un mot, trop dans la pensée et pas assez dans l'action. C'est peut être cela que permettrait un rapprochement et un échange des cultures criminologiques nord-américaine québécoise et européenne française : une écoute et la participation réciproque aux acquis de chacune d'elle. Cette nouvelle économie du savoir, cette mobilisation transatlantique va permettre la rencontre de la tradition criminologique québécoise riche de son antériorité disciplinaire, de sa vision profondément pragmatique, en un mot de son caractère phénoménologique. Cette tradition qui viendra s'enrichir, se compléter par une vision française naissante d'inspiration rationaliste et structurale. Cette alliance permettra à chacune de poursuivre, nourrir et cultiver sa propre vision de la criminologie, en gardant sa spécificité. La criminologie pourrait alors rejoindre le chemin ouvert par le droit en d'autres temps. L'alliance de ces deux cultures criminologiques avec leurs deux modes de pensée se rapprocherait du bi-juridisme présent au Québec et qui couvre ainsi tous les systèmes juridiques occidentaux. Est-ce par ce mariage que l'on peut un jour espérer voir naître une discipline favorisant le bien commun et une justice plus efficace et humaine : la criminologie internationale dont la France et le Québec auront été les instigateurs ?

22

Le Master international de psycho-criminologie des Universités de Rennes 2, Liège (Belgique) et de Fribourg (Allemagne)

Par Astrid Hirschelmann-Ambrosi

Astrid Hirschelmann-Ambrosi *est maître de conférences en psychologie à l'Université Rennes 2, expert près des tribunaux, responsable des relations internationales pour le département de psychologie et membre de l'Institut de criminologie et sciences humaines.*

Présentation du master international de psycho-criminologie commun aux universités de Rennes 2, de Liège (Belgique) et de Fribourg (Allemagne). Proposé par Astrid Hirschelmann-Ambrosi et présenté avec Loick M. Villerbu, professeur en psychologie, Valérie Moulin, maître de conférence en psychologie pathologique et criminologique et Claude Bouchard maître de conférences en psychologie pour le Laboratoire de cliniques psychologiques, psychopathologies et criminologies (L.C.P.P.C.) et le Laboratoire armoricain universitaire de psychologie sociale (L.A.U.R.E.P.S.).

1 – Descriptif de la formation et de ses objectifs

Dans le cadre de la préparation du contrat de l'Université Rennes 2 pour 2008-2011, le département de psychologie a obtenu, en 2008, un avis très favorable par le ministère de l'Education nationale pour la création d'un master international en *co-diplômation* sous le titre suivant : « *Psycho-criminologie* ».

L'objectif de ce master est de proposer un programme de formation de haut niveau pour promouvoir une approche à la fois interdisciplinaire et interculturelle du fait criminel. Par la coopération internationale avec des universités significatives dans le domaine de la criminologie, adossée à des laboratoires et des chercheurs de renom, le projet est de former, en collaboration, des professionnels de l'analyser, de l'intervention, de la prise en charge, de l'accompagnement et de la prévention des situations de vulnérabilité individuelle et / ou collective : d'insécurité, de dangerosité, de conflits et de violences.

La formation trouve sa signification dans la demande sociale : notre société est traversée par les questions de sécurité autant que de sûreté. Le problème de la dangerosité et de la vulnérabilité individuelle et groupale ne cesse de se poser mais ne relève pas de formation spécifique ni en sciences humaines ni en sciences sociales. Les équipes du L.C.P.P.C. et du C.R.P.C.C. / L.A.U.R.E.P.S., en collaboration avec l'Institut de criminologie et sciences humaines (I.C.S.H.) ont, depuis plusieurs années, dans une perspective pluridisciplinaire (psychologie clinique et psychopathologie, psychologie cognitive, droit, sociologie et médecine) contribué à développer un champ d'études spécifiques sur les thèmes de la *criminologie* (*violences, déviances, pathologies*). Si la particularité de la formation proposée privilégie l'axe de la psychologie, des apports pluridisciplinaires sont recherchés notamment avec les universités partenaires s'engageant dans ce projet.

D'un point de vue pratique, des collaborations existent entre les membres des deux laboratoires et de l'I.C.S.H. de l'Université Rennes 2 et différents corps professionnels : juristes, policiers, gendarmes, conseillers d'insertion et probation (C.I.P.), surveillants pénitentiaires... De nombreux travaux sont déjà engagés, dans le cadre de conventions de recherche avec différents ministères et collectivités territoriales ou entreprises d'intérêt collectif et permettent de définir des débouchés pertinents pour les étudiants sortant d'un master international en psycho-criminologie.

Ce master vise à enrichir les enseignements autour des problématiques criminologiques, en faisant appel à des compétences scientifiques plurielles relevant d'universités européennes et internationale, à des réseaux et champs disciplinaires différenciés mais complémentaires permettant de dépasser les approches mono-disciplinaires et strictement françaises.

Objectifs de la Formation

• Proposer un programme d'action communautaire pour améliorer la qualité de l'enseignement supérieur et de promouvoir la compréhension interculturelle par la coopération internationale, adossée à la recherche dans le domaine.

• Permettre l'accès à des emplois de cadre et/ou de chercheurs dans les domaines d'analyse, d'intervention, de prise en charge, d'accompagnement et de prévention des situations de vulnérabilité individuelle et / ou collective (insécurité, dangerosité, conflits et violences) et ceci dans plusieurs pays européens ou extra-européens.

Ce master recherche la transdisciplinarité dans ce champ d'étude ou ce secteur social et vise à mobiliser, sur une même question, des seuils de compétences scientifiques ou de réseaux bien différenciés, par rapport à la difficulté des laboratoires mono-disciplinaires, de laisser ouvert des champs de ressources pluriels.

Compétences visées

• Repérer et accompagner les changements sociaux, techniques et scientifiques dans les domaines de l'agressologie et de la victimologie.

• Développer des compétences d'analyse et de gestion des situations de crises et offrir des outils aux domaines psychologiques, sociologiques et juridiques de résolution des conflits.

• Compétences en méthodes expertales.

• Communication et échanges internationaux pour une meilleure adaptation aux situations de violence nouvelles.

Champs d'insertion professionnelle visés / types d'emplois

Les débouchés du *master international de psycho-crimiologie* sont professionnels et scientifiques (doctorat) dans des perspectives ouvertes au *plan international.* En permettant aux experts des pays européens de travailler ensemble, le master prépare les futurs *spécialistes* de la criminologie à rencontrer les nouvelles demandes sociales.

Cadres des métiers de la formation psycho-criminologique

• Interventions, conseils, régulations auprès différents corps professionnels : juristes, policiers, gendarmes, conseillers d'insertion et probation (C.I.P.), surveillants pénitentiaires, militaires.

• Chargé d'études, audit clinique, intervenant clinicien auprès d'institutions ou de collectivités confrontées à des questions de violence, d'insécurité : cellules d'urgences médico-psychologiques (C.U.M.P.) ; Protection Judiciaire de la Jeunesse (F.A.E., C.E.R., Centres éducatifs fermés) milieu scolaire ; entreprises de transports (S.N.C.F…) ; collectivités locales.

Cette formation prépare à une diversité de terrains professionnels :

• Entreprise ou institution traitant directement ou indirectement de problématiques de violence sociale, de vulnérabilité et de dangerosité des usagers, de vulnérabilité des professionnels, de dangerosité de situations ;

• Institutions traitant des problématiques de violence, de l'agressologie et de la victimologie, notamment dans les services médico-psychologiques régionaux (S.M.P.R.) dépendant des centres hospitaliers spécialisés en psychiatrie, dans les services pénitentiaires, les centres pour handicapés, les maisons pour personnes âgées, les équipes médico-psychologiques en milieu pénitentiaire et judiciaire, les services éducatifs habilités « Justice » ou protection de l'enfance, les services d'accueil du public, dans les services de collectivités territoriales ou d'entreprises privées traitant des questions de violence, de maltraitance, de violences institutionnelles, de traumatisme.

2 - Pourquoi une telle formation partant de la psychologie ?

Si la demande des étudiants en matière de criminologie dans la filière de psychologie est importante et en croissance depuis plusieurs années, les enseignements fondamentaux dans la spécialisation « criminologie » en master 1 à l'Université Rennes 2 recensent 180 étudiants chaque année ce qui représente l'enseignement le plus fréquenté après la spécialisation « psychopathologie / psychologie clinique » qui l'emporte traditionnellement dans toutes les universités. Certes, on pourrait y voir un effet de mode ou de médiatisation, et on ne peut pas l'exclure. Les séries télévisées sur les tueurs en séries ou les profileurs exercent un effet de fascination. Mais on ne doit pas négliger une autre réalité qui est celle de la demande et des besoins sociaux en cliniciens pouvant développer une pratique qui ne se cantonne pas à de la thérapie ou à la psychanalyse, portant sur la seule structure de la personnalité.

Le psychologue qui travaille en institution quelle qu'elle soit ne peut ignorer l'effet du cadre sur sa pratique ni le fait qu'il a des comptes à rendre. C'est ce cadre-là qui exige du psychologue praticien rigueur et éthique.

Si la psychopathologie ou psychologie clinique traditionnelles sont aujourd'hui fortement menacées par la fonte des enseignements et sont vouées à disparaître des formations de 2ème cycle dans certaines universités – comme des tribunaux de grande instance sur la carte judiciaire – on peut bien sûr y voir la mauvaise intention de certains qui ont le pouvoir. On peut aussi se sentir alerté par le grand nombre de jeunes psychologues cliniciens, fraîchement diplômés, qui restent sans emploi. Pourquoi ? Parce qu'ériger un divan en prison paraît mal approprié tout comme l'attente de formulation d'une demande d'aide d'une personne abusée depuis sa petite enfance et qui n'a jamais pu faire l'expérience de son droit le plus fondamental, celui du respect de son être et celui de ne pas consentir à tout. On peut citer l'exigence de la parole et de l'élaboration verbale par les psychologues qui s'adapte particulièrement mal au handicap mental ou encore le refus, par certains, de pratiquer des tests et la technicité stérile d'autres qui recourent à des instruments de mesure dont l'objet leur échappe. Et la liste pourrait encore être longue si on voulait se perdre dans les guerres d'école qui créent une très mauvaise presse mais aussi des positions radicales nocives pour la pratique de psychologues.

Aujourd'hui, il est clair que rien ne prépare les psys à répondre à la question de la dangerosité et c'est pourtant à eux qu'on pose la question. Et encore pire : il y en a qui y répondent. On perçoit alors à quel point la formation classique qui oriente sur la structure de la personnalité met le praticien à mal lorsqu'il est question de comportement, de normes et de lois transgressées et risque de ranimer des positions positivistes et déterministes réduisant le comportement à la personnalité ou vice versa, autrement dit le criminel à la folie ou le fou au danger. On comprend aisément pourquoi le psychologue ne peut pas être à lui seul un spécialiste du phénomène criminel. Il n'est donc pas question de tirer la criminologie du côté de la psychologie. Mais face à la complexité du lien crime / auteur, la psychologie peut fournir des modèles d'analyse précieux qui ne se réduisent là encore pas à une lecture par sous-discipline. La psychologie contribue à une mise en synergie d'approches pluridisciplinaires qui forment un tout non divisible. Parler d'une psycho-criminologie revient à insister sur la problématique et la dynamique du lien social, que ce soit dans différents milieux professionnels, dans le couple conjugal ou pénal, bref partout où la violence engage au moins deux personnes dans le conflit, un conflit aux prises de la loi ou de la morale. Il s'agit par conséquent d'une psychologie qui ne peut se penser sans référence au droit et à la sociologie.

L'échange international est primordial non seulement pour des raisons culturelles qui rejaillissent aussi dans le crime mais aussi parce que c'est une façon de rester vigilant face aux pressions sociales et politiques qui pèsent autant sur la pratique que sur le monde universitaire, et simplement parce que le faible nombre de chercheurs universitaires dans ce domaine incite à une consolidation hors de nos frontières.

En bref, l'être humain est aussi complexe que le crime est humain et c'est l'humanisation du crime mais aussi de la folie, et ce n'est pas la même chose, qui invite à créer une formation en psycho-criminologie, car c'est bien de cela qu'il s'agit : créer une criminologie qui soit une science humaine.

3 – Quelles sont les difficultés ?

Dans un contexte de fonte, voire de disparition de masters de psychologie, il est certain qu'une incitation ministérielle à la création de masters internationaux peut être perçue comme une chance. Et comment ne pas penser que l'échange international n'apporte pas de richesse *per se* ?

Si d'un point de vue scientifique et pédagogique, il n'y a que des avantages, surtout quand on connaît ses partenaires, les choses se gâtent sérieusement quand il est question de support financier, de diplôme, bref d'enjeux de pouvoir qui dépassent souvent très largement les enseignants / chercheurs impliqués.

Le ministère insiste bien sur la parité des partenaires – autrement dit pas de parasitage où l'un a plus de facilités, intérêts et gains que l'autre – et sur le fait qu'il est plus prometteur d'être plus de deux partenaires, surtout au regard de l'attractivité que les pays européens pourraient exercer sur les pays hors Europe pour créer des pôles d'excellence. Mais il oublie de préciser que ces négociations s'effectuent sur des fonds Erasmus. Donc, les subventions, notamment pour les étudiants ne sont que symboliques et pour peu que l'étudiant ait déjà participé à un programme d'échange, il ne peut même plus en bénéficier. Autre point, certes on a pensé la bi-diplômation mais *quid* lorsqu'il y a au moins trois ? Dans ce cas, plus aucun formulaire n'existe, les séjours à l'étranger ne sont payés qu'une fois mais pas pour deux pays, etc.

Sans parler de la reconnaissance : avoir un tampon d'une autre université sur son diplôme est un atout qui perd de sa crédibilité lorsque trois autres tampons viennent s'y rajouter. Jusqu'à maintenant, il était hors de question de penser à un diplôme international unique surtout lorsqu'il engage une titularisation comme c'est le cas en psychologie.

Les joies administratives sont donc intenses et la coulisse politique impénétrable, mais l'investissement vaut néanmoins le coup, ne serait ce que pour échanger avec nos voisins !

23

De la criminologie. Propos d'une criminologue

Par Anne-Marie Klopp

***Anne-Marie Klopp** est diplômée d'études approfondies en criminologie de l'Université Catholique de Louvain-La-Neuve, Belgique (1999).*

Avec le retour en force du concept de « dangerosité » dans le champ du droit pénal, la France a « découvert » la criminologie qui jusqu'à maintenant n'avait pas été enseignée en tant que telle dans ce pays. La question se pose alors de savoir d'où est né ce vif intérêt pour la criminologie. Quelle est la place de la politique, du politique là-dedans ? En Europe la criminologie s'est développée à partir du milieu du 19ème siècle. Les Belges avec Quételet, le fondateur des statistiques criminelles et Prins à l'origine de la défense sociale, Durkeim et Tarde en France furent des précurseurs de la criminologie de langue française. Lombroso, le médecin italien, est le géniteur du « criminel né ». Le médecin français Bertillon a mis sur pied ce qui est devenu dans l'histoire le bertillonnage, méthode qui fut appliquée dans les prisons belges (anthropométrie criminelle) jusqu'au début des années 1960. A ne pas oublier non plus Franz von Lizt, juriste autrichien devenu membre du conseil municipal de Berlin, qui a cofondé avec Prins et van Hamel l'*Union internationale de droit pénal* qui s'opposait aux thèses de la *« Société d'anthropologie criminelle »* dont Lombroso était un chef de file. Ce fut aussi l'époque de Ferri en Italie, auteur d'un ouvrage paru en français sous le titre de « sociologie criminelle ».

Est-ce un hasard si la criminologie est née et s'est développée à une période où l'Europe était en pleine « révolution ». Le développement industriel et économique, l'exode rural, la situation sociale et sanitaire catastrophique des couches ouvrières, la paupérisation galopante, la promiscuité, la présence de populations en provenance de l'Est de l'Europe, le problème massif de l'alcoolisme étaient sources de craintes et un facteur d'insécurité majeur pour les classes dominantes. La psychologie, la psychiatrie et la médecine en général faisaient des progrès fulgurants. Aussi tentait-on alors d'expliquer les causes de la délinquance par tous les moyens dont on disposait et pensait-on pouvoir la combattre avec succès grâce aux découvertes de l'époque.

En 2004, l'Ecole de criminologie de l'Université Catholique de Louvain-La-Neuve en Belgique a fêté ses 75 ans d'existence. Dans l'avant-propos des actes du colloque international intitulé « la responsabilité et la responsabilisation dans la justice pénale » signé de Françoise Digneffe et Thierry Moreau [1], on peut lire : *« Créée en 1929, cette Ecole dispense un enseignement pluridisciplinaire consacré à l'étude des phénomènes de déviance, de délinquance et de contrôle social et pénal. D'abord considérée comme une formation complémentaire au droit et à la psychiatrie, la criminologie va rapidement devenir, en Belgique, une formation de deuxième cycle à part entière. À la différence de ce qui s'est passé dans bon nombre de pays européens, la licence en criminologie a acquis son autonomie par rapport au droit pénal et s'est ouverte également à la psychologie, à la sociologie et autres sciences humaines ».* Avant la réforme de Bologne, la licence de criminologie se déroulait, à Louvain-La-Neuve, sur deux ans. Un stage de trois mois et un mémoire étaient exigés. L'accès se faisait de trois manières : soit l'étudiant avait terminé une formation universitaire complète et profitait d'un nombre important de dispenses, soit il avait obtenu un D.U.E.G. (2 candidatures en Belgique) dans une discipline proche des matières enseignées en criminologie [2], soit encore il avait terminé une formation professionnelle (assistant social, policier...). Ces dernières personnes étaient acceptées sur dossier et devaient suivre des cours complémentaires. Sur demande justifiée, il était possible de dédoubler le temps d'études (2 années pour chaque année de licence).

En 1998 l'université de L-L-N a proposé pour la première fois un DEA de criminologie [3]. En tant que criminologue je tiens à dire qu'il n'existe au-

1. Digneffe F., Moreau Th, *La responsabilité et la responsabilisation dans la justice pénale,* De Boeck, Larcier, Bruxelles 2006, p. 5.

2. V. en annexe le plan des matières enseignées et examinées.

3. V. programmes en annexe.

cune définition précise de ce qu'on entend par criminologie. Il est plus prudent de parler d'approches criminologiques. Dès le premier cours d'encyclopédie de la criminologie, nous avons été familiarisés à l'idée qu'il existait et existe la *criminologie du passage à l'acte* qui se concentre sur la personne du délinquant et la *criminologie de la réaction sociale* qui accorde à un comportement son statut d'infraction. Lors du séminaire d'épistémologie (D.E.A.), il fut aussi question de *criminologie réflexive.*

Il me semble important de ne pas chercher à « réifier » la délinquance, à faire de l'individu un individu à part, susceptible d'être catégorisé, ne pouvant pas s'adapter aux normes légales et autres en cours dans notre société actuelle et qui peut être mis à l'écart quand le danger qui en émane risque de multiplier le nombre de victimes. Cette criminologie repose, sans conteste, sur les sciences pénales. La criminologie dite de la réaction sociale remet en question ce qui est appelée réalité et s'interroge sur la manière dont une société fonctionne à une période donnée et produit des normes, et sur le sens des réponses apportées à ce qui, actuellement, est traité de *comportement délinquant*[4].

Deux points intéressants sont à souligner :

1. durant mes études, la question fut soulevée de savoir si la criminologie était (est) une matière interdisciplinaire ou pluridisciplinaire. Il semble qu'on se soit mis d'accord sur le fait qu'elle est une matière pluridisciplinaire.

2. si durant mes études (obtention de la licence en 1993) on parlait encore de psychologie et de sociologie criminologiques on parla par la suite de criminologie psychologique et de criminologie sociologique.

Ces réflexions montrent combien il est difficile d'aborder la criminologie de manière univoque.

La criminologie n'est pas une science exacte. Elle soulève des questions et tente d'apporter des éléments de réponse à ce qui inquiète nos sociétés. Elle invite à lire un événement non pas de manière unilatérale mais à partir de diverses disciplines (les approches sociologique et psychologique constituent un minimum) et à ne pas fixer le mal, la dangerosité sur la seule personne auteur d'une infraction. Comme le soulignait Jean-Michel Labadie, qui nous a enseigné l'anthropologie criminelle, l'histoire d'une personne qui a commis une infraction, qui ne représente qu'un très court instant dans une vie, se réduit, au moment du jugement, à ce court instant. L'infraction forme un kyste qui ne cesse de durcir. La personne n'est plus vue qu'à travers le geste qui a été posé. Quoi de plus dangereux que de se limiter à examiner la

4. V. Tableau en annexe.

dangerosité d'une personne, dangerosité qui se base rarement sur des critères précis et qui a souvent pour « simple » but de prévenir de possibles risques futurs.

La criminologie peut faire l'objet de recherches pointues mais constitue aussi une grille de lecture qui peut être très utile à toute personne travaillant dans le champ pénal, para-pénal, péri-pénal.

On ne peut s'inventer criminologue. L'enseignement devrait être réservé à des personnes qui, en plus de leur formation scientifique de base, ont acquis un savoir criminologique en relation directe avec leur matière ou corollaire. Pourquoi ne pas imaginer mettre sur pied un cursus pour des spécialistes de certaines matières qui souhaiteraient s'ouvrir à la criminologie afin qu'ils puissent l'enseigner par la suite ?

La criminologie ne devrait pas faire l'objet d'une récupération politique, permettant de justifier des méthodes et des moyens entravant les droits fondamentaux de la démocratie et des personnes. Le politique et la politique cultivent, sur la base d'effets médiatiques puissants, le sentiment d'insécurité qui hante l'opinion publique et brisent ainsi la résistance contre la mise en place de mesures qui remettent en question la liberté individuelle. Le passeport biométrique et le passage par un scanner qui « déshabille » la personne contrôlée renvoient aux méthodes de l'anthropométrie telle qu'elle était pratiquée par le bertillonnage. Et il existe des neurologues qui cherchent à découvrir ce qui dans le cerveau pourrait ressembler à un gène criminel. La criminologie en général et surtout celle qui ne se cantonne pas dans les amphithéâtres de droit, en d'autres termes la *criminologie critique* telle qu'elle est encore enseignée dans certaines facultés allemandes et belges constitue un garant contre les abus et les dérapages de pouvoirs politiques impuissants à endiguer les problèmes de société récurrents.

Que le débat français ne devienne pas un combat entre Ecoles et personnes et que l'intérêt pour la criminologie ne soit pas « récupéré » par le pouvoir de quel ordre soit-il ! La criminologie mérite une meilleure presse et vaut d'être étudiée de manière fondée.

Programme licence en criminologie UCL – Avant la réforme de Bologne

I – Première licence

- Eléments de droit pénal et de procédure pénale et exercices pratiques
- Protection de la jeunesse : institutions et pratiques
- Biologie criminelle
- Criminologie psychologique et exercices pratiques
- Sociologie criminelle et exercices pratiques
- Méthodologie des la criminologie et exercices pratiques
- Entretien psychologique et social
- Pénologie
- Introduction à la psychiatrie et psychiatrie médico-légale
- Introduction aux méthodes de l'examen psychologique
- Encyclopédie de la criminologie
- Méthodologie de l'observation
- Physiologie humaine
- Psychosociologie

II – Seconde licence

- Politique criminelle
- Méthode de traitement des délinquants
- Sociologie de l'administration de la justice pénale
- Médecine légale
- *Psychologie judiciaire et la preuve au pénal*
- *Criminologie des populations marginalisées*
- *Psychopathologie criminelle*
- *Etude de cas de criminologie clinique*
- *Psychologie et éducation des jeunes délinquants*
- Séminaire de supervision de stage
- Séminaire de recherche en criminologie.

Les cours en italiques étaient choisis parmi les cours à option, les autres étaient des cours obligatoires. Toutes ces matières ont été examinées.

A cela s'ajoutaient un stage de 3 mois en institution et un mémoire.

Programme DEA de criminologie (1998-1999)

- Séminaire d'épistémologie de la criminologie
- Séminaire de méthodologie de la criminologie
- Théories contemporaines en criminologie sociologique
- Séminaire de politique criminelle
- Théories contemporaines en criminologie psychologique
- Recherche personnelle.

Nous étions tenus de rendre deux travaux écrits, en plus évidemment du travail de recherche personnelle.

24

Promouvoir l'enseignement et la recherche en criminologie dans les universités

Par Pierre V. Tournier

***Pierre V. Tournier** est docteur en démographie, hdr, directeur de recherches au CNRS, Centre d'histoire sociale du XXe siècle, Université Paris 1 Panthéon Sorbonne.*

1 – De la criminologie…

Etude du phénomène criminel, de la façon dont il est défini et contrôlé (prévention et traitement), la criminologie, *stricto sensu,* se situe à la confluence de nombreuses disciplines scientifiques. On distinguera, ici, la criminologie de la criminalistique, appelée, par certains, science forensique, qui est constituée de la médecine légale et de la police technique et scientifique.

Si on se réfère au Conseil national des universités (C.N.U.), les sections concernées, de près ou de loin, par la criminologie sont, au moins, au nombre de 9 : *Section 1.* Droit privé et sciences criminelles, *Section 2.* Droit public, *Section 3.* Histoire du droit et des institutions, *Section 4.* Science politique, *Section 5.* Sciences économiques, *Section 16.* Psychologie, psychologie clinique, psychologie sociale, *Section 17.* Philosophie, *Section 19.* Sociologie, démographie, *Section 22.* Histoire et civilisations des mondes modernes et contemporains, sans oublier la psychiatrie qui elle dépend du statut spécial des études médicales.

Pour que la criminologie puisse réellement exister à l'université, dans l'enseignement et dans la recherche, il nous semble nécessaire de créer une section « criminologie » au sein du C.N.U. chargée du recrutement et du suivi de la carrière des professeurs et maîtres de conférences « criminologues ». Elle pourrait comprendre, à terme, 18 membres : 6 professeurs – ou directeurs de recherches – élus, 3 professeurs – ou directeurs de recherche – nommés, 6 maîtres de conférences – ou chargés de recherches – élus et 3 maîtres de conférences – ou chargés de recherches – nommés.

2 – … et des criminologues

Nous appelons « criminologue » toute personne formée à l'étude du phénomène criminel et de son contrôle. Un criminologue devrait avoir une formation de haut niveau dans une discipline de référence : droit, sociologie, psychologie, psychiatrie, démographie, etc. Au delà de cette formation qui constitue la base de sa construction intellectuelle, un criminologue devrait avoir un intérêt certain pour les autres champs disciplinaires. Par exemple, un chercheur en sociologie pénale ou en sociologie de la déviance ne peut se passer de connaissances en droit pénal ou en psychopathologie ; un juriste spécialiste du droit pénitentiaire ne peut se passer du regard des sociologues des institutions pénales ou des psychiatres, etc. Chacun a besoin d'une culture de base en statistique ; chacun a aussi besoin des apports de la philosophie, ne serait-ce que pour avoir les moyens de penser les questions épistémologiques et éthiques propres à ce champ de connaissances et de pratiques.

Profession « criminologue » ? Essayons de lever quelques ambiguïtés à ce sujet. Pour nous, le terme de criminologue devrait être réservé au producteur de recherches et / ou d'études en criminologie, valorisant cette production par l'enseignement et / ou l'expertise. L'exercice de cette profession peut prendre des formes différentes en fonction de la formation initiale de la personne et de son cadre professionnel : C.N.R.S., universités, ministères (Intérieur, Justice, Défense, Education,..), centres de recherche privés, bureaux d'études… Pour cette profession de criminologue et selon le niveau recherché, on doit envisager une formation spécifique bac + 5 (chargé d'étude) ou une formation Bac + 8 (enseignant-chercheur, chercheur). Nous renvoyons le lecteur au schéma présenté *infra*.

Filière A. Il s'agit d'une formation « Bac + 5 » constituée d'une licence dans la discipline initiale (3 ans), d'un master 1 *Criminologie générale* et d'un master 2 professionnel d'*Expert en criminologie*.

Filière B. Il s'agit d'une formation « Bac + 8 » constituée d'une licence dans la discipline initiale (3 ans) d'un master 1 *Criminologie générale*, d'un master 2 d'*Initiation à le recherche en criminologie* ayant vocation à déboucher sur la préparation d'une thèse en criminologie.

Le master 1 *Criminologie générale* serait commun aux filières A et B, année préparant à l'orientation vers l'expertise – filière courte – (master 2 professionnel) ou l'initiation à la recherche – filière longue – (Master 2 recherche). La formation initiale peut avoir été acquise par l'obtention d'une licence : (a) en droit, (b) en sciences humaines et sociales, (c) en psychologie, (d) en mathématiques, statistiques ou démographie. Master 1 *Criminologie générale*, Master 2 professionnel d'expert *en criminologie*, master 2 recherche *Initiation à la recherche en criminologie* doivent naturellement comporter des programmes de formation tenant compte de la *formation initiale* des publics. Ces diplômes doivent à la fois permettre un approfondissement de la discipline de référence quelle qu'elle soit, dans sa confrontation au phénomène criminel et à son contrôle et une ouverture sur les autres disciplines.

Ainsi un étudiant ayant obtenu une licence en droit pourrait suivre la filière A ou B « option droit » le contenu des formations (en 1ère année comme un 2ème année) étant pondéré selon les disciplines :

2/5 (a) + 1/5 (b) +1/5 (c) +1/5 (d). Pour un étudiant ayant obtenu une licence en psychologie, les pondérations seraient les suivantes : 1/5 (a) + 1/5 (b) +2/5 (c) +1/5 (d). Etc.

Il serait nécessaire de créer ces masters de criminologie *ex nihilo,* dans telle ou telle université intéressée par le dépassement des carcans disciplinaires. Mais on pourrait aussi favoriser l'évolution de masters déjà existants qui pratiquent, pour une part, la pluridisciplinarité. Donnons quelques exemples de ces masters [1] :

Droit :

• Masters 1 et 2 « *Droit de l'exécution des peines et droits de l'homme* », Université Bordeaux 4 (Responsable : Jean-Paul Céré).

• Master 2 professionnel « *Pénologie* », Université Jean Moulin Lyon 3 (Responsable : Annie Beziz-Ayache).

---

1. V. La partie VII : « Cartographie des enseignements en criminologie dans les universités françaises ».

• Master 1 « *Criminologie* », Université de Pau et des Pays de l'Adour (Responsables : Robert Cario et Marielle de Béchillon).

• Master 2 « *Criminologie et droit des victimes* », Université de Pau et des Pays de l'Adour (Responsables : Robert Cario et Marielle de Béchillon).

• Master 2 recherche « *Droit pénal approfondi et sciences criminelles,* Université de Poitiers (Responsable : Michel Massé).

• Master 2 professionnel « *Criminologie et victimologie »,* Université de Poitiers (Responsable : Laurence Leturmy).

Sociologie :

• Master 2 « *Sociologie, spécialité criminologie* », Université de Franche-Comté (Responsable : Jean-Michel Bessette).

Sciences du psychisme :

• master 1 « *psycho-criminologie et victimologie* », Université de Haute Bretagne Rennes 2 (Responsables : Claude Bouchard et Loïc Villerbu).

• Master 2 professionnel, « *psycho-criminologie et victimologie* », Université de Haute Bretagne Rennes 2 (Responsables : Loïc Villerbu et Valérie Moulin).

Schéma proposé concernant la mise en place de filières en criminologie à l'université

a. Licence en droit	**b.** Licence en sciences humaines et sociales	**c.** Licence en psychologie	**d.** Licence en mathématiques statistiques, démographie
Filières possibles : **A ou B**	Filières possibles : **A ou B**	Filières possibles : **A ou B**	Filières possibles : **A ou B**

Filière A	**Filière B**
Master 1 « *Criminologie générale* »	
Master 2 Professionnel « *Expert en criminologie* »	Master 2 recherche en « *Criminologie* »
	Thèse 1
	Thèse 2
	Thèse 3
Chargé d'études en criminologie	Enseignant chercheur en criminologie

a. Licence en droit		**b.** Licence en sciences humaines et sociales		**c.** Licence en psychologie		**d.** Licence en mathématiques statistiques, démographie
Masters 1 et 2 criminologie **Option a**		Masters 1 et 2 criminologie **Option b**		Masters 1 et 2 criminologie **Option c**		Masters 1 et 2 criminologie **Option d**
2/5 a + 1/5b +1/5c +1/5 d		1/5 a + 2/5b +1/5c +1/5 d		1/5 a + 1/5b +2/5c +1/5 d		1/5 a + 1/5b +1/5c +2/5 d

3 – Nombre de professions nécessite une culture criminologique

D'autres professions nécessitent une initiation à la criminologie sans que cette formation fasse de ces personnes des *criminologues* : magistrats, avocats pénalistes, professionnels de la sécurité, fonctionnaires pénitentiaires ou de la protection judiciaire de la jeunesse, éducateurs sociaux, agents des collectivités territoriales chargés des politiques de la ville, etc.

Ces professionnels ont une formation initiale bac + 4 ou bac + 5, le plus souvent en droit, voire en sociologie ou en science politique. Ils sont recrutés par les concours administratifs et formés dans des écoles spécialisées. La formation en criminologie dont ils ont besoin peut se situer à trois étapes de leur parcours : dans le cadre de la préparation des concours, lors de leur formation professionnelle au sein des écoles et, après leur entrée dans le vie active, dans le cadre de la formation continue. Les criminologues, au sens donné *supra* ont, évidemment, vocation à prendre en charge cet enseignement de *criminologie appliquée* et ce aux trois niveaux.

Pour le complément apporté à la préparation des concours, les universités disposent d'un grand nombre de diplômes d'université (D.U.), dont le contenu est largement juridique, par exemple :

- « *Sciences criminelles* », Université Aix-Marseille 3 (Responsable : Jean-Yves Lasalle).
- « *Certificat de sciences criminelles* », Université Bordeaux 4 (Responsables : Yves Bianco-Brun, Valérie Malabat, Jean-Christophe Saint-Pau).
- « *Certificat d'études pénales et criminologiques* », Université Lille 2 (Responsables : Alain Prothais et Françoise Lombard).
- « *Diplôme d'études supérieures criminologiques* », Université Lille 2 (Responsables : Alain Prothais et Françoise Lombard).
- « *Sciences criminelles* », Université Montpellier 1, (Responsable : Didier Thomas).
- « *Droit de la sanction pénale et de l'exécution des peines* », Université Montpellier 1 (Responsable : Anne Ponseille).
- « *Victimologie* », Université Montpellier 1 (Responsable : Anne d'Hauteville).
- « *Sciences criminelles* », Université de Nantes (Responsable : Sylvie Grunvald).
- « *Sciences criminelles* », Université Paris 2 (Responsable : Philippe Conte).
- « *Sciences criminologiques* », Université Paris 2 (Responsable : Philippe Conte).

Ces formations ont sans doute leur raison d'être à coté des masters. Leur contenu doit évidemment être adapté à leurs publics et à leurs besoins (programmes des concours et nature des épreuves). Nous pouvons tout de même souhaiter qu'elles intègrent des approches empruntées aux quatre groupes de disciplines distinguées *supra*, ce qui aujourd'hui est rarement le cas. Une mise en réseau, au niveau national – voire européen – des enseignants concernés permettraient de favoriser un tel objectif, car les compétences pédagogiques et disciplinaires restent limitées dans le champ.

Ces professionnels pourraient aussi être intéressés, à un moment de leur parcours, par le Master 1 de *Criminologie générale*, le Master 2 professionnel d'*expert en criminologie*, le master 2 recherche d'*Initiation à la recherche en criminologie*. Nous pensons que, dans ce cas, ces formations leur seraient plus profitables dans le cadre de la formation continue.

4 – Criminologie clinique

Autres professions concernées par la criminologie, celle de psychiatre ou de psychologue cliniciens ayant une activité d'expert et / ou de thérapeutes auprès de publics « justice ». Certains se diront « criminologues cliniciens ». Il s'agit de docteurs en médecine ayant choisi la psychiatrie comme spécialité ou de docteurs en psychologie spécialisés en psychopathologie. Comme dans le cas précédent, leur formation initiale (au moins Bac + 8) peut être complétée dans le cadre de diplômes d'université (D.U.) qui existent déjà. On pense, par exemple aux formations suivantes :

• « *Psychiatrie criminelle et médicolégale* », Universités de Poitiers, Angers et Tours (Responsables : Jean-Louis Senon, Bernard Méry).

• « *Méthodes psychologiques en criminologie* », Université Lille 3 (Responsable : Daniel Beaune).

• « *Criminologie clinique* », Université Claude Bernard Lyon 1 (Responsables : Jean-Marc Elchardus, Frédéric Meunier, Magali Ravit).

• « *Expertise judiciaire, psychiatrique et psychologique* », Université Claude Bernard Lyon 1 (Responsable : Liliane Daligand).

• « *Criminologie appliquée à l'expertise mentale* », Université Paris 5, René Descartes (Responsables : Jean-Pierre Olié, Bernard Cordier).

Là encore, les criminologues devraient enseigner, dans ces formations, aux côtés de professionnels de la sécurité et de la justice et des cliniciens.

Psychiatres et psychologues cliniciens pourraient aussi être intéressés, à un moment de leur parcours par le Master 1 de *Criminologie générale*, le

Master 2 professionnel *d'expert en criminologie* », le master 2 recherche *d'Initiation à la recherche en criminologie.*

C'est, sans doute, principalement, à cette criminologie clinique que pensait le premier président de la cour de cassation, Vincent Lamanda, dans son rapport remis, début juin 2008, au président de la République, et intitulé « Amoindrir les risques de récidive criminelle des condamnés dangereux ». Rappelons ses quatre premières préconisations :

1. Promouvoir la recherche et l'enseignement en criminologie ;
2. Confier la définition des orientations et des priorités de la recherche criminologique, la coordination des différentes études et la valorisation de leurs résultats à un conseil scientifique national [2] ;
3. Favoriser l'enseignement universitaire approprié à l'acquisition de la qualification de criminologue clinicien ;
4. Compléter en criminologie clinique les formations initiale et continue de certains professionnels ;

Mais c'est la criminologie dans son ensemble – et pas seulement la criminologie clinique – qu'il nous faut promouvoir à l'université, au niveau de l'enseignement et de la recherche, l'existence de criminologues, enseignants-chercheurs qualifiés, permettant d'assurer cette diffusion de la culture criminologique nécessaire à tant de professionnels et de participer à la formation professionnelle très spécifique des criminologues cliniciens.

---

2. Ces questions seront nécessairement abordées dans le cadre du Conseil national de la formation et de la recherche stratégiques en cours de création auprès du Premier ministre, à la suite de la mission présidée par Alain Bauer sur les questions de formation et de recherche en matière stratégique.

25

Pour un enseignement criminologique à l'Université

Par Jean-Luc Viaux

Jean-Luc Viaux *est professeur de psychopathologie à l'Université de Rouen, expert judiciaire.*

1 – Préambule

La discipline que j'enseigne et ma pratique professionnelle sont issues toutes les deux d'une histoire intimement liée à la criminologie : c'est parce que la question de la responsabilité pénale du criminel, et de la juste peine adaptée au sujet autant qu'au crime, ont été posées dans l'émergence des droits de l'homme et du citoyen que les sciences du psychisme ont pris leur place pour étudier, décrire, traiter les criminels.

Cette remarque historique situe exactement le sens de ma réflexion. Il est indispensable de comprendre de quels débats est issu son champ de pratique pour ne pas tourner en rond et ignorer qu'il s'affronte aux mêmes débats face à la pression sociale. Il ne s'agit pas de faire allégeance à l'histoire passée mais de l'intégrer pour avancer vers des propositions et observations nouvelles. Le populisme pénal qui sévit ces temps-ci ne vient pas de nulle part, et ce serait une erreur de ne pas tenir compte de la façon dont il a été affronté en d'autres temps. Qui ne comprend pas que la criminologie est moins une discipline unique qu'un champ de débats pluridisciplinaires risque de se complaire dans des points de vue, certes scientifiquement étayés dans son champ, mais qui ne nourrissent pas les pratiques, et ne sauvegarde que sa propre boutique. L'intérêt majeur de réfléchir à un enseignement – raisonné et organisé – de la criminologie est précisément de sauvegarder le débat constant entre les approches, les disciplines et d'inscrire dans des modalités contemporaines (L.M.D.) un enseignement qui est souvent resté en marge des cursus habituels.

2 – Pourquoi si peu ?

En parlant – à titre purement anecdotique – de ma propre insertion dans l'enseignement de la criminologie, je voudrais en tirer rapidement leçon. Dans le nord-ouest de la France (Normandie, basse et haute, Somme) pas de criminologie à l'université – si ce n'est sporadiquement. Je n'ai pas d'explication à ceci, juste un constat : cela n'intéresse pas grand monde. Il est très difficile dans les universités françaises de créer à partir de rien un enseignement nouveau et de le voir prospérer. Je suis devenu universitaire après avoir crée un D.U. consacré à former des psychologues professionnels à l'expertise judiciaire. Ce que j'avais construit a convaincu une collègue, tout à fait hors du domaine, que c'était une voie prometteuse. Personne ne m'a jamais contré dans mes initiatives ; sauf qu'en 15 ans je n'ai pas réussi à faire recruter un seul maître de conférences qui soit réellement dans ce champ de pratique et de recherche : manque de doctorants, donc de candidats. Du coup, cette absence ne permet pas de soutenir des enseignements, d'où un manque d'attractivité … et ainsi de suite. D'autres collègues ont eu plus de chance que moi dans des environnements universitaires pas forcément plus faciles. Pour autant, cette absence ne provient d'aucun phénomène de rejet, puisque ce que j'ai pu faire a toujours été reconnu.

Poussons plus loin l'observation. Depuis dix ans, nos étudiants de licence 1 sont obligés de « former des projets de professionnalisation » en allant interroger des professionnels. 10 à 15, parfois plus, étudiants par an, fascinés par les émissions sur les « profiler » ou « les experts », demandent à leurs enseignants quel professionnel interroger sur ce thème. Et les collègues me les adressent, y compris parfois venant de plus loin que mon université car pour eux je suis le « psycho-criminologue » de service, quoique je récuse ce terme [1]. Mais par ailleurs, je ne suis pas le seul enseignant - chercheur à avoir tenté sous diverses formes d'offrir des formations sous forme de D.U.

1. Précision : s'il me paraît raisonnable de dire que je ne sais parler que de « criminologie clinique », donc d'adjectiver la criminologie, je récuse l'emploi des termes de « psycho-criminologie » et de psycho-criminologue, qui forment un amalgame sympathique mais dénué, à mes yeux, de justesse épistémologique.

(le dernier se nommait « Anthropologie et psychologie criminelle ») et avoir du renoncer faute de moyens logistiques, et de reconnaissance comme cursus « officiel ». L'explication en est simple : toute création d'un cursus de formation diplômant passe par les conseils de gestions des UFR. Tout ce qui risque de « prendre » des étudiants aux cursus traditionnels et faire intervenir des chercheurs et enseignants hors discipline est très compliqué à négocier dans le cadre des contrats quadriennaux des universités (C.Q.D.) où chaque UFR défend son territoire et ses postes.

Ce qui est sympathiquement accueilli, depuis que c'est dans l'air du temps, reste marginal sur le plan universitaire. La défense des enseignements « installés » et le souci du « débouché » parasitent le sens de ce qui est un projet à long terme et ne supporte pas de rester dans le champ clos d'une seule faculté.

3 – Que faire pour avancer ?

Je n'ai pas de réponse définitive à la question stratégique du « comment faire », mais je propose deux remarques :

• Créer une section spécifique au sein du Conseil national des universités (C.N.U.) est une réponse théoriquement imparable et très satisfaisante, à laquelle je ne suis pas intellectuellement opposée. Mais elle me paraît être une entreprise vouée à l'échec. Il suffit de repenser à ce qui s'est passé avec le colloque du 3 février 2009 et la violence des attaques contre cette perspective « d'enseigner la criminologie à l'université » en se démarquant d'une perspective qui n'est pas celle de certains laboratoires et institutions universitaires qui se pensent détenteur de cette spécificité [2]. Les polémiques et le conservatisme de champs disciplinaires campant sur leurs égotismes feront reculer les décideurs.

• La « pluri-inter-disciplinarité » ne se joue pas sur un rassemblement exhaustif facultaire et disciplinaire, mais sur la constitution de réseaux de recherche, qui entrent eux dans le cadre des contrats quadriennaux des universités et font partie de l'évaluation des laboratoires et formations. Il serait donc pertinent que de colloques thématiques en projets de recherche, tous ceux qui ont participé à l'aventure du colloque de février, à l'initiative de Pierre V. Tournier, continuent de se former en « réseau » au sens où s'entend cette expression au ministère de l'enseignement supérieur et de la recherche : une alliance entre des équipes. Il convient de s'associer systématiquement dans les comités scientifiques et des communications de congrès, de se

2. V. postface de Pierre V. Tournier, « Mensonges d'un matin d'hiver ».

communiquer des « projets de projets » pour créer un état de fait indiscutable et convaincre les unités de recherches auxquelles nous appartenons que ce réseau existe. Il sera opportun, à court terme, de lui donner un nom et une structuration légère.

Une démarche pragmatique pour avancer consisterait à :

• tenir compte de cette analyse pour commencer par donner des bases de savoir criminologique (qui évitent la mythification et les mystifications ordinaires, politiques et médiatiques) à des étudiants demandeurs au cours de leur cursus ordinaire (options, unités « libres » etc.) ;

• développer des diplômes incontournables pour les professions qui exercent dans le champ de la criminologie.

Cette démarche se décline en trois points en s'appuyant sur la constitution du réseau que j'ai évoqué plus haut :

1. Créer des enseignements communs par invitations réciproques dans des cursus existants et / ou création de D.U. *pluri-inter-disciplinaires.*

2. Les formations ne s'adressent, dans un premier temps, qu'à des étudiants ayant acquis un diplôme permettant déjà un exercice professionnel ou à des professionnels en formation continue ou supplémentaire – ce qui pare à l'objection de la professionnalisation qui encombre le débat universitaire actuel.

3. Le corps enseignant et la direction de ces enseignements est réellement pluridisciplinaire, quelle que soit la faculté porteuse de projet (ce qui existe déjà et qui devrait être multiplié).

Il serait pertinent, dans un temps proche, que l'ensemble de ceux qui sont concernés se manifestent pour que les compétences issues de ces formations deviennent nécessaires pour pratiquer dans certains domaines, ou soient au moins reconnues comme une valorisation de compétences spécifiques (je pense évidemment à l'expertise judiciaire pour toutes les disciplines qui y interviennent, mais aussi à des métiers du champ judiciaire et para-judiciaire).

Ce dernier point n'est pas sans conséquence : si la formation en criminologie n'est qu'un « plus » volontaire et ne valorise pas les compétences de celui qui s'y astreint la situation perdurera.

4 – Au-delà des contingences

J'ai commencé par un point de vue anecdotique et pragmatique en écartant volontairement la réflexion de fond. Je ne pense pas pour autant qu'il faille la contourner.

Le populisme face au crime est une des perversions de la démocratie, peut-être pas la pire, ni la plus facile à éviter, mais certainement la plus insupportable. Or nous sommes dans un temps où la fabrique du criminel va bon train : les enfants « agités » transformés en futur psychopathes, jeunes inconscients traités de « sauvageons », adolescents à la dérive se cherchant dans l'addiction transformés en dangereux récidivistes, sans compter les réactions émotionnelles brutales à l'absence de négociation sociale dans les contextes de licenciements déshumanisant devenant troubles à l'ordre public, ou la criminalisation de ceux qui aident les mal-logés et les clandestins, ou de ceux qui éditent des livres de soit disant terroristes … Tous ceux là sont passés au kärcher de la vindicte politique pour mieux masquer l'abandon des stratégies de prévention, et certaines consignes sans nuances données aux forces de l'ordre. Qui peut croire à la nécessité de venir chercher un enfant de 9 ans entre deux gendarmes dans son école, ou de faire renifler par des chiens, voire fouiller au corps des collégiens, dans leur collège au prétexte de trouver de la drogue ? Qui ne sait que les « bandes » qu'elles soient d'apaches ou de blousons noirs ou « de cités » ont toujours existé et que ce n'est pas par un nouveau texte que l'on combat ce que le code pénal condamne déjà ? Qui peut croire que ce n'est pas une violence d'Etat que de laisser les prisons dans l'état où elles sont et où on meurt plus que de raison ? La criminalisation des comportements a été, est et sera toujours une affaire d'Etat et fonction de l'état de la société. Mais ne soyons pas angéliques : les voleurs, les violeurs et les assassins existent et existeront, tout comme les bandes organisées, les dealers et les trafiquants d'armes et de capitaux. Il n'y rien de nouveau sous le soleil et toute activité humaine engendre le crime comme revers de la modernité. La justice et la police seront toujours à la remorque de l'imagination des délinquants.

L'utilisation jusqu'à l'écoeurement du moindre fait divers pour criminaliser tel ou tel comportement, n'est pas non plus une nouveauté, mais une stratégie de pouvoir. Pour nous, elle est une gêne pour un travail de fond sur l'ensemble du phénomène criminel, puisque ce tintamarre conduit à utiliser les spécialistes de la criminologie comme des « experts médiatiques » et de simples boites à idées pour politiques. Rien de mieux que de les enfermer dans des commissions de travail pour les faire disparaître. Pour autant ce piège constant, plus décrédibilisant que fondateur, n'en est pas moins un épiphénomène qui n'a jamais empêché une discipline de se constituer pour elle-même et non au regard de la seule demande sociale. Encore faut-il le vouloir.

Au vu de la complexité des enjeux sociaux sous-jacents, la criminologie ne peut pas se contenter d'être l'addition de la criminalistique avec la victimologie, la psycho-criminologie, la pénologie, la sociologie criminelle, l'histoire du crime, etc. C'est à la fois cette addition et plus que cela, le croisement des regards sur un phénomène humain totalement consubstantiel à toute vie sociale.

La criminologie doit se vertébrer en prenant son essor au sein de l'université. Avant de parvenir à devenir discipline universitaire séparée de celles qui l'ont portée et qui l'accueillent encore, il lui faut une épistémologie spécifique. D'une part il serait fâcheux que comme lors de la récente création controversée d'une chaire de « criminologie appliquée » au Conservatoire national des arts et métiers (C.N.A.M.), elle ne se structure et ne définisse ses objets de recherche qu'en réaction à une actualité politique ou sociale. D'autre part, pour sortir la criminologie de l'ornière de l'éclatement, il faut que les échanges se multiplient entre les savoirs qui la constituent : sortir des forteresses épistémologiques et penser autrement le rapport de la criminologie à la société et définir des méthodologies convergentes pour une approche des phénomènes étudiés. C'est probablement là que gît la difficulté. Chacun de nous a été formé dans sa discipline et un peu parfois dans celle des autres, mais pas forcément dans l'esprit de les subvertir. Or c'est de cela qu'il s'agit à chaque fois qu'il faut dépasser des corpus bien établis, passer outre des approches classiques et re-universaliser des questions auxquelles une discipline particulière a donné ses réponses.

Pour sortir de l'exception française, nombre de colloques et d'ouvrages collectifs devront faire avancer cette question : non pas qu'est-ce que la criminologie, mais comment la criminologie aujourd'hui peut influer sur les représentations sociales et sur les corpus scientifiques dans lesquels elle est diluée ?

Ce qui me ramène au début de mon propos. La psychiatrie et la psychologie ont forgé une partie de leur corpus de théories, d'observations et de pratiques sur la séparation entre sujet criminel passible de la justice et sujet objet de soins nécessaires. La clinique psychopathologique moderne ne serait pas ce qu'elle est si les « psychopathes », les adolescents criminels, ou les passionnels jaloux n'étaient venus interroger les limites entre le crime de l'homme ordinaire et le crime du « fou », obligeant à des remaniements et des controverses théoriques fructueuses. Ce n'est que par un retour aux sources (au temps où les disciplines n'étaient pas si séparées) en même temps qu'un bond en avant que ces praxis et ces théories peuvent contribuer à la reconstruction d'une criminologie universitaire plurielle mais identifiable en tant qu'elle-même et autonome de l'évolution des disciplines qui y concourent.

Toute approche criminologie vise à ré-insérer l'acte de transgression, fut-il le pire, dans une démarche humaine – c'est ainsi qu'il a fallu inventer juridiquement et socialement le crime contre l'humanité et la juridiction adéquate pour répondre à des actes inouïs et, jusque là, échappant à la raison. C'est à ce défi de re-humanisation, non par le droit mais par un dispositif complexe d'analyse [3], que doit répondre l'édification de l'heuristique qui soutiendra ce « pas de coté » de toutes les disciplines co-construisantes.

Un crime, quel qu'il soit, est encore une œuvre humaine ; encore faut-il que quelqu'un en réponde, pour reprendre ici une réflexion de Pierre Legendre. Si on accepte cette perception alors il n'est pas de sciences qui ne doivent concéder une part de son savoir pour édifier les cheminements par lequel la criminologie pourra s'inscrire parmi les sciences du vivant parlant plutôt que comme la somme des analyses des déviances sociales, souvent plus fabriquées par les contextes socio-politiques, qu'inhérentes à l'humain.

3. Les historiens, par exemple, n'ont pas été des moindres témoins aux procès des complices du nazisme.

V

Etudes et recherches dans le champ criminologique

26

Petit état de l'art de la recherche sur le phénomène criminel et les réponses institutionnelles en France [1]

Par Philip Milburn

***Philip Milburn** est professeur de sociologie à l'Université de Versailles Saint-Quentin en Yvelines.*

Il n'est guère aisé de faire le point sur l'ensemble des recherches réalisées au cours des dernières années sans tomber dans les travers d'un catalogue fastidieux. On préfèrera par conséquent rappeler les domaines couverts et ceux qui méritent de l'être, car, sur les sujets qui nous intéressent, la recherche est très largement lacunaire, notamment par comparaison aux travaux existant dans les pays anglophones et même dans d'autres pays francophones.

Avant cela, il convient d'indiquer les conditions de possibilité d'une recherche sur ces questions en France. Ceci est d'autant plus indispensable que les enjeux qu'elles charrient sont très fortement chargés en valeur politique, surtout depuis que la question de la sécurité publique est devenue l'un des principaux enjeux politiques d'un Etat qui a moins de prise sur les questions sociale et économique. Ceci pose en effet, avec davantage d'acuité, la question de l'autonomie de la recherche et des chercheurs qui ne sauraient être

1. Communication sollicitée par le comité scientifique.

les simples instruments de la valorisation des politiques publiques. Il n'est nullement exclu, toutefois, que les objets soumis au regard du chercheur sur les questions criminelles répondent à une commande publique. En revanche, pour maîtriser sa valeur heuristique, la recherche scientifique doit pouvoir produire ses dispositifs méthodologiques et ses schémas théoriques. Mieux : si une recherche criminologique doit exister, elle n'a guère de substance spécifique mais se trouve à l'intersection de plusieurs disciplines scientifiques, moyennant quoi la recherche réalisée dans cet espace doit redoubler de vigilance épistémologique, c'est-à-dire s'interroger inlassablement sur les conditions de validité d'un objet sans cesse construit et reconstruit.

Il s'agit donc de mettre en œuvre une approche critique, c'est-à-dire qui interroge les fondements de la légitimité de ses objets, de ses méthodes et de ses interprétations. Elle doit être d'autant plus épistémologiquement critique que les enjeux sont politiquement stratégiques, en l'espèce ceux du contrôle social sous sa forme la plus directe. Ceci ne signifie pas pour autant que ce type de travaux soit adressé à la seule communauté des scientifiques qui se parleraient à eux-mêmes. Christian Demonchy, dans sa contribution, distingue utilement une « criminologie technocratique » répondant aux seules attentes de l'Etat, d'une « criminologie démocratique » qui rend ses résultats disponibles au débat public : citoyens, professionnels, associations, syndicats, élus locaux aussi bien que les pouvoirs publics. C'est au reste cette démarche qui prévaut dans la plupart des pays qui présentent une filière de formation et de recherche en criminologie. J'en veux sinon pour preuve, en tout cas comme illustration fort significative, ce travail très complet réalisé par les collègues du laboratoire criminologique de l'Université Libre de Bruxelles (U.L.B.) sur la réforme de la loi sur la justice des mineurs en Belgique. Différents travaux juridiques et empiriques ont été compilés en toute liberté d'interprétation et donne lieu à une publication qui peut servir de référence à quiconque est concerné par la question [2].

Pour développer mon propos, je distinguerai quatre grands axes de recherche où l'étude du crime et de ses réponses est amenée à se développer :

1. le fait criminel, ses auteurs et ses victimes ;
2. le processus normatif de définition des illégalismes et des techniques y répondant ;
3. les stratégies et dispositifs de traitement de la criminalité ;
4. le rapport avec le public et les médias.

---

2. Christiaens J., de Fraene D. et Delens-Ravier I., *Protection de la jeunesse, Formes et réformes*, Bruxelles, Bruylant, 2005.

1 – Le fait criminel, ses auteurs et ses victimes

Cet aspect est évidemment surdéterminé par l'approche comptable. La question des statistiques du crime domine le débat et on ne s'y attardera pas ici. Il n'en reste pas moins un aspect important qu'on ne saurait négliger et le débat sur les sources de données et la disponibilité des données quantitatives brutes est essentiel. Mais il convient de cerner la question en amont en termes épistémologiques : que mesure-t-on ? Car les chiffres habituellement livrés saisissent davantage les faits déclarés, ce qui suppose que certaines personnes (victimes, policiers, autres agents administratifs) aient considéré l'illégalité du fait avant de les déclarer.

Il convient donc de faire porter la recherche sur les rationalités qui animent différentes catégories d'illégalismes et permettent de les classer. Il s'agit donc de *comprendre* le phénomène criminel avant de le comptabiliser. Or la mise au jour d'une telle rationalité suppose de se pencher en premier lieu sur les valeurs que recèlent les faits incriminés pour les protagonistes, à savoir les auteurs, les victimes et les professionnels.

Il existe bien sûr une importante tradition de sociologie criminelle pour saisir la logique de l'implication de certaines personnes dans une pratique de délinquance, dont la recherche française ne peut faire l'économie. Elle doit se souvenir toutefois que le sens du fait criminel se trouve dans la relation entre celui qui transgresse et ceux qui s'estiment lésés par la transgression, ne serait-ce que moralement. Il ne s'agit pas là que des victimes mais du corps social dans son ensemble, représenté par la norme et ceux qui s'en proclament garants. La psychologie est également convoquée dans le questionnement sur les logiques du « passage à l'acte », qui ne saurait toutefois se limiter à un simple questionnement causaliste.

La dimension attachée aux victimes, ou du moins aux plaignants, n'a guère été prise en compte en France avant les années 1990, hormis quelques recherches pionnières [3]. Outre la question du traumatisme des victimes et de sa réparation (qui relève de la « victimologie »), l'un des aspects insuffisamment étudiés tient sans doute à la caractérisation des faits par les victimes. On songera par exemple aux violences conjugales ou aux abus sur les enfants pour qui la relation avec l'auteur des faits infléchit singulièrement la manière dont ils caractérisent les faits.

Enfin, les logiques professionnelles et politiques contribuent largement à définir les faits comme illégalismes et à leur conférer leur valeur spécifique.

3. Robert Ph. et Zaubermann R., « Une autre regard sur la délinquance », *Déviance et société*, 2004/3, 28, pp. 259-266.

La consommation de drogues peut être vue comme pratique banale, phénomène illicite ou comme risque sanitaire selon la position institutionnelle, professionnelle ou personnelle. Les graffitis peuvent être vus comme pratique ludique, culturelle ou illégale selon les positions. Il ne s'agit pas pour la recherche criminologique d'établir une quelconque vérité dans ces options, mais de saisir les logiques qui, dans les actions comme dans les esprits, contribuent à donner sens au fait criminel avant, pendant et après son occurrence.

Il apparaît plus que souhaitable que la recherche qualitative sur le phénomène criminel permette de distinguer les différences existant entre différents types de faits, en fonction des logiques qui les sous-tendent. Ainsi, la consommation de drogue ou d'alcool, le vandalisme, les agressions sexuelles, les violences conjugales, les différents types de vol (étal, roulotte, etc.) le trafic et le gangstérisme organisés n'ont en commun que le fait de faire l'objet d'une condamnation dans le code pénal, mais ils ne répondent pas aux mêmes rationalités que la recherche en « criminologie » doit s'employer à interpréter. Ceci a pour premier objectif de ne pas se laisser enfermer dans les classifications portées par le sens commun, le débat public et le politique. En effet, des catégories telles que « violence », « incivilités », « sauvageons », « barbares », « terroristes », « pédophile » fonctionnent comme un écran masquant les réalités empiriques, alors même qu'elles sont au cœur des réponses juridiques et des politiques de sécurité publique. Elles brouillent largement le débat public sur les questions, entretiennent souvent un effet de panique morale et opèrent généralement de fâcheux amalgames. Dès lors que l'on a une visibilité sur les faits et sur les rationalités qui les habitent, leur mesure prend une nouvelle dimension et appelle des instruments méthodologiques appropriés.

Les enquêtes de victimation sont désormais opérationnelles en France, mais elles méritent sans doute qu'un espace de débat méthodologique permette de faire le bilan des instruments, de les comparer et de les enrichir. Quelques enquêtes connues ont élaboré en France la méthode de « délinquance auto-déclarée » : toutefois, leur interprétation reste encore insuffisante en termes théoriques et leur multiplication est souhaitable, pas uniquement sur des publics de jeunes collégiens. Enfin, les enquêtes de *reporting* de l'activité des professionnels de la sécurité, qui se sont développées au Royaume-Uni et aux Etats-Unis, ne sont pas pratiquées en France. Il s'agit là de mesurer l'activité réelle (interventions) et non pas seulement celle qui est déclarée officiellement (plaintes, mains courante, déferrements...). En outre, les recherches sur la criminalité d'affaires (*white collar crime*, selon l'expression d'E. Sutherland) sont extrêmement rares en France, si l'on excepte les travaux de référence de Pierre Lascoumes [4].

La question de la désignation, de la classification et de la mesure des phénomènes criminologiques, qui est encore largement en friche dans l'hexagone, invite des compétences de sociologues et de psychologues, mais aussi de démographes, d'historiens, ou d'anthropologues dont les méthodes et les référents permettraient d'enrichir considérablement la connaissance.

2 – Le processus normatif de définition des illégalismes et des procédures y répondant

La première définition du « crime » est bien sûr sa définition juridique. Il importe par conséquent d'approfondir la recherche sur cet aspect : le droit pénal n'est pas figé, il varie dans le temps et dans l'espace. La recherche sur les évolutions du droit et la comparaison entre les droits nationaux (ou fédéraux) est partie prenante d'une criminologie contemporaine.

Il s'agit d'interroger la nature pénale des faits visés. Le travail sur le raisonnement juridique (esprit du législateur et jurisprudence) est essentiel ici. Mais il doit être assorti d'un travail plus général sur les évolutions du droit pénal, que ce soit dans la promulgation des textes (ou leur abrogation) ou dans leur application [5], qui doit permettre de saisir le périmètre des qualifications. Ainsi, certaines en sont sorties (vagabondage, avortement), d'autres y sont entrées (viol conjugal, harcèlement). Mais au-delà, ce sont certaines infractions stratégiques sur lesquelles il convient de s'arrêter en cela qu'elles caractérisent une certaine définition politico-juridique de la criminalité : que l'on songe aux évolutions des notions d'association de malfaiteurs et de terrorisme.

Une telle lecture analytique de ces textes suppose également de s'attacher à des éléments tels que la peine encourue ou le délai de prescription, qui par leur allongement ou leur raccourcissement, viennent définir la « gravité », c'est-à-dire la degré d'illégalité et de trouble à l'ordre public pour certains domaines d'infraction. Ainsi, les agressions sexuelles commises par ascendant ont vu leurs délais de prescription significativement allongés. L'introduction des « peines plancher » pour récidivistes ou de la procédure

---

4. V. notamment Lascoumes P., Elites irrégulières, Essai sur la délinquance d'affaires, Paris, Gallimard, 1997.

5. Jean-Paul Jean note que sur 15 000 infractions, 60 fondent 90% des condamnations, in : Jean J-P, *Le système pénal*, Paris, La Découverte, coll. Repères, p. 32.

de rétention des justiciables jugés dangereux une fois leur peine exécutée constitue sans doute une modification majeure de la nature du droit pénal susceptible de redéfinir ses logiques profondes, contribuant à faire reposer la peine non seulement sur les faits ou la personnalité mais sur la dangerosité du justiciable incriminé [6].

Aussi est-il important que des études portant sur la pratique des tribunaux, portant sur le recours aux qualifications, à leurs associations sur des mêmes faits, aux condamnations prononcées, au recours aux peines plancher puissent se développer. Ces travaux dits de *sentencing* sont pratiqués de longue date dans les pays anglophones et apportent des données essentielles sur les usages du droit [7]. Ils permettent de saisir les logiques des décisions d'application de la loi, les jugements constituant la concrétisation du droit et par conséquent la matérialisation de la nature de l'illégalisme.

Autre domaine où les normes et le droit jouent un rôle décisif : celui de la procédure pénale. Ainsi, en France, les évolutions en la matière ont été considérables au cours des années passées et ont contribué à infléchir la logique des réponses institutionnelles aux illégalismes. Au point que Jean Danet y voit un « tournant » dans l'histoire du système pénal français [8]. Depuis l'interpellation et la garde à vue jusqu'à l'exécution et l'application de la peine, en passant bien entendu par le déroulement des phases d'investigation, d'incrimination et le procès, le parcours des justiciables mis en cause est décisif dans le processus de tri qui amène aux différentes formes de réponses pénales et qui contribue à définir les contours de la définition institutionnelle de la délinquance en termes d'application de la loi.

L'action du parquet a connu en France, on le sait, des évolutions considérables depuis les 25 dernières années, qui l'a amené à absorber dans des réponses restant à son niveau (la « troisième voie entre poursuites et classement ») une bonne partie des infractions déferrées. Ces évolutions reposent sur une architecture d'aménagement des procédures qu'il convient d'étudier non seulement dans ses effets sociologiques (extension du filet pénal par exemple), mais également quant à la volonté du législateur et à l'« esprit des lois ».

6. Kaluszynski M., « Le retour de l'homme dangereux. Réflexions sur la notion de dangerosité et ses usages », *Champ pénal / Penal Field*, Nouvelle revue française de criminologie / *New French Journal of Criminology*, Vol. 5, 2008.

7. Van Hamme F. et Beylens K., « La recherche en sentencing : un survol contextualisé », *Déviance et société*, 2007/2, vol. 31, pp. 199-228.

8. Danet J., *Justice pénale. Le tournant,* Paris, Gallimard, coll. Folio, 2006. Sur ces aspects, V. également Jean J-P, *op. cit.*

Un domaine essentiel mérite une attention semblable de la recherche : celui des peines. Derrière la prééminence de l'incarcération comme *ultima ratio* et de l'inflation carcérale, une série de dispositifs inédits ou innovants de pénalisation se développent, entre des peines impliquant la société civile (travail d'intérêt général, médiation pénale, etc.) et le contrôle électronique (bracelet), sont des domaines d'investigation prometteurs en termes de doctrine juridique mais aussi d'usages institutionnels.

Ce court aperçu n'épuise certainement pas le domaine. Les méthodes appelées à s'y développer peuvent s'inspirer des *Legal Studies* bien développé aux Etats-Unis. Une dimension de comparaison internationale est en outre essentielle pour bien saisir les logiques générales qui sont à l'œuvre dans le contexte d'internationalisation du droit. Aussi, outre la science juridique, les disciplines telles que la philosophie, l'histoire, les sciences politiques et la sociologie du droit sont en première ligne dans ce secteur de recherches criminologiques.

3 – Les stratégies et dispositifs de traitement de la criminalité

C'est peut-être là le domaine où la recherche française s'est le plus développée au cours de deux dernières décennies. Ainsi, les recherches sur l'activité de la police et sur la prison, qui restaient très confidentielles jusque dans les années 1980, ont connu un essor important [9]. De même, l'étude de l'activité du parquet et de la mise en œuvre des différents outils qu'il s'est vu attribuer (alternatives aux poursuites, procédures accélérées, compositions et comparutions sur reconnaissance de culpabilité, etc.) a fait l'objet de travaux assez nombreux, mais il s'agit là d'un domaine stratégique, la cheville ouvrière de l'action pénale et il conviendrait d'accroître encore la connaissance scientifique. Les travaux attachés à l'activité des tribunaux proprement dits (audiences) ne sont pas à la hauteur des besoins : qui est condamné, pour quelles infractions ? Quels sont les arguments avancés par le ministère public et par la défense ? Quelle est l'influence des parties civiles ? Quelles logiques habitent les différences de condamnation à infraction égale, en correctionnelle et en Assises (jury) ? Quelles logiques président aux erreurs judiciaires, qui nous renseignent sur les modes de fonctionnement du système pénal ?

---

9. Monjardet D., *Ce que fait la police ?,* Paris, La Découverte, coll. Textes à l'appui, 1996 et Combessie Ph., *Sociologie de la prison*, 2e éd., Paris, La Découverte, coll. Repères, 2009 (première édition 2001).

Bien entendu, la question des effets des peines sur les condamnés est un domaine important sur lequel les résultats sont encore insuffisants. Il s'agit principalement de mesurer le taux de récidive après la sortie. En la matière, l'approche longitudinale est la plus efficace, avec toutes les difficultés du suivi sur le long terme. Mais des mesures des taux de réinsertion réussie permettraient sans doute également de mieux comprendre certains processus à l'œuvre.

Le domaine des politiques françaises de sécurité publique a fait l'objet de publications majeures, mais en la matière il subsiste des lacunes importantes. Les dispositifs multi-agences introduits au cours des années récentes ont été très peu explorés : Groupes d'intervention régionaux (G.I.R.), Colti [10], Conseils départementaux de sécurité et de prévention de la délinquance (C.D.S.P.D.) ou d'autres n'ont pas fait l'objet de recherches majeures, notamment quant à leur fonctionnement institutionnel. Les politiques publiques en matière de prévention sous toutes ses formes, depuis la prévention spécialisée jusqu'aux politiques de la jeunesse (culture et sports) et aux politiques sociales et de la ville entrent également dans ce champ d'investigation. En effet, nombre de facteurs sociaux ordinaires semblent jouer quant au développement de la délinquance dans certains espaces urbains et la prise en compte de l'ensemble des aspects environnementaux doit rester indissociable d'une étude des réponses aux illégalismes qui ne se résume pas aux domaines de la sécurité publique et de la pénalisation. Ainsi, les réponses sanitaires entrent également en ligne de compte dans la mesure où elles visent les désordres dus aux difficultés mentales de certains justiciables ou à leurs assuétudes (alcool, drogues).

A côté des moyens classiques de maintien de l'ordre et de pénalisation des politiques publiques, la question des nouvelles technologies de contrôle et de surveillance mérite que l'on ouvre un chantier d'étude qui leur soit consacré. La vidéosurveillance apparaît déjà presque archaïque alors que se développent les techniques de biométrie et d'identification par A.D.N., les fichiers électroniques et la télésurveillance : autant d'instruments de réponse au crime qui induisent des effets spéciaux tant en termes d'efficacité que d'effets induits sur le contrôle des populations dans leur ensemble.

L'ensemble de ce domaine d'étude fait appel à plusieurs approches méthodologiques et disciplinaires. Il existe un besoin de données statistiques autant que qualitatives. La sociologie et la psychologie sont particulièrement concernées en la matière, que ce soit la psychologie sociale ou clinique.

10. Commissions départementales de lutte contre le travail illégal.

Mais les sciences politiques, l'histoire, les sciences juridiques, sont amenées à jouer un rôle décisif sur ce registre, de même que l'anthropologie [11].

4 – Le rapport avec le public et les médias

Cette dimension est sans doute celle qui a été la plus clairement négligée par la recherche, au point qu'on ne pense pas à l'intégrer aux études criminologiques. Elle représente pourtant un domaine décisif si l'on veut bien se souvenir que les inflexions des politiques pénales répondent largement aux effets de « panique morale » face à une délinquance souvent grossièrement surestimée, non pas dans sa réalité statistique mais dans ses effets sur la population. Dans ce processus, les médias jouent un rôle majeur de loupe grossissante ou déformante, par la mise en scène de faits divers hautement inquiétants.

La question de savoir si les médias sont instrumentalisés par le pouvoir politique en vue d'une insécurisation électoralement rentable ou s'ils répondent à une pure logique marchande où les faits divers seraient particulièrement vendeurs, mérite de réaliser un travail de fond. Celui-ci ne devrait pas se cantonner aux grands médias nationaux. Il impose une plongée dans la presse quotidienne régionale, particulièrement impliquée dans les faits divers locaux et les faits d'insécurité et dont l'impact est considérable.

Cet ensemble de réflexions renvoie également à la mesure de l'insécurité qui permet de saisir les réalités des craintes des citoyens qui ne portent pas sur l'ensemble des formes de délinquance mais prennent des aspects différents selon qu'il s'agit des nuisances de voisinage, des prédations ou des violences physiques. De même, les formes d'insécurisation sont variables selon les publics qui sont confrontés à certains types de comportements hostiles. La question de l'insécurité des femmes est assez typique en la matière [12].

Ce domaine d'interrogation interpelle des champs d'expertise heuristique qui ont peu de contacts avec l'étude du crime en France, tels que les sciences de l'information et de la communication ou les études de genre. Mais l'histoire, la sociologie des médias et les sciences politiques sont évidemment directement concernées.

---

11. Des travaux de type anthropologique menés sur le milieu carcéral ont montré leur intérêt majeur.

12. Sur cette questions, cf. notamment : Lieber M., *Genre, violences et espaces publics : La vulnérabilité des femmes en question*. Paris, Presses de Sciences po, coll. « Fait politique », 2008.

Remarques finales

Nous avons voulu dans cette contribution tracer quelques pistes pour la recherche criminologique en France, à partir des travaux existants et des nécessités de connaissance dans ce domaine. Le développement de ce secteur de recherches et d'études ne sera possible qu'à certaines conditions. La première tient à la reconnaissance de l'utilité d'une véritable recherche scientifique qui s'appuie sur des chercheurs confirmés, sur des revues scientifiques et sur des moyens suffisants en termes de personnel et de structures dédiés à ce secteur : laboratoires, réseaux de recherche, revues, financements de thèses de doctorat...

La seconde tient au financement public de programmes de recherche et de coordination des enquêtes locales dans l'objectif de ménager un esprit de liberté dans l'exercice de l'activité scientifique (détermination des méthodes, problématisation de l'objet, publication des résultats, etc.). Enfin, il est impératif que l'ensemble des données collectées par les instances officielles puissent être disponibles pour la recherche, notamment sous la forme brute (non exploitées) de manière à pouvoir opérer tous les traitements statistiques possibles.

27

A qui profite la criminologie ?

Par Christian Demonchy

Christian Demonchy *a participé à la conception architecturale de plusieurs établissements pénitentiaires et en particulier à celle du centre de détention de Mauzac avec Noëlle Janet (1985). Aujourd'hui retraité, il participe à nombre de groupes de réflexion sur les questions de Justice. Il est administrateur de l'Association « Tétra : criminalité, délinquance et justice : connaître pour agir ».*

La présentation du colloque du 3 février sur la criminologie définit celle-ci comme « l'étude scientifique du phénomène criminel, à la façon dont il est défini et contrôlé (prévention et traitement) ». Elle pose également une question indépendante de l'étude criminologique proprement dite : « Comment diffuser cette connaissance scientifique auprès des étudiants, des professionnels, des élus, des militants, de l'ensemble de la société ». Par ailleurs, l'association Tétra (Criminalité, délinquance, justice : connaître pour agir) soulève le point fondamental de l'articulation entre la connaissance et l'action. Le criminologue n'étant *a priori* ni professionnel judiciaire ni législateur, de quelle façon et par qui ses compétences scientifiques vont-elles être utilisées ? A qui profite la criminologie ?

Selon le bénéficiaire, je distinguerai la criminologie au service de l'Etat et la criminologie au service de la démocratie, deux disciplines qui se réfèrent à deux philosophies politiques radicalement opposées. La première s'inscrit dans la tendance actuelle, la seconde pourrait l'inverser.

1 – La criminologie au service de l'Etat

L'Etat est censé assurer la sécurité de toutes les personnes vivant sur son territoire, comme le seigneur d'autrefois se devait d'assurer la sécurité de son peuple avec son armée personnelle. Le criminologue est avant tout un stratège au service du chef de l'Etat.

En servant l'Etat, il sert bien entendu la communauté puisque tous ses membres sont des victimes potentielles ou réelles du crime. Le danger qui menace la société est ce qui produit sa cohésion, ses normes, ses valeurs communes, son identité. L'union est sacrée dans la République une et indivisible, incarnée par son président. Celui-ci a le devoir de faire la guerre à la « voyoucratie », cette organisation clandestine qui met en péril à tout moment la communauté, la cohésion sociale, l'Etat, la République, la Démocratie.

En rompant le contrat social, le criminel s'est mis hors la loi donc hors de la société. Le point de vue du chercheur criminologue est celui de la société respectueuse de la loi sur celui qui la transgresse, point de vue unique et immuable de l'innocence sur les culpabilités diverses et évolutives. Le phénomène criminel, objet de l'étude, est donc clairement extérieur à l'observateur, condition nécessaire à l'objectivité scientifique.

Le criminologue d'Etat est un fonctionnaire au service du pouvoir en place et peu importe la couleur politique de celui-ci puisque l'ennemi est toujours dans l'opposition. Les divergences entre criminologues ne portent que sur des questions stratégiques. Assisté par ses conseillers, le chef de l'Etat choisit la stratégie qui déterminera sa politique pénale et fait voter par sa majorité au Parlement les lois nécessaires à sa réalisation. La criminologie, comme la Défense nationale, est une affaire de spécialistes. Elle peut d'ailleurs être exercée par des consultants privés sous contrat avec l'Etat ou d'autres pouvoirs décentralisés.

Le phénomène criminel se définit scientifiquement à partir du passage à l'acte qui distingue le criminel du reste de la société. C'est parce que, dans un même environnement social, certains enfreignent la loi et d'autres pas que la science criminologique se concentre exclusivement sur la spécificité criminogène du transgresseur. La société étant ce qu'elle est et le criminologue n'étant pas payé pour la changer, il étudie ce qui caractérise la personnalité criminelle, les milieux où elle prospère, les groupes sociaux où elle trouve ses complices, les réseaux qu'elle fréquente.

Le criminologue au service de l'Etat est animé par l'esprit de défense. Cet esprit inspire toute sa stratégie : décèlement précoce, anticipation, renseignement, mesures de sûreté. La répression n'est pas un objectif mais un moyen de défense. La peine infligée au coupable n'a aucune valeur stratégique si elle n'est pas une mesure de sûreté capable de le rendre inoffensif. Elle doit donc être avant tout un traitement de la personnalité criminelle. En ce sens, ce traitement est strictement préventif puisqu'il est censé empêcher la récidive. Et si la guérison n'est pas avérée, le criminologue a l'obligation morale et professionnelle vis à vis de l'Etat, de prendre une autre mesure de sûreté.

Cet esprit criminologique est apparu au 19ème siècle parallèlement au développement des sciences humaines que l'Etat a voulu mobiliser dans sa stratégie de défense. Le lien entre le domaine judiciaire et la recherche sur la personnalité criminelle s'est formé à partir du concept de responsabilité morale individuelle qui, d'un côté, autorisait la sanction du coupable et de l'autre posait à la société le problème de son amendement, donc de son traitement. Gabriel Tarde a très longuement théorisé le concept de responsabilité morale individuelle (*La philosophie pénale*, 1895) et admis que certains coupables ne pouvaient être amendés, approuvant ainsi la politique pénale de l'Etat qui distinguait les amendables des incorrigibles et recherchait des mesures adaptées, notamment pour les multi-récidivistes.

2 – Le criminologue au service de la démocratie

Le criminologue est un ethnologue qui explore les rapports entre l'individu et la société sous l'angle de la transgression aux normes en vigueur.

La vie sociale et ses règles sont la condition nécessaire d'existence de l'individu humain. Bien avant que le paléontologue ne le distingue des autres espèces sous le nom d'hominidé, la nécessité du lien social et du « politique » (au sens où, par exemple, Marcel Gauchet l'utilise dans *La condition politique,* 2005) qui l'institue s'est inscrit dans ses gènes. Mais les normes, elles, ne sont pas innées. Toutes les lois humaines sont des atteintes à la liberté individuelle décidées par le pouvoir politique d'une société donnée à une époque donnée afin d'assurer non pas *la* cohésion sociale, qui est de nature biologique, mais *une* forme particulière de cohésion sociale qui est de nature historique. C'est pourquoi les transgressions aux lois ne menacent pas la cohésion sociale dans son essence, mais posent question sur sa forme particulière, ici et maintenant et sont susceptibles de la faire évoluer.

« Le crime [écrit Emile Durkheim] est un agent régulier de la vie sociale ». « Il est lié aux conditions fondamentales de toute vie sociale ». Il est même « utile pour l'évolution normale de la morale et du droit » (*Les règles de la méthode sociologique*, 1894). Dans un registre fort différent, Thomas More avait abordé la question criminologique dans *Utopia* (1516), d'une part en n'excluant pas les crimes de la cité pourtant idéale des Utopiens (Livre II), d'autre part en opposant leur politique pénale à celle de l'Angleterre qu'il critiqua très violemment (Livre I).

Le criminologue n'est pas un croisé engagé pour combattre le crime et la récidive. C'est un intellectuel qui étudie les transgressions de toutes natures (des incivilités aux crimes) aux normes d'une société particulière et la réaction de celle-ci. Le phénomène criminel se forme à partir de deux actions antagoniques : celle du transgresseur et celle de la société, le premier acteur étant toujours dominé par la loi du second. C'est elle qui décide de pénaliser ou non certains comportements, décrète l'échelle des peines, forme et rémunère des professionnels pour rechercher et juger le transgresseur, élabore des mesures à l'égard de la victime, du justiciable et de ses proches, et adopte un mode de publicité et de médiatisation des transgressions et de l'action judiciaire auprès du public.

Le crime n'est pas le point de départ du phénomène criminel, il n'en est qu'une composante. A la violence individuelle correspond la violence institutionnelle. A la responsabilité individuelle correspond la responsabilité collective. Le point de vue du criminologue ne peut être totalement extérieur au phénomène qu'il observe puisqu'il est, de fait, impliqué dans la responsabilité collective. Il ne peut analyser avec une parfaite neutralité les conditions d'émergence des transgressions et la politique pénale du pouvoir en place puisqu'il est un acteur démocratique de l'état social et de son évolution. Chaque criminologue étant un observateur critique et unique, l'ensemble des criminologues est nécessairement hétérogène. De même que la démocratie est fondée sur la division des citoyens et l'autonomie de chacun pour penser une forme particulière de cohésion sociale (projet de société), de même le conflit entre criminologues est, comme le crime, « un agent régulier de la vie sociale ». Ces divisions sont indispensables pour alimenter le débat sans lequel la démocratie serait une guerre civile permanente.

Sans aucun doute, le débat démocratique est utile entre criminologues et, d'une manière plus large, entre tous ceux qui, professionnellement, s'intéressent au phénomène criminel. Mais s'il reste confiné dans cette communauté de spécialistes, il est certain que le pouvoir en place fera son marché parmi toutes les idées débattues pour y acheter celles qui argumentent le mieux la politique pénale qu'il entend mener ; à moins de croire à la sagesse supérieure du prince…

Le criminologue sert la démocratie quand, à partir de ses connaissances, il dégage une problématique qui mette en cause la responsabilité collective et rende indispensable le débat public. Quelques exemples. Quelles atteintes aux libertés individuelles admettons-nous pour que la police et la justice puissent exercer leur fonction ? Quelle vie sociale souhaitons-nous imposer aux détenus ? Quelle action exercer à l'égard des victimes et des proches des détenus ? Comment évaluer l'indemnité versée aux victimes de la justice (non-lieu etc.) ? Quelle publicité des faits de déviance et de l'action judiciaire souhaitons-nous instaurer ?

Autant de questions qui se rapportent à des choix de société incombant aux citoyens. Aucun spécialiste ne peut prétendre qu'il a autorité pour y répondre. Il peut, certes, avoir comme tout un chacun une opinion de citoyen. Mais son utilité démocratique de spécialiste réside dans sa capacité intellectuelle à formuler, éclairer, approfondir les problématiques destinées au débat public. Il joue alors un rôle de médiation entre la science et l'ensemble de la société.

3 – De deux choses l'une

Il est possible que dans l'exposé de ces deux types de criminologie que j'ai voulu le plus neutre possible, j'ai laissé filtré ma préférence pour le second. Dans le doute, je la confirme. Je précise que, n'étant pas un universitaire et ne pouvant, à mon âge, espérer faire une carrière dans la criminologie, ce choix est celui d'un citoyen. J'avoue toutefois qu'il est étayé par mon expérience professionnelle passée dans l'architecture pénitentiaire où j'ai pu constater l'absence totale de participation démocratique dans les projets qui décidaient de la vie que nous allions imposer aux détenus, autrement dit de la peine que nous leur infligeons.

La criminologie au service de l'Etat, dont l'éthique se fonde sur la responsabilité morale exclusive du criminel et l'innocence de la société victime, encourage celle-ci à confier à l'Etat et ses experts le traitement et la prévention du phénomène criminel et à la dispenser ainsi de toute participation démocratique. La criminologie au service de la démocratie a une tâche beaucoup plus ingrate puisqu'elle veut imputer à l'ensemble de la société sa part de responsabilité dans le phénomène criminel.

Les candidats au pouvoir politique sont toujours tentés de promettre aux électeurs qu'il sera leur meilleur défenseur contre toutes adversités. La démagogie est sœur jumelle de la démocratie. Et plus ces adversités sont présentées comme des dangers étrangers à notre monde, notre morale et notre entendement, plus grande est la tentation des citoyens de confier leur défense à l'Etat.

La criminologie est, peut-être plus que d'autres domaines, sujette à un rejet de la part des citoyens. Hormis les raisons philosophiques, il faut admettre que la racine « crime » du mot criminologie a une charge suffisamment agressive pour expliquer partiellement ce rejet et l'on peut se demander si ce mot n'est pas un handicap pour la promotion de cette discipline dans son expression démocratique. D'autant que la criminologie d'Etat me semble de plus en plus dominante depuis plusieurs années.

La mission « Bauer » s'inscrit dans cette tendance, elle n'en est pas l'origine. Le rapport (« Déceler – Etudier – Former : une voie nouvelle pour la recherche stratégique ») prévoit que le Conseil supérieur de la formation et de la recherche stratégique « doit dépendre pour les orientations du président de la République et fonctionnellement du Premier ministre ». Si des criminologues obtiennent des missions de ce Conseil, comment pourraient-elles ne pas être affectées à la recherche stratégique si bien définie dans le rapport : esprit de défense, renseignement, dépistage précoce, anticipation ?

Le criminologue d'Etat se croit investi du pouvoir d'imposer la priorité stratégique de défense aux professionnels du champ criminologique : police, justice… Notons que les psychiatres posent aujourd'hui problème en revendiquant de ne pas être au service de l'Etat mais de leurs patients ! Le criminologue « démocratique », qui n'est ni superflic, ni super juge, offre à chaque professionnel une vision du phénomène criminel qui lui permet d'inscrire son activité particulière dans un ensemble social élargi. Mais la plus grande difficulté est la participation démocratique des citoyens. Je souhaiterais que l'enseignement de la criminologie à l'université comporte un module obligatoire sur la médiation.

28

Le vieillissement en milieu carcéral et après...

Par Aurélie Gauthier

***Aurélie Gauthier** est psychologue clinicienne et doctorante en psychologie à l'Université de Tours.*

Que ce soit au regard de la littérature ou de l'actualité au quotidien, nous constatons que l'importante question des effets produits par l'incarcération de longue durée sur la personnalité humaine est peu prise en considération. Et pourtant, on continue à rendre des décisions concernant cette question et à imposer de très longues peines d'emprisonnement.

Les études démographiques mettent en évidence une augmentation considérable de l'âge des détenus dans les prisons françaises. En 1988, les personnes de plus de 60 ans ne représentaient que 1 % des détenus, au 1er septembre 2002, les prisons françaises comptaient 1 683 détenus âgés de plus de 60 ans, dont 411 avaient plus de 70 ans et une trentaine plus de 80 ans. D'après les chiffres de l'Administration pénitentiaire, au 1er janvier 2008, sur 61 076 personnes écrouées détenues, les prisons comptaient 2 364 personnes écrouées de plus de 60 ans, soit 3,7 % de la population carcérale. Un chiffre en constante augmentation dû à différents éléments qui se combinent : l'augmentation de la répression des infractions à caractère sexuel qui souvent concernent des hommes plus âgés, la possibilité de faire juger ces infractions longtemps après les faits (dans les cas d'inceste notamment), ainsi que l'allongement des durées moyennes d'incarcération.

Le problème des personnes âgées en détention peut paraître secondaire dans l'ensemble des problématiques liées au vieillissement d'une part et de celles des prisons de l'autre. Cependant, nous aurions tort de le réduire à sa dimension numérique. De manière générale, les délinquants âgés se distinguent fondamentalement et socialement des plus jeunes. Ils constituent un élément distinct de la population carcérale et éprouvent des besoins et des problèmes particuliers qui nécessitent une attention et des interventions spéciales. Suite à l'évolution de la population carcérale, les prisons françaises seront de plus en plus confrontées à la prise en charge du handicap, des incapacités et de la dépendance, notamment des personnes âgées ; or pour l'instant, aucun aménagement n'est prévu à cet effet et c'est au personnel pénitentiaire de répondre ponctuellement à certaines situations.

Pour nombre de détenus âgés, les conditions d'incarcération entraînent la détérioration progressive de leur santé. L'incidence de problèmes de santé chroniques multiples – maladies du cœur graves, diabète, hypertension, cancer, maladie d'Alzheimer, maladie de Parkinson, ulcères, emphysème, troubles de l'ouïe, troubles de la vue, pertes de mémoires... – est plus élevée chez les délinquants de 65 ans ou plus, que chez les plus jeunes.

A la crainte de vieillir en prison s'ajoute celle d'y mourir. Cette crainte hante la vie quotidienne des délinquants condamnés à passer de nombreuses années en prison et d'autant plus lorsque la condamnation s'intitule *réclusion criminelle à perpétuité*.

En 2002, le député Thierry Mariani a déposé une proposition de loi permettant d'établir une limite d'âge pour la détention en matière correctionnelle, ce qui exclue les «*personnes reconnues coupables de violences, d'agressions ou d'atteintes sexuelles, trafics de stupéfiants, terrorisme, association de malfaiteurs, proxénétisme, extorsion de fonds ou pour une infraction commise en bande organisée*» [1] soit la quasi-totalité des motifs d'incarcération des sujets âgés. Ce projet de loi a fait suite à la loi du 4 mars 2002, dite loi Kouchner, qui prévoit une suspension de peine pour les détenus atteints d'une pathologie engageant le pronostic vital ou dont l'état de santé est durablement incompatible avec le maintien en détention. Mais les lenteurs de l'application de la loi sur la suspension de peine et la difficulté à trouver des structures d'accueil adaptées entraînent bien souvent le maintien des personnes âgées en milieu carcéral. Elles se sentent alors inutiles pour la société, pour elles-mêmes comme pour leurs proches. Nous sommes alors en droit de nous interroger sur l'intérêt supposé de la prison en matière de réin-

1. Mariani T., Proposition de loi n°406 à l'Assemblée Nationale, 2002.

sertion, lorsque la vieillesse et l'approche de la mort font partie de l'avenir du détenu.

Malgré tous ces éléments, le grand âge est-il un motif suffisant pour aménager ou suspendre une peine ? C'est une question autant philosophique que juridique. De plus, chacun sait, au fond de lui, que les personnes âgées qui restent en prison ne doivent pas leur sort à l'espoir placé dans leur amendement mais dans la nécessité revendiquée de protéger la société. Pour la plupart, elles ont été condamnées pour des crimes, souvent à caractère sexuel, et les autorités ne manquent pas une occasion de manier auprès de l'opinion le spectre menaçant de la récidive. Prétendre que, pour protéger la société, ils doivent tous purger des peines de plus en plus longues relève semble-t-il de la démagogie.

Pourtant, après la loi sur les *peines plancher* votée l'été dernier qui mettait à mal le principe d'individualisation de la peine, le Parlement a accepté, une fois encore en urgence, la création de centres socio-médico-judiciaires de sûreté. Après que la loi ait été censurée partiellement par le Conseil Constitutionnel, le Président de la République a réaffirmé son intention de pouvoir appliquer cette loi. Une loi fourre-tout où se trouvent privés de liberté après leur peine et pour une durée potentiellement infinie, des auteurs de crimes graves, au seul titre qu'ils auront été estimés dangereux. Et ce, jusqu'à leur mort. C'est ainsi que notre pays s'apprête à rompre avec les principes affirmés dans la déclaration de 1789 et à renoncer aux valeurs qui fondent sa tradition humaniste.

Politique pénale et politique pénitentiaire sont intimement liées ; or, adopter une politique pénale répressive sans engager de réforme profonde de la prison semble être un non-sens. Ne faut-il pas se soucier des conséquences du terme « infini », qui renvoie forcément au vieillissement des personnes incarcérées et nous interroge sur ce que va être leur prise en charge future ? N'est-il pas trop facile d'adopter des lois à la hâte sans prêter attention un seul instant aux conséquences à long terme de ces dernières ?

C'est à l'heure des 60 ans de la Déclaration Universelle des Droits de l'Homme que nous devons rappeler qu'il y a, en toutes circonstances, quels que soient les actes commis, un respect dû aux personnes, à leur dignité et à leur intégrité qu'il ne faudrait pas oublier. Et c'est ainsi qu'il serait temps que des recherches pluridisciplinaires voient le jour afin d'offrir une meilleure prise en charge physique et psychique aux délinquants âgés.

29

L'erreur judiciaire : une approche criminologique du fonctionnement routinier du droit

Par Lucie Jouvet

***Lucie Jouvet** est docteur en sociologie, auteur d'une thèse sur l'erreur judiciaire, ATER à la Faculté de droit de l'Université de Franche-Comté, master 2 « Sociologie, option criminologie ». Elle est membre du Conseil d'administration de l'Association française de criminologie (A.F.C.).*

Cette contribution se compose de deux parties : une synthèse de ma thèse, soutenue le 3 novembre 2008, et, dans un second temps, des projets de recherche qui découlent de ce premier travail.

1 – Une approche de l'erreur judiciaire

Crimes et délits sont inhérents au droit. Dans le fonctionnement de la justice, il n'y a ni crime ni délit en dehors de la loi. A partir du moment où l'on définit des limites, leur transgression constitue une infraction [1]. Autrement dit, pour

1. « Non certes, ce n'est pas la peine » c'est-à-dire, la « réaction sociale » légalement exprimée « qui fait le crime, mais c'est par elle qu'il se révèle extérieurement à nous, et c'est d'elle qu'il faut partir si nous voulons arriver à la comprendre » : Émile Durkheim, « chapitre II - Règles relatives à l'observation des faits sociaux », in *Les règles de la méthode sociologique*, Presses Universitaires de France, 1983.

parvenir à une criminalité zéro, il faudrait avoir une tolérance absolue. Ainsi, l'édiction de règles juridiques formelles et leur mise en œuvre entraînent, de fait, la potentialité d'erreurs dans les jugements. *Errare humanum est*[2] est un vieil adage qui de tout temps trouve sa justification lorsqu'un jugement s'avère « injuste ». Mais la reconnaissance des erreurs judiciaires est difficile à admettre pour l'institution[3]. Le droit évolue avec la société, les recours également, dans la forme comme dans le fond, selon les époques et les acteurs impliqués. Force est de constater que quelle que soit l'époque ou le lieu, l'erreur est symboliquement coûteuse pour les pouvoirs en place. Ainsi, la reconnaissance de l'erreur judiciaire est un des modes essentiels de régulation de la conscience collective et une forme active de pédagogie sociale[4]. L'étude de l'erreur judiciaire est un biais d'analyse pour appréhender le droit, son usage et son évolution.

La recherche effectuée dans le cadre de ma thèse est une étude sociologique et anthropologique de l'erreur judiciaire. J'ai retenu comme définition de l'erreur judiciaire les cas acquittés par une Cour d'assises lors de la révision de leur procès. Ainsi n'entrent pas en compte les affaires traitées en correctionnelle[5], ni les affaires d'acquittement simple en appel[6] possible depuis 2002. Le choix de la définition tient de la seule reconnaissance par l'institution de ses erreurs mentionnées dans le Code de procédure pénale. Comme Durkheim le préconise, on ne peut travailler que sur des définitions objectivables. La reconnaissance officielle par l'institution en est un moyen. « Traiter les phénomènes sociaux comme des choses, c'est les traiter en qualité de data[7] qui constituent le point de départ de la science »[8]. L'innocence effective – pour de vrai – n'a dans cette perspective pas d'intérêt, c'est la considération officielle qui compte. Je ne peux m'appuyer sur des « vrais » innocents qui est un terrain subjectif, ni mener de contre-enquête qui n'aurait pas de sens,

2. « L'erreur est humaine ».

3. En France de 1945 à aujourd'hui, seuls 6 cas de révision d'arrêt de Cour d'assises ont débouché sur la reconnaissance d'erreurs judiciaires.

4. Kalifa D., L'encre et le sang, Récits de crimes et société à la Belle Époque, Fayard, 1995.

5. Ce choix tient surtout à la moindre importance du 4ème pouvoir, la médiatisation dans ces affaires.

6. L'intérêt d'un procès en révision porte aussi sur la distance temporelle entre l'arrêt de condamnation et celui de l'acquittement.

7. Sans oublier que les « data » eux-mêmes sont toujours socialement construits. Bourdieu P., Chamboredon J-C, Passeron J-C, *Le métier de sociologue*, Mouton / Bordas, 1968, p. 63.

8. Durkheim E., *Les règles de la méthode sociologique*, Presses Universitaires de France, 1983, p. 27.

mais véritablement comprendre un processus de légitimation d'un statut judiciaire.

Cette approche constitue une puissante modalité d'analyse d'une institution : la Justice. Analyser le phénomène de l'erreur judiciaire ne se résume pas à étudier les « simples » drames qui nourrissent exceptionnellement nos journaux. Dans la perspective adoptée dans ma recherche, ce dérapage criant de l'appareil de Justice sert d'analyseur du fonctionnement « normal » du monde judiciaire. L'erreur judiciaire permet de pénétrer au cœur du système, de mettre à jour ses différents rouages et leurs interactions, d'observer les éléments qui la constituent et à travers lesquels elle agit : son mécanisme. De fait, observer le « dysfonctionnement » d'une institution révèle en négatif ses modes habituels de fonctionnement.

Dans le cadre de cette approche je me suis appuyée sur l'étude approfondie de deux cas d'erreur judiciaire avérés : Roland Agret et Patrick Dils à travers leur témoignage direct (entretiens), l'analyse de leur dossier judiciaire et les productions médiatiques issues des affaires. L'étude des cas Agret et Dils débouche sur deux *types* bien définis de victime d'erreur judiciaire. En définitive, victimes émissaires, ils adoptent des masques successifs singuliers, malgré un parcours judiciaire similaire. Ainsi, le cas Agret se révèle être une actualisation charismatique, alors que le cas Dils s'apparente à la figure de l'« agneau » sacrifié.

Ces deux cas suivent un parcours judiciaire dont voici les grandes étapes :

ACTE I : Le modelage du masque de coupable. Il s'agit de la fabrication d'un statut judiciaire. Cette section appréhende, dans un premier temps, les éléments déclencheurs de la machine judiciaire – le crime – ; puis dans un second temps, la récolte des matériaux qui servent à édifier le *masque* de coupable. Ce chapitre vise à porter au jour, les rouages du dispositif d'enquête, mais également les processus de gestion de crise, quand un acte demeure inexpliqué. Il faut en effet *donner un sens* au crime. Le crime et le criminel viennent s'insérer dans la trame de la réalité sociale. Mettre en intrigue signifiante le crime pour apaiser l'*homme de la rue*.

ACTE II : Le sacre du masque à travers la mise en scène du procès. Dans cette section, on voit comment une certaine réalité des événements est légitimée et comment un statut judiciaire peut être construit. Une vérité de l'affaire est institutionnellement validée. Un responsable / *bouc émissaire* est désigné. Son profil entrera alors dans un *cercle signifiant* : celui du criminel. C'est la régulation classique d'un phénomène déviant qui permet aux liens sociaux de se renforcer à travers la condamnation d'un individu.

ACTE III : Premières fissures avant le bris du masque. Cette section aborde les éléments mis en œuvre fragilisant la réalité jusqu'alors établie. Pendant la période d'expiation, une nouvelle version de la réalité commence à se faire jour et à être véhiculée. Le statut légal du criminel vient à être contesté. Il s'agit d'un des aspects spécifiques de l'erreur judiciaire.

ACTE IV : La pose d'un nouveau masque. Cette dernière phase voit la mise en place et la cristallisation définitive d'un nouveau statut judiciaire. Quand la machine est relancée mais qu'elle bifurque dans son parcours et emprunte une nouvelle voie de la vérité judiciaire, l'individu condamné passe d'une identité de coupable à celle de victime. Un nouveau procès est ouvert. Les éléments qui dans un premier temps avaient servi à constituer le coupable sont éclairés sous un jour nouveau, la réalité change de couleur. Le crime initial est revisité et ceux qui avaient dans un premier temps été déclarés coupables sont, sous ce nouvel éclairage, officiellement reconnus comme victimes. C'est la réhabilitation. La condamnation est gommée : le casier judiciaire redevient vierge. L'erreur judiciaire est avérée.

A travers ces différentes phases que suivent les individus qui accèderont au statut d'erreur judiciaire, ma recherche met à jour les enjeux de lutte, d'alliance et de mésalliance entre les mondes et les institutions engagées, pour l'imposition d'une vérité judiciaire[9]. L'étude de l'erreur judiciaire s'avère un *vecteur d'analyse* pour appréhender la société dans ses modalités de production de normes et de déviances, pour mieux lire le fonctionnement de différents champs (judiciaire, médiatique, associatif…) et la mise en pratique de droit.

2 – L'erreur judiciaire étudiée sous le prisme de la criminologie : une analyse transdisciplinaire à portée heuristique

Je souhaiterais poursuivre et approfondir mes recherches sur l'erreur judiciaire. Plusieurs axes sont envisageables pour étudier le fonctionnement classique du monde judiciaire à travers des cas révélateurs exceptionnels.

• Le premier axe viserait à étudier l'erreur judiciaire comme une manifestation du droit dans une approche transdisciplinaire.

---

9. « Il est clair que, comme le montre particulièrement bien l'histoire du droit (…), le corpus juridique enregistre à chaque moment un état de rapport de forces, et sanctionne donc les conquêtes des dominés ainsi convertis en acquis reconnus (ce qui a pour effet d'inscrire dans sa structure même une ambiguïté qui contribue sans doute à son efficacité symbolique) ». Bourdieu P., « La Force du droit », in *Actes de la recherche en sciences sociales*, *De quel droit ?,* septembre 1986, p. 4.

• Le deuxième axe viserait une approche comparative de l'ensemble des cas d'erreur judiciaire.

• Enfin le troisième axe s'approcherait plus de l'étude de la pratique de l'étiquetage, que ce soit par l'institution judiciaire ou les médias. Il porterait donc sur l'édification et l'usage de mythe judiciaire (héros ou antihéros) et leur recours dans le droit pour réguler des crises occasionnées lors de crime.

2.1 – Travailler dans une perspective criminologique, transdisciplinaire

Je souhaiterais élargir le terrain d'approche que j'ai initié dans ma thèse sur ce phénomène en adoptant une perspective plus proche de la criminologie, c'est-à-dire une approche transdisciplinaire du droit. J'aimerais ainsi confronter les approches juridiques, psychologiques, historiques, médiatiques de l'analyse de l'erreur judiciaire et par là, interroger leur rapport au droit, à travers ce prisme pluriel d'un même phénomène.

Par ailleurs, le droit n'est pas hermétique. L'étude de l'erreur judiciaire en général permet l'analyse d'une réalité qui dépasse le cadre d'un simple fait divers criminel et dont la compréhension passe par l'approche de différents pans de la vie sociale. On est à même, à travers cette étude, de pénétrer aussi bien le monde judiciaire, médiatique, pénitentiaire, politique, associatif. Ainsi, cette approche particulière mobilisant différents mondes, fait de l'erreur judiciaire un phénomène social total au sens de M. Mauss [10]. On peut dans cette perspective étudier les dimensions :

• juridique : par le traitement judiciaire de ces cas et l'édification de leur statut. On peut ainsi saisir différentes applications des règles juridiques en fonction des réactions de la collectivité, ces ajustements visant souvent le maintien de sa cohésion.

• esthétique : à travers le « show » médiatique que connaissent les erreurs judiciaires. Le modelage des masques de coupable ou d'innocent et leur plasticité, font de l'esthétique une dimension essentielle dans la compréhension du droit rendu au sein des Cours d'assises. Par ailleurs, l'apparence (les robes) et les symboles (la balance) convoqués lors du procès donnent à tra-

10. « Les faits (…) sociaux totaux (…) mettent en branle dans certains cas la totalité de la société et de ses institutions (…) et dans d'autres cas, seulement un très grand nombre d'institutions, en particulier lorsque ces échanges et ces contrats concernent plutôt des individus. Tous ces phénomènes sont à la fois juridiques, économiques, religieux, et même esthétiques, morphologiques, etc. ». Mauss M., *Essai sur le don*, étude publiée dans *l'Année sociologique*, 1923-1924, in *Sociologie et anthropologie*, Presses Universitaires de France, 2001, p. 274.

vers la dimension esthétique de certains acteurs engagés, un pouvoir, une aura par rapport à d'autres acteurs présents lors des audiences.

• symbolique et imaginaire : avec la prise en compte dynamique des images et des symboles qui sont élaborés. L'individu qui suit un parcours d'erreur judiciaire passe ainsi de la figure du criminel (parfois sanguinaire, insensible) à celle de la victime (du système policier, judiciaire, pénitentiaire).

• religieuse et sacrée : cette dimension ressort avec les rites judiciaires où le masque (coupable / victime d'erreur judiciaire) est sacré lors du rendu du verdict. Cet aspect religieux se retrouve dans les croyances en la justice. Des prophètes, entrepreneurs de cause ou de morale, œuvrent pour qu'un nouveau sacre soit effectué ou pour le maintien de la « vérité » antérieure. Ils sont des sortes de prophètes, au sens où ils apportent et publicisent une « vérité cachée ».

• psychologique : pour la structuration des opinions par les médias. Des idées forces [11] visant a emporter les convictions, se confrontent en se référant à chaque étape à des drames / des personnages mythiques pour éclairer une situation. La mise en scène présentée des différentes affaires tend, à travers la mise en avant d'« idées force », à imposer une certaine vision de l'« affaire» : la « vérité ».

• sociologique : à travers le jeu des acteurs / agents, l'évolution de leurs rapports de force. Quels sont les facteurs sociaux, selon le groupe d'appartenance, qui confèrent aux individus une moindre ou une certaine aisance dans leur rapport au monde judiciaire (capital linguistique, social, économique) ? C'est-à-dire « mettre à jour ce qui n'est pas dit, faire apparaître les raisons d'agir ou de ne pas agir laissées dans l'ombre, réunir et analyser ensuite tous ces faits pour en découvrir les raisons, c'est-à-dire les enjeux pour les acteurs eux-mêmes dans la production de leur existence sociale » [12].

• le politique : le vivre ensemble. Cette dimension est particulièrement présente dans les crises engendrées par le trouble occasionné (crime ou « injustice ») et sa régulation. Il s'agit de la remise en cause d'une cohésion sociale par la découverte d'un crime et de l'affirmation de cette cohésion sur le dos d'un individu lors du verdict. Au bout du compte, étudier l'erreur judi-

11. Notion repère de Pierre Bourdieu : l'idée-force contrairement à l'idée vraie n'est pas réfutable et ne se base pas sur des démonstrations objectives. Les idées-forces sont des flèches signifiantes décochées dans la lutte pour la conquête et l'imposition du sens. Leur objectif est de convaincre et d'emporter l'adhésion d'une majorité.

12. Godelier M., Au fondement des sociétés humaines, ce que nous apprend l'Anthropologie, Albin Michel, p. 227.

ciaire permet de porter au jour l'opposition entre violence légitime et violence illégitime. Par ailleurs, un autre aspect est à prendre en compte ici, celle de l'erreur judiciaire comme cheval de bataille dans la transformation du droit, pour instituer de nouvelles lois.

• Historique dans un aspect diachronique (au fil du temps). Le droit et ses institutions évoluent, il en va de même pour ses acteurs et l'exploitation du crime.

Chacune de ces dimensions gagnerait à être approfondie et serait heuristiquement féconde pour étudier le droit dans son rapport au monde social. La réalisation pratique de cette étude se traduirait par un travail de synthèse des recherches sur la thématique de l'erreur judiciaire des différentes disciplines des sciences humaines ainsi que sur l'approfondissement de l'étude de cas déjà entreprise dans ma thèse (cas Agret et Dils).

2.2 – Mener une étude exhaustive des cas d'erreurs judiciaires avérées

Une deuxième piste d'approfondissement de mon travail peut consister à étudier l'ensemble des cas d'erreur judiciaire et ainsi pouvoir affiner les types de cas de ces « victimes », en les resituant dans leurs contextes historiques, sociaux et politiques, soit au total, l'étude de 6 cas avérés [13] depuis 1945.

Cette approche constituerait la continuation de la méthode employée dans ma thèse (à travers l'étude des dossiers judiciaires, des articles de presse parus au moment des faits ainsi que le recueil de témoignages des victimes lorsqu'ils sont encore en vie).

• Elle permet d'abord de saisir un phénomène dans sa totalité ;

• Ensuite, d'embrasser tout un parcours qui s'est joué de manière interactive sur différents plans (judiciaire, médiatique, associatif) et ainsi de mieux saisir les logiques qui interagissent ;

• L'étude de cas permet aussi d'appréhender l'évolution des rapports de force des institutions impliquées qui sont tour à tour alliées ou adverses ;

• Enfin, au delà de l'individu qui incarne une victime de la Justice, cette approche prend en compte tout le processus judiciaire.

---

13. Jean Dehays acquitté en 1955 ; Jean Marie Deveaux acquitté en 1969 ; Roland Agret acquitté en 1985 ; Guy Mauvillain acquitté en 1985 ; Rida Daalouche acquitté en 1999 ; Patrick Dils acquitté en 2002.

Malgré un parcours judiciaire similaire, l'actualisation de leur statut de criminel (lorsqu'ils sont condamnés dans un premier temps) et celui de victime (d'erreur judiciaire) diffèrent sur des aspects décisifs.

Comme je l'ai mis en lumière dans ma recherche, le cas Agret apparaît comme un personnage charismatique, un leader, qui porte sa propre cause à bras le corps. C'est parce qu'il met concrètement sa vie dans la balance [14] que sa culpabilité ne fait plus sens dans l'opinion publique.

Quant au cas de « l'agneau » Dils, il se glisse sous un autre type de masque de victime. Dans un premier temps, agent, il est relativement passif, mené. Il passe ensuite de l'impureté (criminel souillé par la sang de deux enfants qu'il aurait sur les mains) à la pureté (retrouve une identité médiatique qui s'approche du champs lexical de l'enfant) ; du personnage de « l'étranger » de Camus (dénué de sentiments), à celui de l'agneau sacrifié (qui a souffert dans sa chair).

Les 4 autres cas connaissent aussi des spécificités qui demanderaient à être approfondies :

- Le cas de Jean Deshays est le seul cas d'erreur judiciaire où d'autres boucs émissaires ont officiellement repris le masque de coupable et été condamnés pour le crime initial.
- Jean-Marie Deveaux a refusé la grâce dont il pouvait bénéficier afin d'être officiellement reconnu comme une erreur judiciaire.
- Guy Mauvillain a comme spécificité de devoir son acquittement à un vice de procédure pour une irrégularité commise lors du tirage au sort des jurés.
- Enfin Rida Daalouche est le seul cas à ne pas avoir été indemnisé après son acquittement. Par ailleurs, il s'agit du cas le moins médiatisé et pourtant le seul à avoir pu apporter une preuve « irréfutable » de son « innocence ».

L'étude pratique de ces cas d'erreur judiciaire avérée prendrait appui sur des terrains différents. Chacun d'entre eux, à sa manière, éclairera les réalités plurielles de ces affaires judiciaires.

1er terrain : Les témoignages. Une vision rétrospective du parcours judiciaire des cas peut être rendue possible grâce à des entretiens approfondis réalisés avec les « victimes », ou encore si ces dernières sont décédés, à partir d'entretiens ou de publications biographiques (seuls Jean Deshays et Rida Daalouche n'ont pas produit ce type de document). Il s'agirait de recueillir des perspectives subjectives des acteurs sur leur propre parcours.

14. En procédant, entre autre, à des automutilations très médiatiques.

2ème terrain : le dossier judiciaire. Les points de vue fossilisés des différents acteurs (enquêteurs, juge, témoins à charge) qui ont participé à l'édification des masques de coupable aux moments de l'instruction, peuvent être appréhendés grâce à l'exploitation des dossiers judiciaires. Dans les pages du dossier, on observe les sédimentations successives des identités judiciaires qu'ont successivement empruntées nos cas d'étude (témoin ordinaire, suspect, coupable, éventuel condamné à tort, erreur judiciaire).

3ème terrain : les médias. Une recontextualisation du façonnage de l'opinion publique peut être entreprise à partir des productions médiatiques réalisées à chaque temps des différentes affaires.

Il résulterait de cette approche un apport non négligeable pour la *victimologie*, à savoir les victimes produites par l'institution étatique.

2.3 – Droit et étiquetage : des figures mythique positives ou négatives

Enfin, un troisième axe de recherche peut être envisagé pour approfondir mon précédent travail : *l'étiquetage judiciaire*. Deux pistes proches de la thématique de l'erreur judiciaire ressortent.

La première consisterait à étudier les cas qui font causes mais qui n'aboutissent pas sur une erreur judiciaire (Seznec, Raddad, Ranucci...). Quels facteurs diffèrent des cas reconnus ? Quel a été leur cheminement vers une nouvelle identité d'innocent (au niveau des qualificatifs qu'on leur attribue dans les médias et la littérature) sans pour autant en avoir le statut d'erreur judiciaire (ils conservent sur leur casier la responsabilité du crime) ? Pour définir ces cas qui font cause comme identité d'erreur judiciaire, je me baserai sur leur qualification médiatique (presse, ouvrages dédiés). Ainsi, même si leur cas n'est pas officiellement reconnu comme erreur (par l'institution judiciaire), leur notoriété médiatique sera une manière de les objectiver (qualification d'« erreur judiciaire » récurrente).

Dans un second temps, je pourrai, après avoir étudié la figure de l'erreur judiciaire : une « grande victime », élargir l'approche du fonctionnement judiciaire à l'étiquetage de « monstre », de bouc émissaire (tels les cas de Fourniret, Heaulmes ...). Car si les victimes de l'erreur judiciaire deviennent *in fine* des héros positifs, les héros négatifs, tels certains criminels légendaires (serial killer) sont aussi puissants dans l'imaginaire collectif. Si les uns sont des figures de l'estime publique, les autres sont des incarnations de l'opprobre public. En ce sens, les héros négatifs eux aussi sont des constructions. Je souhaiterai étudier l'étiquetage de coupables à travers ses héros négatifs. Quels sont les traitements (judiciaire, médiatique) réservés à ceux qui n'ont pas de mobile (motif personnel, grief) pouvant expliquer le crime ? C'est le mythe du tueur qui tue au hasard, le crime qui heurte le plus les états forts et définis de la conscience collective. Ceux qui sont souvent à la base de mythes [15] judiciaires (Jack l'éventreur), où l'on garde en définitive l'imaginaire du crime en retranchant souvent à son auteur toute « humanité ». Pour mener une telle étude, il faudrait également recourir à des études de cas, en prenant en compte les productions plurielles qui ont pu construire leur identité négative.

Conclusions

La mise en place d'une formation universitaire en criminologie serait féconde pour étudier des phénomènes tels que l'erreur judiciaire. Enfermée dans un seul domaine, la perspective d'une étude peut apparaître quelque peu borgne et ne pas saisir les enjeux de chacun des partis engagés dans un processus. Par ailleurs, on ne s'improvise ni juriste, ni psychologue, ni psychiatre, ni sociologue. Utiliser une littérature d'un domaine étranger à sa formation demande une certaine formation préalable, une initiation au vocabulaire spécifique et aux logiques de chacun des domaines. Enfin, pouvoir appréhender un phénomène à travers de multiples dimensions offre une perspective plus riche dans la compréhension d'un phénomène.

Lors de ma thèse, ces apports transdisciplinaires m'ont fait défaut, surtout quand il a fallu décortiquer les différents documents de l'étude du dossier judiciaire (article de loi, ordonnance, expertises...). Faire reconnaître la criminologie comme une entité universitaire à part entière peut autant favoriser des échanges de perspectives de personnes d'horizons variées que favoriser une meilleure connaissance du crime et de sa régulation.

15. Au sens de Bolanski, le mythe « consiste en un travail de simplification pour faire entrer le drame dans les cadres de logique », Boltanski L., Claverie E., Offenstadt N., van Damme S., *Affaires, scandales et grandes causes*, éditions Stock, 2007.

VI

Impressions

30

Au fil de la journée [1]

Par Jean-Michel Bessette

***Jean-Michel Bessette** est professeur de sociologie, anthropologie et criminologie à l'Université de Franche-Comté, Besançon, responsable du master 2 « Sociologie, spécialité criminologie ». Il est membre du Conseil d'administration de l'Association française de criminologie (A.F.C.) et membre du jury de Prix Gabriel Tarde, prix français de criminologie.*

Avertissement : Je prends ici le parti de restituer – agrémentées ponctuellement de brefs commentaires *(en italiques)* – les notes librement prises au fil de la journée.

1 – Ouverture

Dans son discours introductif, **Alain Laquieze**, directeur scientifique adjoint à l'Institut des Sciences Humaines et Sociales du C.N.R.S. représentant le directeur général du C.N.R.S., a « rappelé » (*sic*) que ce colloque prenait place dans une réflexion, entamée depuis plusieurs mois, sur la « formation et la recherche en matière stratégique », sous l'égide de la mission présidée par M. Alain Bauer [2]. Cette mission avait notamment recommandé la créa-

1. Communication sollicitée par le comité scientifique.

2. A propos de la nomination par le fait du Prince – sans appel à candidature ni concours d'aucune sorte – d'Alain Bauer à une chaire professorale de criminologie appliquée au C.N.A.M., je tiens à dire que la « visibilité » ainsi donnée à la criminologie en France

tion de filières universitaires consacrées à la criminologie, ainsi qu'une structuration accrue de la recherche dans le domaine des questions de sécurité. Après avoir souligné que l'approche pluridisciplinaire pour étudier le phénomène criminel dans toutes ses dimensions apparaissait très riche du point de vue heuristique et obéissait à la préoccupation du C.N.R.S. d'encourager le regard croisé des disciplines sur un objet commun, Alain Laquieze a tenu à assurer le soutien de son institution à la réflexion poursuivie dans le cadre de ce colloque.

Didier Guérin, conseiller de la chambre criminelle de la Cour de Cassation, représentant Vincent Lamanda, Premier président de la Cour de Cassation, a d'abord évoqué la nouvelle loi relative à la rétention et à la surveillance de sûreté.

Puis il a rappelé les propositions relatives à la criminologie, recommandées dans les conclusions du rapport Lamanda :

• Promouvoir la recherche et l'enseignement de la criminologie ;

• Confier la définition des orientations et des priorités de la recherche criminologique, la coordination des différentes études et la valorisation de leurs résultats à un conseil scientifique national ;

• Favoriser l'enseignement universitaire approprié à la qualification de criminologue clinicien ;

• Compléter en criminologie clinique les formations initiales et continues de certains professionnels.

Il a enfin exprimé quelques remarques tirées de son expérience professionnelle à la direction des affaires criminelles et des grâces. Ayant eu à travailler sur la réforme du code pénal et sur plusieurs réformes du Code de procédure pénale, Didier Guérin a relevé qu'au sein de la commission de révision du code pénal, dont les travaux ont été à l'origine du code pénal de 1994, il n'y avait pas un seul membre issu du monde de la recherche en criminologie. Les réformes de procédure pénale ont essentiellement été élaborées dans le cercle étroit des juristes. Il lui a cependant semblé qu'il n'apparaissait pas, de la part des chercheurs spécialistes du domaine à l'époque, de démarche dynamique par laquelle ils auraient cherché à sortir d'un certain isolement pour amener à une prise en compte des fruits de leurs travaux.

Cette dernière remarque touche à la question récurrente (particulièrement sensible en matière criminologique) des rapports entre le savant et le poli-

---

m'apparaît proprement inquiétante et susceptible de nourrir appétits commerciaux et phantasmes sécuritaires.

tique dont je reparlerai plus loin. La relative « frilosité » – à bien des égards compréhensible – de nombre d'enseignants ou de chercheurs dans le domaine criminologique souligne la situation ambiguë dans laquelle se trouve le criminologue désireux d'éviter de tomber dans le piège de la normativité. Il se retrouve alors d'une certaine façon dans la situation stigmatisée par Péguy (à propos de la morale de l'intention) de ces intellectuels qui ont en pensée les mains pures, mais qui n'ont, dit-il, en pratique pas de mains !

2 – L'enseignement de la criminologie à l'étranger

En introduction, **François Courtine**, directeur de la recherche à l'Ecole nationale de l'administration pénitentiaire (E.N.A.P.), énumère un certain nombre de questions à poser à nos collègues étrangers à propos de la criminologie :

- Est-ce une science ?
- Est-elle instituée, enseignée, centralisée ?
- dans le domaine public, dans le domaine privé ?
- Quels financements ?, etc.

Raphaella Sette, professeur à l'Université de Bologne, retrace l'historique de l'enseignement de la criminologie en Italie. Initialement incluse dans la filière « politiques sociales » (1970), la criminologie s'est ensuite vue intégrée (à partir de 1994) dans le champ de la sociologie de la déviance et de la sociologie du droit. Elle souligne l'imbrication, parfois difficile à démêler, de la criminologie avec le domaine du politique et les problèmes rencontrés en la matière depuis 2006.

Mohamed Jaouhar, professeur à l'Université de Casablanca, renchérit sur les difficultés de développer la criminologie en raison de réticences, voire de blocages, politiques. Ainsi, faute de pouvoir accéder aux statistiques criminelles, une recherche scientifique digne de ce nom n'est actuellement guère possible au Maroc.

Nicolas Queloz, professeur à l'Université de Fribourg (Suisse) et président de l'Association internationale des criminologues de langue française (A.I.C.L.F.), indique que dans son pays, la criminologie ne constitue pas à proprement parler une discipline autonome. Elle est généralement enseignée, principalement au niveau master, dans les Facultés de droit, et ouverte à d'autres disciplines telles que la psychologie, la sociologie ou la pédagogie. Ici aussi, l'impact du politique (en particulier dans une perspective sécuritaire) se fait sentir.

Christian-Nils Robert, professeur honoraire en droit à l'Université de Genève, ne revendique pas l'étiquette de criminologue. Auteur d'un cours d'introduction à la criminologie, il pointe le caractère éclaté des auditoires auxquels il s'est adressé, insistant sur la *pluridisciplinarité* constitutive du champ criminologique.

Josefina Alvarez présente la situation de la criminologie en Espagne. Depuis les années 1970, il existe un véritable développement de la criminologie dans ce pays. On peut y recenser quelque 25 universités délivrant des diplômes de criminologie. C'est une discipline qui compte près de 5 000 étudiants et environ 1 500 diplômes de criminologie sont délivrés chaque année. Après vingt années d'efforts nécessitant cohérence et coordination, la criminologie a désormais droit de cité dans le cadre L.M.D.

3 – La formation en criminologie…

Jean-Louis Senon, professeur de psychiatrie et de médecine légale et **Jean Danet**, maître de conférences en droit et sciences criminelles, ont insisté, chacun à sa façon, sur le *décloisonnement* (disciplinaire, géographique [3]) nécessaire à l'approche criminologique. Le médecin est un praticien du champ criminologique, en particulier à travers le rôle crucial joué par le psychiatre en qualité d'expert. La question de savoir s'il conviendrait d'enseigner la criminologie en tant que spécialisation ou en formation initiale, conduit Jean Danet à appeler de ses vœux une formation initiale transversale offrant des outils pour travailler avec le recul critique nécessaire à une action « éclairée », tandis que Jean-Louis Senon souligne le besoin de formation complémentaire en criminologie pour les médecins.

4 – Enseigner au sein de la Babel criminologique

Stigmatisant d'emblée l'impérialisme (au moins passé !) de la médecine et du droit en matière criminologique, **Jacques Faget**, juriste et sociologue, insiste sur la nécessité de développer un *savoir commun pluridisciplinaire sans exclusive*. A propos des rapports entre criminologie et politique (pouvoir), optant résolument pour le caractère émancipateur du savoir (par opposition à l'asservissement à l'ordre public), il défend l'idée d'une posture éthique commune fondée principalement sur la dimension critique et le travail de dévoilement devant être opéré par le criminologue conséquent.

3. Il y a des déserts criminologiques en France (Jean-Luc Viaux). Il faudrait développer des Ecoles régionales de criminologie (Robert Cario).

Evoquant les éventuelles incertitudes et inquiétudes identitaires générées par les savoirs dispersés, **Loïc Villerbu**, professeur de psychologie, prône la *synergie interdisciplinaire et la mise en réseaux des potentialités*. Dans cette perspective, il suggère la mise en place de pôles et de plateformes de compétences criminologiques.

5 – Etudes et recherches dans le champ criminologique

Evoquant la question des rapports entre recherche et politiques publiques **Jean-Paul Jean**, magistrat, se refuse à distinguer entre chercheurs aux « mains propres » et chercheurs aux « mains sales ». Tout en soulignant le danger d'une criminologie qui se voudrait prédictive, il défend l'orientation d'une recherche criminologique trouvant sa réalisation dans l'action.

Philip Milburn, professeur de sociologie, décline un éventail de questions constitutives de grands axes de recherche en matière criminologique :

1) l'étude des faits criminels (auteurs et victimes) dans différents aspects :
• aspects comptables (approche quantitative) ;
• à travers des enquêtes de victimation ;
• du point de vue des rationalités des acteurs (aspects qualitatifs) ;
• à travers une critique des catégories communément admises (« terrorisme », « violences » etc.).

2) l'étude des processus de criminalisation primaire :
• ce qui est criminalisé ;
• ce qui est décriminalisé ;
• l'étude de l'évolution de la procédure pénale ;
• l'étude et l'évolution de la jurisprudence.

3) Les réponses à la criminalité :
• les dispositifs des politiques publiques ;
• les dispositifs des politiques pénitentiaires ;
• les questions relatives à la surveillance.

4) le populisme pénal :
• idéologie sécuritaire et marchands de peur…

Ce à quoi Jean-Paul Jean ajoute :

- le problème des qualités des équipes de recherche (éclatement de la discipline) ;
- la délinquance financière ;
- l'impact des décisions pénales (*sentencing*) ;
- le travail sur des sujets controversés.

6 – Impressions à trois voix

Dans les quelques minutes consacrées à un retour sur la journée, **Evry Archer**, médecin psychiatre, a insisté sur le *souci éthique* devant animer les rares psychiatres acceptant, en France, d'être experts auprès des tribunaux. Il a également prôné le développement de la transdisciplinarité.

Enfin, représentant l'Association Française de Criminologie, **Philippe Pottier** a rappelé l'action de longue date de cette association en faveur du développement de la criminologie et indiqué que celle-ci se mettait à la disposition de la communauté des criminologues pour poursuivre le travail engagé.

7 – Pour ne pas conclure [4]

Sans viser à une synthèse raisonnée, voici pêle-mêle – telles des balises – les thèmes principaux qui me sont apparus ressortir de cette journée :

- fédérer les acteurs de la criminologie ;
- décloisonner les disciplines ;
- favoriser les synergies ;
- regrouper des pôles et offrir des plateformes de compétences ;
- définir une position axiologique, éthique, rapports au politique ;
- recherche autonome et enseignement critique ;
- interdisciplinarité, pluridisciplinarité, transdisciplinarité ;
- plaisir, tant du côté des auditeurs (étudiants) que des enseignants de la pratique de l'inter et de la transdisciplinarité ;
- ne pas oublier l'histoire…

A propos de la création ou non de la criminologie à l'université en tant que discipline autonome, j'ai trouvé intéressante la proposition avancée par **Patrick Colin**, maître de conférences en sociologie à l'Université de Stras-

4. « Qu'est-ce que la bêtise ? C'est celui qui conclut ». Gustave Flaubert.

bourg, d'envisager la *création de licences et de masters en criminologie* qui correspondraient à un *parcours spécifique* à partir d'une discipline majeure (droit, psychologie, sociologie, histoire, médecine, etc.). L'étudiant suivrait les unités d'enseignement fondamentales dans sa filière avec des modules thématiques en criminologie, mais choisirait ses unités d'enseignement complémentaires en criminologie systématiquement dans les autres disciplines. A défaut de création (quasi *ex nihilo*) peut-être serait-ce une façon d'ancrer, progressivement mais solidement, la criminologie dans le paysage universitaire.

La question récurrente du *rapport du savant au politique*, particulièrement sensible en matière criminologique, m'amène à évoquer – modeste contribution à la réflexion sur ce sujet – des analyses désormais classiques qui ont été produites sur cette thématique. Si Max Weber a insisté sur *l'éthique de la responsabilité* qui devait guider le savant dans la cité, pour Gramsci l'organisation de la culture apparaît organiquement liée au pouvoir dominant. C'est en ce sens qu'il forge la notion *d'intellectuel organique* pour stigmatiser la fonction idéologique que remplissent certains intellectuels (ou prétendus tels – et je ne peux m'empêcher ici de penser au « cas » Bauer) en accomplissant des missions de direction technique et politique au service du groupe dominant. A l'encontre de cette figure (de l'intellectuel organique), Gramsci défend l'idée d'un *intellectuel « révolutionnaire »* favorisant le progrès de la conscience des masses. Michel Foucault, se refusant à attribuer aux intellectuels un rôle prépondérant (celui-ci n'a pas à parler pour les autres) s'est écarté de la figure de l'intellectuel « révolutionnaire » (tout aussi bien que de celle de *« l'intellectuel universel »* – conscience planétaire – style Jean-Paul Sartre), en avançant la notion *d'intellectuel spécifique*. De fait, avec la diversification des fonctions techniques et scientifiques dans les sociétés modernes, les intellectuels s'investissent désormais dans des secteurs déterminés, en des points précis et spécialisés, d'où ce terme d'intellectuel spécifique. Pierre Bourdieu a prolongé cette notion dans une perspective critique et globalisante en forgeant la notion *d'intellectuel collectif*. Il entend par là, la réunion – mise en réseau – d'intellectuels spécifiques, capables d'agir de façon autonome face aux experts appointés par les puissants. « Cet intellectuel collectif – écrit-il – peut et doit remplir des fonctions négatives, critiques, en travaillant à produire et à disséminer des instruments de défense contre la domination symbolique qui s'arme aujourd'hui, le plus souvent, de l'autorité de la science et opposer une critique proprement scientifique à l'autorité à prétention scientifique des experts ». Ainsi, cet intellectuel collectif peut contribuer à créer les conditions sociales de production collective d'utopies réalistes.

En épilogue, qu'il me soit permis de rappeler ce que j'écrivais dans la postface à l'ouvrage collectif *Crimes et cultures,* publié à la suite du 34ème congrès de l'Association Française de Criminologie [5] et qui me semble toujours d'actualité.

Faut-il se résoudre à ne voir dans ce qu'il est convenu de désigner sous le terme de « criminologie » qu'une sorte d'artefact, le produit de la conjonction occasionnelle de points de vue de diverses disciplines sur un phénomène protéiforme, bref un mythe scientifique ? D'aucuns pensent en effet que la « criminologie » ne constitue pas une science à proprement parler, mais plutôt un domaine à la fois de recherche et d'applications. Ainsi, le « criminologue » serait une sorte de roi sans royaume. « La criminologie », s'interrogeait Thorsten Sellin, il y a déjà quarante ans, est-elle une science de synthèse ? La criminologie n'est pas une science au sens limité du mot. Et cependant ce terme de « criminologie » doit subsister, soit pour couvrir simplement les diverses recherches plus ou moins connexes qui n'ont qu'un aspect commun, celui de s'intéresser aux crimes et aux criminels, soit pour désigner une discipline qui s'assigne comme fonction essentielle l'intégration et la synthèse des conclusions fournies par (ces) recherches » [6].

Alors, pluridisciplinaire, interdisciplinaire, transdisciplinaire ? En vérité, la recherche et l'action « criminologiques » relèvent de l'un ou l'autre selon les cas. Pluridisciplinaire lorsque collaborent à l'étude d'un même objet plusieurs chercheurs chacun restant dans les limites de sa discipline [7]. Inter et transdisciplinaire lorsque les approches des chercheurs de diverses disciplines ne se contentent pas d'une simple juxtaposition mais, tissant des passerelles, procèdent à des recombinaisons, des recompositions, des hybridations. Science bâtarde, riche de ces combinatoires, la « criminologie » se révèle tantôt centrifuge, tantôt centripète, balançant entre essaimages inopinés, aménagement des empires et découverte d'horizons insoupçonnés [8]. En fait, le théâtre de la « criminologie » constitue un lieu privilégié de *tension paradigmatique*, propice à la découverte scientifique. Il favorise l'expression de cette tension essentielle dont parle Kuhn, dialectique mobilisant tout à la fois l'expression de modes de pensée convergents (classiques) et divergents

5. « Pour une approche anthropologique du crime », in Bessette J-M. (Dir.), *Crimes et cultures*, l'Harmattan, 1999.

6. Sellin, 1960, pp. 890-896.

7. Emprisonné dans les limites de son cerveau ?

8. V. l'ouverture exprimée par Loïck Villerbu vers *des criminologies*.

(créatifs) [9], « dans la perspective d'erreurs rectifiées qui caractérise la pensée scientifique » [10].

S'efforçant d'échapper au diktat de la sur-spécialisation (qui traduit peut-être davantage le poids des pressions institutionnelles et des intérêts particuliers plutôt qu'un véritable souci de recherche), sans pour autant céder à une mythologie fusionnelle qui relèverait du « fantasme de toute puissance de l'enfant », une approche résolument *transdisciplinaire* du phénomène criminel ne fait qu'exprimer cette « volonté de savoir » dont le mobile sourd du plus profond de la « nature humaine » : l'appétit de connaissance. Pour l'anthropologue – qui sait que l'homme est génétiquement déterminé à l'indétermination – sacrifier à une idéologie de la sur-spécialisation c'est s'amputer d'une part essentielle de ses potentialités. « L'exigence de raison n'est pas inspirée par la recherche de la vérité, mais par celle de sens » [11]. Dans cette perspective, partir en quête de *« la vérité »* – leurre derrière lequel se profile la rationalité technologique [12] en lutte pour le monopole des représentations légitimes du monde – c'est glisser sur le miroir des illusions collectives [13]. La dynamique de la recherche – qui libère et réactive nos potentialités – conduit à de nouveaux horizons de la connaissance, au delà des pistes balisées du savoir, rempart des pouvoirs et des féodalités, y compris scientifiques.

Dans son article sur la « criminologie », discipline de synthèse, Sellin concluait : « Je suis disposé à donner le titre royal (du roi sans royaume que serait le criminologue) à celui qui fait l'intégration et la synthèse des conclusions des chercheurs dans les diverses sciences biologiques, mentales et sociales ». En réalité, dans le domaine scientifique comme dans le domaine politique, le temps des monarques absolus est révolu. Sans doute, les disciplines existent-elles et leur existence est-elle nécessaire à l'avancement des recherches. Mais au delà des retranchements disciplinaires, des cénacles ou des chapelles, pour nous, chercheurs qui explorons le domaine du crime, « le parti pris de connaissance est le même, dès que nous nous arrachons à la sphère narcissique de notre propre normalité » [14]. Tous comptes faits, il ap-

9. Kuhn, La structure des révolutions scientifiques, Flammarion, 1980, pp. 275-292.

10. Bachelard G., *La formation de l'esprit scientifique*, Vrin, 1972, p. 10.

11. Arendt, 1992, p. 30.

12. V. Marcuse, 1968.

13. Il faudrait prolonger la réflexion à ce sujet en faisant référence aux dernières leçons délivrées par Michel Foucault au collège de France, plus particulièrement à travers la notion de *parrêsia* : Foucault M., *Le courage de la vérité*, Hautes Etudes, Gallimard, Seuil, 2009.

14. Duvignaud, 1998, p. 15.

partient aux divers citoyens chercheurs travaillant dans le domaine du crime de bâtir ensemble la cité savante des « criminologues ».

Dans cette perspective, il conviendrait que nous nous mettions dès maintenant au travail [15] pour réaliser *cette utopie réaliste que peut être la criminologie.*

15. V. *infra* la contribution de Martine Herzog-Evans, « Libres propos sur la naissance d'une / de la criminologie en France ».

31

Libres propos sur la naissance d'une / de la criminologie en France[1]

Par Martine Herzog-Evans

***Martine Herzog-Evans** est professeur de droit à l'Université de Reims. Elle a précédemment enseigné au sein des universités de Nantes, Paris 11 et Paris 10. L'essentiel de ses travaux concerne l'exécution des peines. Cependant elle a également écrit en droit privé et de la famille et, plus précisément, en matière de maternité.*

Bien que n'ayant pas assisté, et je le regrette, à la totalité des travaux du colloque du 3 février 2009, je souhaitais faire part de mon sentiment après cette journée exceptionnelle. Vous voudrez bien pardonner le ton assez libre de ce propos, sans prétention aucune.

Je voulais tout d'abord remercier Pierre V. Tournier dont l'énergie infatigable a rendu possible un tel événement fondateur. Dans quelques années, lorsque nous aurons avancé nous pourrons dire « j'y étais » et dater précisément le début d'une incroyable aventure en ce 3 février. Je me suis sentie très privilégiée d'être dans cette grande salle, en train d'assister, grâce aux efforts de Pierre, à une naissance extraordinaire.

Certes il a été à juste titre évoqué que :

• nous ne savions pas nécessairement ce qu'était un criminologue ;

1. Communication sollicitée par le comité scientifique, déjà publiée dans *Actualité juridique. Pénal* (Dalloz), n°6/2009, dossier « Criminologie : état des lieux ».

• qu'il restait à définir ce que devrait être l'enseignement minimal ;

• que nous nous heurterions à de fortes résistances et de la faculté et des praticiens ;

• que nous n'étions pas au niveau face aux canadiens ;

• que nous avions à lutter contre le risque de politisation ;

• mais que, dans le même temps, il nous fallait éviter tel choix politique ou tel autre ;

• qu'il y aurait une difficile phase de transition, ce qui se manifesterait notamment quant à la pratique, quant à l'organisation des études, quant à la recherche et aux thèses ;

• la tentation de demi mesures s'est d'ailleurs exprimée ;

• celle d'imposer un contenu, d'écarter les uns ou les autres, de marquer les territoires aussi, hélas.

Loick Villerbu, avec son talent habituel, a glissé, parmi bien d'autres propos *to the point*, que nous avions aussi à lutter contre nos peurs et notamment celle, intime, de ne pas être au niveau, chacun d'entre nous, pris individuellement.

Cette remarque si juste, que personne n'a relevé, couplée à l'ambiance du jour et à l'enjeu qui s'ouvrait m'a fait penser à un fascinant exemple historique, qui pourrait presque servir de métaphore à ce qui se joue : lors de la création d'Israël, il fut nécessaire de choisir la langue officielle du pays. Il fut un temps pensé au Yiddish, confortable pour de nombreux fondateurs – mais pas pour tous. Mais c'est un choix autrement plus ambitieux, mais en même temps effrayant au départ qui fut fait : l'Hébreu, qui était jusque là une langue morte, fut ressuscité et érigé en langue du nouveau pays. Il fallut se faire aider de linguistes pour diffuser la langue, pour trouver des tournures plus modernes, pour inventer des nouveaux mots (téléphone, voiture…). Les enfants nés dans cette nouvelle langue s'y trouvèrent naturellement comme des poissons dans l'eau, faute d'avoir connu autre chose. Ils la firent leur et celle-ci se confondit avec la nouvelle culture, tout en étant issue de l'ancienne. Les parents, eux, eurent plus de mal, surtout ceux qui ne connaissaient que peu l'hébreu. Ils ne furent jamais aussi à l'aise que leurs enfants. Bien que fondateurs, ils se trouvèrent bien moins à l'aise que ces derniers pour la pratiquer.

C'est me semble-t-il de cette peur-là que parlait Loïc Villerbu. Nous sommes à l'aube de la création de quelque chose de nouveau, la criminologie à la française. Nous avons des bouts de savoir, mais pas tout le savoir. Ceux pour lesquels nous préparons les diplômes, la discipline, les UFR peut-être, les thèses en criminologie, etc., seront meilleurs que nous. Parce qu'ils seront de cette nouvelle culture que nous aurons créée pour eux.

Nous avons peur, certainement de ce sentiment d'incompétence, inévitable, d'autant plus que nous ne savons justement pas encore ce que sera ce que nous nous préparons à inventer, ni totalement à quoi cela servira.

Faut-il pour autant renoncer ? Faut-il pour autant n'y aller que doucement, à tout petits ou à demi pas ? Je suis de ceux qui pensent que non.

Je suis de ceux qui pensent U.F.R. de criminologie, thèses en criminologie, métiers de criminologues, criminologie clinique.

Ce sera demain et après demain.

Je me sens privilégiée d'y participer, ce alors même que je ne suis pas criminologue et ne le serai jamais, n'étant – pardonnez moi ces métaphores linguistiques répétées – que monolingue juriste.

Il me semble qu'il convient donc de se mettre d'urgence au travail pour :

• définir l'enseignement de base mais plus encore les cursus L.M.D. des futurs criminologues cliniciens, chercheurs, praticiens divers ;

• faire ces recherches que Jean-Paul Jean nous a, à juste titre, reproché de ne pas faire ;

• et pour cela travailler ensemble, car chacun, seul dans nos cultures disciplinaires, ne le pouvons pas.

J'espère que nous dépasserons aussi notre peur des autres. Les neurosciences seraient à rejeter ? Comment pouvons-nous avoir cette immense prétention que de rejeter en bloc ce que nous ignorons pour l'essentiel ? Les Canadiens auraient eu tort ? Nous avons pourtant tant à apprendre d'eux.

Soyons plein de modestie et d'immodestie à la fois, d'enthousiasme et d'énergie créatrice.

Beaucoup a été fait ailleurs et nous sommes en retard.

Mais beaucoup se fait tout de même en France dans nos chapelles respectives dans l'ignorance, trop souvent, de ce qui se fait ailleurs.

Nous sommes à mon sens capables d'inventer du nouveau, de donner un sens, un contenu particulier.

Mettons-nous au travail !

VII

Cartographie des enseignements en criminologie dans les universités françaises

Cette cartographie, certainement non exhaustive, a été établie par Pierre V. Tournier avec l'aide des enseignants chercheurs présents le 2 octobre 2008, à la 1ère réunion « Etudier la criminologie à l'Université ». Cet inventaire est constitué de près de 100 diplômes nationaux ou d'université qui s'inscrivent, d'une façon ou d'une autre, dans le champ criminologique.

1 – AIX-MARSEILLE

1.1 – Université Paul Cézanne, Aix-Marseille 3

• Master 2 recherche « *Domaine : droit, économie, gestion / Mention : droit privé / Spécialité Sciences criminelles* », Institut de sciences pénales et de criminologie – Centre de recherche en matière pénale Fernand Boulan (Resp. Sylvie Cimamonti).

• Master 2 professionnel, « *Domaine : droit, économie, gestion / Mention : droit privé, sciences criminelles et justice / spécialité : expertise dans le système pénal* », Institut de sciences pénales et de criminologie – Centre de recherche en matière pénale Fernand Boulan (Resp. Geneviève Casile-Hugues).

• Master 2 professionnel, « *Traitement de la délinquance / parcours application des peines* », Institut de sciences pénales et de criminologie – Centre de recherche en matière pénale Fernand Boulan (Resp. Muriel Giacopelli).

• Master 2 professionnel, « *Prévention et répression de la délinquance financière et de la criminalité organisée* » (Resp. Gilles Duteil).

• Master 2 professionnel, « *Domaine : droit, économie, gestion / Mention : doit privé et sciences criminelles / Parcours : Lutte contre l'insécurité* », (Resp. Gaëtan Di Marino).

• D.U., « *Sciences criminelles* », Institut de sciences pénales et de criminologie – Centre de recherche en matière pénale Fernand Boulan (Resp. Jean-Yves Lasalle).

1.2 – Université de la Méditerranée, Aix-Marseille 1, Faculté de Médecine

• D.U., « *Prise en charge des auteurs d'infractions à caractère sexuel* » (Resp. Christophe Lançon).

• D.U., « *Psychiatrie et psychologie légales* » (Resp. Georges Leonetti).

• C.E.U., « *Législation et expertise psychologique et psychiatrique* » (Resp. Georges Leonetti).

• D.I.U., « *Aptitude à l'expertise médicale* » (Resp. Georges Leonetti).

• D.I.U., « *Aspects médico-sociaux et prévention des addictions* » (Resp. Christophe Lançon et Alain Botta-Fridlund).

• D.U., « *Adolescents difficiles* » (Resp. Marcel Rufo)

2 – AGEN

• V. : Bordeaux et Pau / Bayonne : les enseignements du master 1 sont organisés à Pau et ceux du master 2 à Agen (Resp. Jean-Paul Céré).

3 – ANGERS

• D.I.U., « *Psychiatrie criminelle et médicolégale* », Universités de Poitiers, Angers et Tours (Resp. Jean-Louis Senon et Bernard Méry).

4 – BESANCON

• Master 2, « *Sociologie, spécialité criminologie* » (Resp. Jean-Michel Bessette).

5 – BORDEAUX

• Masters 1 et 2, « *Domaine : droit, économie, gestion / Mention : droit privé et sciences criminelles / Spécialité : Droit de l'exécution des peines et droits de l'homme* », Université Bordeaux 4 (Resp. Jean-Paul Céré). Une seule promotion avec le master de Pau. Les enseignements du master 1 sont organisés à Pau et ceux du master 2 à Agen.

• D.U., « *Certificat de sciences criminelles* », Bordeaux 4 (Resp. Yves Bianco-Brun, Valérie Malabat et Jean-Christophe Saint-Pau).

6 – CERGY-POINTOISE

• Master 2 professionnel, « *Droit pénal financier* ». En partenariat avec l'E.S.S.E.C. (Resp. Anne-Dominique Merville).

7 – DIJON

• Master, « *Droit / mention : carrières judiciaires et sciences criminelles* ».

8 – GRENOBLE

• Master 2 professionnel, « Psycho-Criminologie », Université Pierre Mendès France (Resp. Catherine Blatier).

• Master 2 recherche, « Psycho-Criminologie », Université Pierre Mendès France (Resp. Catherine Blatier).

• Master 2 recherche, « *Droit privé / spécialité : droit pénal et sciences criminelles* », Institut de sciences criminelles (Resp. Xavier Pin).

• D.U., « *Criminologie et sciences criminelles* », Institut de sciences criminelles (Resp. Frédérique Fiechter-Boulvard).

9 – LILLE

9.1 – Université Lille 2

• Master 2 professionnel, « *Droit privé / Mention : professions juridiques et judiciaires / Parcours : Etudes pénales et criminelle* », Lille 2 (Resp. Alain Prothais).

• D.U. « *Certificat d'études pénales et criminologiques* », Lille 2, Institut de criminologie (Resp. Alain Prothais et Françoise Lombard).

• D.U. « *Diplôme d'études supérieures criminologiques* », Lille 2, Institut de criminologie (Resp. Alain Prothais et Françoise Lombard).

9.2 – Université Lille 3

• D.U. « *Méthodes psychologiques en criminologie* », Lille 3 (Resp. Daniel Beaune).

• D.U.I., « *Psychologie et Justice* », Lille 3. avec la collaboration de l'Institut de Criminologie de l'Université de Lille 2 et de l'Institut Philippe Pinel de Montréal / Québec / Canada. Avec le soutien de l'Association Française de Criminologie (A.F.C.) et du Forum Européen de Politique Criminelle Appliquée (Resp. Nathalie Przygodzki-Lionet).

10 – LYON

10.1 – Université Claude Bernard, Lyon 1

• Masters 1 et 2 professionnel, « *Domaine : sciences, technologies, santé / Mention : analyse et contrôle physico-chimiques / spécialité : analyse et contrôle physico-chimiques / parcours : analyse et contrôle physico-chimiques* », Université Claude Bernard, Lyon 1 (Resp. Jérôme Randon).

• Masters 1 et 2 professionnel, « *Domaine : sciences, technologies, santé / Mention : analyse et contrôle physico-chimiques / spécialité : criminalistique / parcours : criminalistiques* », Université Claude Bernard, Lyon 1 (Resp. Jérôme Randon).

• D.U., « *Criminologie clinique* », Université Claude Bernard, Lyon 1 (Resp. Jean-Marc Elchardus, Frédéric Meunier et Magali Ravit).

• D.U., « *Expertise judiciaire, psychiatrique et psychologique* », Université Claude Bernard, Lyon 1 (Resp. Liliane Daligand).

• D.I.U., « *Victimologie* », Université Claude Bernard, Lyon 1 (Resp. Liliane Daligand).

10.2 – Université Jean Moulin, Lyon 3

• Master 2 recherche, « *Droit privé et sciences criminelles / spécialité : histoire du droit et des institutions* », Université Jean Moulin, Lyon 3 (Resp. Louis-Augustin Barrière).

• Master 2 recherche, « *Droit privé et sciences criminelles / parcours : droit pénal fondamental* », Université Jean Moulin, Lyon 3 (Resp. Wilfrid Jeandidier).

• Master 2 professionnel, « *Droit privé et sciences criminelles / parcours : pénologie* », Université Jean Moulin, Lyon 3 (Resp. Annie Beziz-Ayache).

• Master 2 professionnel, « *Science politique – relations internationales / spécialité : sécurité intérieure* », Université Jean Moulin, Lyon 3~~, master professionnel~~ (Resp. Emile François Callot).

11 – MONTPELLIER

• Masters 1 et 2 recherche, « *Domaine : droit, économie, gestion / Mention : droit privé, sciences criminelles et carrières judiciaires / Spécialité : droit pénal et pratiques pénales / parcours : droit pénal fondamental* », Université Montpellier 1 (Resp. Anne d'Hauteville).

• Masters 1 et 2 professionnel, « *Domaine : droit, économie, gestion / Mention : droit privé, sciences criminelles et carrières judiciaires / Spécialité : pratiques juridiques et judiciaires* », Université Montpellier 1 (Resp. Olivier Sautel).

• Masters 1 et 2 professionnel, « *Domaine : droit, économie, gestion / Mention : droit privé, sciences criminelles et carrières judiciaires / Spécialité : droit pénal et pratiques pénales / parcours : pratiques pénales* », Université Montpellier 1 (Resp. Marie-Christine Sordino).

• D.U., « *Sciences criminelles* », Université Montpellier 1 (Resp. Didier Thomas).

• D.U. « *Droit de la sanction pénale et de l'exécution des peines* », Université Montpellier 1 (Resp. Anne Ponseille).

• D.I.U. « *Victimologie* », Université Montpellier 1 (Resp. Anne d'Hauteville).

12 – NANCY

• D.U., « *Criminologie* », Nancy 2, Institut d'études judiciaires (Resp. Jean-François Seuvic).

• D.U. « *Psychiatrie et psychologie légale* ».

13 – NANTES

• Master 1, «*Domaine : droit, économie, gestion / Mention : droit privé et sciences criminelles / Spécialité : carrières judiciaires et sciences criminelles* » (Resp. Yvon Desdevises).

• Master 2 recherche, « *Domaine : droit, économie, gestion / Mention : droit privé et sciences criminelles / Spécialité : droit pénal et sciences criminelles* » (Resp. Sylvie Grunvald).

• D.U. « *Sciences criminelles* » (Resp. Sylvie Grunvald).

14 – NICE

• Master 2 recherche, « *Droit privé et sciences criminelles* » (Resp. Roger Bernardini).

15 – NÎMES

• Master 1, « *Droit privé / mention droit privé, sciences criminelles et justice* » (Resp. Roger Bernardini).

16 – PARIS 1 – Panthéon Sorbonne

• Master 2 recherche, « *Droit pénal et politique criminelle en Europe / option : justice pénale » / mention : justice et procès* » (Resp. Geneviève Giudicelli-Delage).

- Master 2 recherche, « *Sciences sociales de la justice / mention : justice et procès* » (Resp. Loïc Cadiet).

- Master 2 recherche, « *Théorie et pratique du procès / mention : justice et procès* » (Resp. Loïc Cadiet, Pascale Gonod).

- Master 2 professionnelle, « *Expert – démographe* », cours de socio-démographie pénale de Pierre V. Tournier.

- Ecole expérimentale de criminologie, Université Paris 1 / Réseau associatif de l'Estran (Resp. Pierre V. Tournier).

17 – PARIS 2 – Panthéon Assas

- Master 1, « *Droit / mention : carrières judiciaires et sciences criminelles* ».

- Master 2 recherche, « *Droit pénal et sciences pénales* » (Resp. Yves Mayaud).

- D.U., « *Sciences criminelles* », Institut de criminologie (Resp. Philippe Conte).

- D.U., « *Sciences criminologiques* », Institut de criminologie (Resp. Philippe Conte).

- D.U., « *Analyse des menaces criminelles contemporaines* », Institut de criminologie (Resp. François Haut).

18 – PARIS 5 – René Descartes

- D.U. « *Criminologie appliquée à l'expertise mentale* » (Resp. Jean-Pierre Olié et Bernard Cordier).

- D.U., « *Victimologie* » (Resp. Christian Hervé, Gérard Lopez, Louis Jehel, Laurent Magnier).

19 – PARIS 8 – Saint Denis

- D.U., « *Criminologie* » (Resp. Franck Arpin-Gonnet).

- D.E.S.U., « *Criminologie* » (Resp. Franck Arpin-Gonnet).

20 – PARIS 10 – Nanterre

• Master 1, « *Domaine : droit et sciences politiques / Mention : droit / Spécialité : droit privé / Parcours : droit pénal* » (Resp. Elisabeth Fortis et Pierrette Poncela).

• Master 2 recherche, « *Domaine : droit / Mention : droit privé et sciences criminelles / Spécialité : droit pénal et procédure pénale* » (Resp. Elisabeth Fortis et Pierrette Poncela).

21 – PARIS 12 – Val de Marne

• D.U., « *Prévention de la délinquance et des « conduites à risques* », Faculté de droit (Resp. Gérald Téboul et Claude Beau).

22 – PARIS 11 Sud

• D.U. « *Psychiatrie légale* » (Resp. Patrick Hardy).

23 – PARIS 13 Nord

• DU « *Criminologie et politiques publiques* ».

• DU « *Criminologie et agressologie* ».

• DU « *Victimologie et criminologie* ».

24 - PARIS, Conservatoire national des arts et métiers (C.N.A.M.)

• Enseignement de criminologie appliquée (Resp. Alain Bauer).

25 – PAU / BAYONNE

• Master 1, « *Domaine : droit, économie, gestion / Spécialité : criminologie* » (Resp. Robert Cario et Marielle de Béchillon).

• Master 2 professionnel, « *Domaine : droit, économie, gestion / Spécialité : criminologie et droit des victimes* », Pau (Resp. Robert Cario et Marielle de Béchillon).

• Master 2 professionnel, « *Domaine : droit, économie, gestion / Mention : criminologie et droit des mineurs en difficulté »,* Bayonne (Resp. Jocelyne Castaignède).

• Masters 1 et 2 professionnel, « *Domaine : droit, économie, gestion / Mention : droit privé et sciences criminelles / Parcours : droit pénal et sciences criminelles : exécution des peines et droits de l'homme* », Universités de Pau (Resp. Jean-Paul Céré). Une seule promotion avec le master de Bordeaux 4. Les enseignements du master 1 sont organisés à Pau et ceux du master 2 à Agen.

• D.U., « *Certificat de sciences criminelles* », Pau (Resp. Robert Cario).

• D.U., « *Criminologie* » Pau, (Resp. Robert Cario).

• D.U., « *Sciences de l'inadaptation et de la délinquance juvéniles* », Bayonne (Resp. Jocelyne Castaignède).

26 – POITIERS

• Master 2 recherche, « *Domaine : droit, économie, gestion / Mention : carrières judicaires et sciences criminelles / Spécialité : «Droit pénal approfondi et sciences criminelles »* (Resp. Michel Massé).

• Master 2 professionnel, « *Domaine : droit, économie, gestion / Mention : carrières judicaires et sciences criminelles / Spécialité : « Criminologie et victimologie »* (Resp. Laurence Leturmy).

• Master 2 professionnel, « *Domaine : sciences humaines et arts / Mention : psychologie / Spécialité : psychopathologie, pratiques cliniques, criminologie » /Parcours : Criminologie et victimologie »* (Resp. P.-H. Kelleri).

• Master 2 professionnel, « *Domaine : Sciences et technologie, santé / Mention : médecine et pharmacie / Spécialités : psychopathologie, pratiques cliniques criminologie* » (Resp. Jean-Louis Senon).

• DU « *Sciences criminelles* » enseigné à la faculté de droit (Resp. Laurence Leturny).

• DIU « *Psychiatrie criminelle et médicolégale* », faculté de médecine de Poitiers, Angers et Tours (Resp. Jean-Louis Senon, Bernard Méry, Jean Bernard Garré et Philippe Gaillard).

27 – REIMS

• Master 2, « *Mention : droit privé / spécialité : Droit pénal et sciences criminelles* » (Resp. Gérard Clément), comprenant un cours de « criminologie » de 20 heures (Resp. Martine Herzog-Evans).

28 – RENNES

• Master 1, « *Domaine : Sciences humaines et sociales / mention : psychologie / parcours : psychocriminologie et victimologie* », Université de Haute Bretagne Rennes 2 (Resp. Claude Bouchard et Loïck Villerbu).

• Master 2 professionnel, « *Domaine : Sciences humaines et sociales / mention : psychologie / parcours : psychocriminologie et victimologie* », Université de Haute Bretagne, Rennes 2 (Resp. Loïck Villerbu et Valérie Moulin).

• Master 2 international, « *Psychocriminologie et criminologie* », Universités Rennes 1, Rennes 2, Liège (Belgique), Albert-Ludwigs Universität Freiburg (Allemagne) et en association avec le Max-Planck Institut de Freiburg (Allemagne), Département de droit pénal étranger et international. (Resp. Loïck Villerbu).

• Master 2 professionnel, « *Métiers de la sécurité : sport et sécurité (en Staps)* », Université de Haute Bretagne, Rennes 2 (Resp. Dominique Bodin).

• Master 2 professionnel, « *Métiers de la sécurité : sécurité et défense (en sociologie)* », Université de Haute Bretagne, Rennes 2 (Resp. Dominique Bodin).

29 – ROUEN

• Master « *Domaine : Droit / mention : carrières judiciaires et sciences criminelles* » (Resp. Christian Pigache).

30 – STRASBOURG

• Master 2 recherche, « *Domaine : Droit et études européennes / Mention : droit privé et sciences criminelles / spécialité : sciences criminelles / parcours : sciences criminelles* ».

• Master 2 professionnel, « *Domaine : Droit et études européennes / Mention : droit privé et sciences criminelles / spécialité : sciences criminelles / parcours : lutte contre la criminalité financière* ».

• Master 2 professionnel, « *Domaine : Droit et études européennes / Mention : droit privé et sciences criminelles / spécialité : sciences criminelles / parcours : prévention des fraudes et du blanchiment* ».

31 – TOULOUSE

• Master, « *Sciences politiques / mention : politique et sécurité* », Toulouse 1 (Resp. François Dieu).

• Master professionnel, « *Droit privé, sciences criminelles et carrières judiciaires / mention : droit pénal et sciences criminelles* », Toulouse 1 (Resp. Bertrand de Lamy).

• D.U., « *Certificat d'études de criminologie et de sciences pénales* », Toulouse 1, Institut de criminologie et de sciences pénales (Resp. Thierry Garé).

32 – TOURS

• D.I.U., « *Psychiatrie criminelle et médicolégale* », Universités de Poitiers, Angers et Tours Resp. Jean-Louis Senon et Bernard Méry).

33 – VERSAILLES, SAINT-QUENTIN-EN-YVELINES

• Master 2 recherche, « *Domaine : Droit, sciences de gestion et science politique / Mention : science politique / Spécialité : analyse des conflits* » (Resp : Xavier Crettiez).

34 – Ile de la RÉUNION – Université du TAMPON

• D.U., « *Criminologie* » (Resp. Michel Latchoumanin).

Postface

Mensonges d'un matin d'hiver [1]

Par Pierre V. Tournier

Oui la pétition du 5 janvier 2009 rédigée par M. Laurent Mucchielli, directeur du C.E.S.D.I.P. (Ministère de la Justice, C.N.R.S., Université de Versailles Saint-Quentin en Yvelines) et M. René Lévy, directeur du G.E.R.N. et diffusée sur internet était bien mensongère [2].

Mensonge que de parler « d'une nouvelle criminologie » défendue par « MM. Bauer, Tournier, Raufer », alors que ces trois personnes, aux conceptions si éloignées en la matière, n'ont jamais signé, ensemble, un texte quelconque, n'ont jamais fait la moindre déclaration commune ! N'étant pas à une contradiction près, M. Mucchielli explique, par ailleurs, que la criminologie prônée par MM. Bauer et Raufer est sans rapport avec la conception pinatellienne (*sic*) que j'aurais réinvestie [3].

---

1. Extrait de Pierre V. Tournier, *Mensonges d'un matin d'hiver. A propos du colloque sur l'enseignement et la recherche en criminologie du 3 février 2009, au siège du CNRS. Archives* », Université Paris 1. Panthéon Sorbonne, Centre d'histoire sociale du XXe siècle, 147 pages, Rapport adressé à la Direction du CNRS.

2. « Le monde universitaire a-t-il besoin de la nouvelle criminologie de MM. Bauer, Tournier, Raufer ? », pétition mise en ligne, le 7 janvier 2009 sur le site de « Sauvons la recherche ». Des versions différentes de ce texte ont été diffusées par leurs auteurs… et signées !

3. Mucchielli L., « Une nouvelle criminologie française ? Pourquoi et pour qui ? », *Revue de sciences criminelles*, oct / dec. 2008. L. Mucchielli fait référence à l'œuvre de Jean Pinatel (1913-1999).

Mensonge que d'écrire que ces trois mêmes personnes « organisent des débats en vue du développement de la criminologie à l'université » [4].

Mensonge que de prétendre que j'aurais préconisé, en juillet 2008, de « centraliser la formation universitaire et la réalisation de recherche », en criminologie.

Mensonge que de prétendre que j'ai lancé l'initiative du colloque du 3 février 2009 sur la criminologie avec M. Raufer dont M. Mucchiellli se croit obligé de rappeler, sans cesse, le passé – lointain – de militant d'extrême droite.

Enfin, contrairement à ce que MM. Mucchielli et Lévy essaient de faire croire, la criminologie n'est pas, pour moi, une « discipline », au sens épistémologique. J'ai, depuis des années, défendu la position suivante : « Etude du phénomène criminel, de la façon dont il est défini et contrôlé (prévention et traitement), la criminologie se situe à la confluence de nombreuses disciplines scientifiques ». Rien de plus.

Ahurissant de lire sous la signature de MM. Mucchielli et Lévy que je n'ai « aucune légitimité scientifique », et mieux encore « aucune compétence » ; ce qui serait aussi le cas de chacun des 12 membres de la mission « Bauer », dont les *curriculum vitae* n'ont pourtant vraiment rien à envier à ceux de nos éminents sociologues ! Aucune compétence disent-ils…

Sans être trop regardant sur les moyens, MM. Mucchielli et Lévy cherchaient, avant tout, à nuire à la tenue du colloque international que j'avais décidé d'organiser le 3 février 2009, au siège du C.N.R.S. sur la formation et la recherche en criminologie. Le résultat fut la démission d'un seul membre sur 36 du comité scientifique du colloque et le renoncement d'un seul intervenant sur 19. Le colloque put se tenir, « à guichet fermé », devant 200 personnes.

Plus généralement, leur volonté est de rayer d'un trait de plume, par l'amalgame, tous les efforts que j'ai pu consentir, de façon autonome, mais avec nombre de soutiens, pour développer, dans notre pays, de meilleurs instruments d'analyse et de compréhension du phénomène criminel. Une telle attitude de leur part, dont les motivations restent obscures, n'est pas nouvelle [5]).

En rédigeant leur pétition, en connaissance de cause, en la diffusant par courriel, puis sous une autre version – et sous un autre titre – sur le site de

4. Mucchielli L., *op. cit.*

5. V. chronologie *infra*.

« Sauvons la recherche », en trompant nombre de leurs collègues chercheurs et universitaires qui leur ont fait confiance, sans parfois connaître le sujet, l'ont signé, pris dans la frénésie actuelle des pétitions en tous genres, ces fonctionnaires d'Etat ont commis une faute déontologique lourde. En effet, la juste exigence d'indépendance des chercheurs repose, au minimum, sur un devoir de vérité(s) : ne pas affirmer « vrai » ce que l'on sait être « faux ». C'est aussi simple que cela.

Face à cette campagne délétère, aucune réaction n'est venue de Mme Rachida Dati, Garde des Sceaux, Ministre de la Justice dont dépend pourtant le C.E.S.D.I.P., service d'études du Ministère de la Justice, depuis sa création, il y a 40 ans [6]. Allez savoir pourquoi ! En revanche, j'ai bénéficié du ferme soutien de la direction du C.N.R.S., soutien exprimé publiquement, le 3 février par M. Alain Laquieze, directeur adjoint S.H.S. chargé du droit, des sciences politiques et de la sociologie [7].

Mais revenons un peu en arrière pour mieux comprendre les enjeux qui se cachent derrière tout cela.

---

6. Création en 1969 du *Service d'études pénales et criminologiques* (S.E.P.C.) au sein de la direction des affaires criminelles et des grâces, alors dirigée par Pierre Arpaillange qui en confiera la direction à Philippe Robert, magistrat. Il n'en bougera plus, plaçant ses plus fidèles disciples à tous les postes de responsabilité. Associé au C.N.R.S. en 1976, le S.E.P.C. prendra le nom de *Centre de recherches sociologiques sur le droit et les institutions pénales* en 1983, dans le cadre d'une réforme de la recherche au Ministère de la justice, menée par Philippe Robert. Cette réforme fera disparaître, à terme, tous les autres centres de recherche du Ministère, limitant, de fait, l'étude du « phénomène criminel », à une seule approche celle d'une « sociologie du contrôle social ».

7. V. *Arpenter le Champ Pénal* (*A.C.P.*), n°123-124, du jeudi 12 février 2009.

Chronologie subjective

1 – Tentative de création d'un observatoire de la récidive

2 juin 2005 – Alors qu'elle fait son jogging, Nelly Cremel est assassinée à Reuil-en-Brie. Jugés en juin 2008, Serge Mathey et Patrick Gâteau seront condamnés, pour ce crime, respectivement à 30 ans de réclusion criminelle assortie d'une période de sûreté de 16 ans et à la réclusion criminelle à perpétuité assortie d'une période de sûreté de 22 ans. Gâteau avait déjà été condamné à la réclusion criminelle à perpétuité pour un assassinat commis en 1984 et purgeait sa peine en libération conditionnelle. Ce drame relance le débat sur les libérations anticipées et la récidive. M. Nicolas Sarkozy, ministre de l'Intérieur, exprime, dans ce contexte, sa volonté de faire adopter une nouvelle loi pour lutter contre la récidive.

28 juin 2005 – Conférence de presse de Pierre V. Tournier sur la question de la récidive. Articles : *Le Monde* du 28/6/05 ; *Libération* du 29/6/05 ; *La Croix* du 29/6/05 ; *L'Humanité* du 29/6/05 ; *Le Parisien Aujourd'hui en France* du 6/7/05 ; *L'Humanité* du 7/7/05 ; *Métro* du 12/7/05 ; *A.F.P.* du 14/7/05 ; *Libération* du 18/7/05.

4 août 2005 – Dans la perspective de la discussion au Parlement du projet de loi sur la récidive, P.V.T. écrit à M. Pascal Clément, Garde des Sceaux, proposant la création, au sein du Ministère de la Justice, d'un *Observatoire de la récidive des infractions pénales,* sur le modèle de la *Commission de suivi de la détention provisoire* (loi n°2000-516 du 15 juin 2000). Il en précise les 12 objectifs. Lettre restée sans réponse.

Septembre 2005 – Texte publié en une du quotidien *Le Monde*, « Récidive : connaître pour agir », signé par Alain Blanc, Philippe Pottier, le Docteur Jean-Louis Senon, Maître Daniel Soulez Larivière et Pierre V. Tournier. Le texte se termine ainsi : « Dans une société solidaire où le corps social se doit de réagir avec détermination quand l'un des siens est atteint, améliorer la connaissance scientifique sur ces questions est une obligation morale vis-à-vis des victimes des crimes et des délits et de leurs proches. C'est aussi la seule façon de rendre illégitimes les approches démagogiques et stériles qui nient la gravité de ces questions ou, au contraire les dénaturent à travers un discours sécuritaire dont le principal inconvénient, pour les victimes potentielles, est d'être inopérant ».

30 septembre 2005 – Lettre ouverte, au Garde des Sceaux, de soutien à la proposition de P.V.T. de création d'un *Observatoire de la récidive,* signée par 160 personnes physiques et morales (Les Verts, Ligue des droits de l'homme, P.C.F., S.A.F., A.F.C., GENEPI, FARAPEJ, etc.), élus (socialistes, verts, communistes), etc. [8]. Lettre restée sans réponse.

10 octobre 2005 – Deux jours avant le débat à l'Assemblée nationale sur le projet de loi « récidive », le Garde des Sceaux annonce la création d'une *Commission d'analyse et de suivi de la récidive.*

11 octobre 2005 – Dans un communiqué de presse, P.V.T. dénonce cette manœuvre. La création d'un Observatoire de la récidive, dans le cadre de la loi, devait faire l'objet de trois amendements voisins déposés par André Vallini et Christophe Caresche (socialistes), Hervé Morin (U.D.F.) et Christine Boutin (U.M.P.), présidente du groupe d'études sur les prisons. En l'absence de Mme Boutin, en voyage en Chine, le représentant de l'U.M.P., Georges Fenech retirera son amendement. Ceux des socialistes et de l'U.D.F. seront repoussés par la droite. Dans le même communiqué, P.V.T. met en cause, les manipulations statistiques du Garde des Sceaux concernant les risques de récidive en matière de crimes sexuels (chiffres multipliés par 20 !). La démonstration sera reprise dans *Le Monde* par Nathalie Guibert sous le titre « le Garde des Sceaux fâché avec les chiffres ! ».

12 décembre 2005 – Loi relative au traitement de la récidive des infractions pénales.

2 – L'appel des 115

25 février 2006 – Appel des 115 « Criminalité, délinquance, justice : connaître pour agir ». Elaboré par 115 personnes, à l'initiative de P.V.T., ce texte sera soutenu par plus de 700 signataires dont 50 personnes morales (partis politiques de gauche, syndicats, associations), 34 parlementaires (socialistes, verts, communistes et UDF) [9] et une centaine d'universitaires et / ou chercheurs :

---

8. Marie Danièle Barré, démographe est le seul membre du C.E.S.D.I.P. à signer ce texte. Alain Bauer soutient cette initiative.

9. Alain Bauer sera parmi les signataires. En revanche, pas un seul chercheur du C.E.S.D.I.P. ne soutiendra cet appel.

« Nous, chercheurs, enseignants-chercheurs et jeunes chercheurs en formation, de disciplines très diverses, acteurs de la Justice pénale de toutes professions, personnels soignants, militants associatifs dans le champ pénal, demandons aux pouvoirs publics de créer une structure multidisciplinaire d'études et de recherches sur les infractions pénales, leur prévention, leur sanction et leur réparation.

Cette structure dont le cadre administratif reste à imaginer doit s'inspirer des expériences étrangères en la matière et chercher à rassembler, dans une même entité, des représentants des sciences du droit, des sciences de la société, des sciences médicales et du psychisme, et de la philosophie, chercheurs professionnels mais aussi « praticiens » intéressés par la démarche scientifique. Par son existence, elle doit partout favoriser cette approche multidisciplinaire du champ pénal qui manque tant à notre pays.

Nous pensons que l'approche multidisciplinaire est la seule capable d'éclairer le débat public sur la question pénale, au-delà de l'émotion, des souffrances, mais aussi des passions idéologiques, et d'apporter une contribution significative à la construction de politiques pénales, dépassant esprit de système et démagogie populiste (...) ».

Deux opposants – déclarés – seulement à cette initiative, MM. Philippe Robert, ancien directeur du C.E.S.D.I.P. et du G.E.R.N. et René Lévy, ancien directeur du C.E.S.D.I.P. et directeur du G.E.R.N. qui mettent en ligne un texte sur le site de M. Jean-Pierre Michel, sénateur apparenté socialiste. Le sénateur présente ainsi l'appel des 115 : « J'ai pris connaissance d'une pétition dite « appel des 115 » et de la création d'une association TETRA qui vise à regrouper toutes les structures de recherches sur la délinquance existantes actuellement dans un seul institut qui serait placé sous la tutelle exclusive de différentes administrations dont le ministère de l'Intérieur ». Cette présentation est de toute évidence mensongère. M. Michel fera reparler de lui à la suite de la création de la mission « Bauer » sur « La formation et le recherche en matière stratégique », en septembre 2007 [10].

Et mépris…

Dans le texte de MM. Robert et Lévy, on trouve cette phrase *« L'examen de la liste des pétitionnaires donne d'autre part à penser que la plupart d'entre eux, très éloignés du monde de la recherche, ne peuvent avoir qu'une très vague idée de la situation réelle du champ d'étude concerné et ont pris pour argent comptant les assertions de la pétition »*. Les signataires, univer-

---

10. V. *infra*

sitaires ou CNRS, spécialistes du champ, auront particulièrement apprécié cette « évaluation sauvage » de leurs collègues.

9 Septembre 2006 – Création de l'association « Tétra. Criminalité, délinquance, justice, connaître pour agir », présidée par P.V.T., pour « défendre, par tous les moyens appropriés les objectifs de l'appel des 115 (…) »

Décembre 2006 – juin 2007 : Auditions publiques sur les objectifs de l'appel des 115. Personnalités auditionnées : Nicole Maestracci, magistrat, Nathalie Guibert, journaliste au journal *Le Monde*, Dominique Duprez, sociologue, Jean-Paul Jean, magistrat, Bernard Savin, psychologue, Jean-Marc Elchardus, psychiatre, Alain Bauer, criminologue, Jean Danet, juriste, Alain Cugno, philosophe, Loïck Villerbu, psychologue, Christian Mouhanna, sociologue. MM. Philippe Robert et René Lévy seront sollicités pour venir exprimer leur point de vue. Le premier ne répondra pas au courrier de Tétra, le second refusera.

Février 2007 – Quatre candidats à l'élection présidentielle soutiennent la démarche de l'appel des 115 : François Bayrou, Marie-George Buffet, Ségolène Royal et Dominique Voynet. M. Sarkozy ne répondra pas au courrier de Tétra.

Lettre de Ségolène Royal du 28 février 2007 : « *J'ai bien reçu votre courrier au nom de l'association TETRA et vous en remercie vivement. Je tiens à saluer votre travail précis et nécessaire sur la justice pénale et la criminologie. Vous souhaitez connaître ma position sur l'appel des 115 « Criminalité, délinquance, justice, connaître pour agir » et sur les solutions que vous préconisez. Comme de nombreux parlementaires et élus socialistes qui ont déjà signé votre appel, je pense que la création d'une structure multidisciplinaire d'études et de recherches sur les questions pénales auraient un apport bénéfique au débat et à l'action publique.*

Je fais, dans mon Pacte présidentiel, des propositions dans le sens d'une justice rénovée, d'une approche globale de la politique pénale ainsi que sur les prisons, thème sur lequel votre expertise est reconnue. Je serais d'ailleurs vivement intéressée d'être destinataire de vos analyses sur ces différents points du Pacte présidentiel (...) ».

6 mai 2007 – Nicolas Sarkozy est élu président de la République avec 53,1 % des voix.

3 – Création de la mission sur « La formation et la recherche en matière stratégique »

8 août 2007 – Dépêche de l'Agence Reuters : Nicolas Sarkozy et François Fillon ont demandé à Alain Bauer, président de l'Observatoire national de la délinquance (O.N.D.), de réfléchir à une meilleure cohérence dans le travail des différents organismes officiels chargés des questions de sécurité et de stratégie. Ils souhaitent voir étudier « le rapprochement des missions, des structures et des modes de financement des grandes institutions publiques en charge de la formation, de la recherche et de l'analyse des questions de sécurité et stratégiques ». Ce travail portera notamment sur l'Institut des hautes études de défense nationale (I.H.D.N.), l'Institut national des hautes études de sécurité (I.N.H.E.S.) et l'Institut d'études et de recherche pour la sécurité des entreprises (I.E.R.S.E.). « Nous désirons également que soit étudiée la façon de dynamiser et de favoriser la cohérence des travaux financés par des fonds publics, ainsi que des universités », précisent Nicolas Sarkozy et François Fillon. Ils ajoutent qu'Alain Bauer devra constituer un groupe de travail dont la composition leur sera soumise. Un rapport devra leur être remis au plus tard à la fin du premier trimestre 2008.

4 septembre 2007 – 1ère réunion des 12 membres de la mission présidée par M. Alain Bauer. Elle se réunira une fois par semaine à l'Elysée (dernière réunion le 20 mars 2008). Ce groupe est composé :

• de cinq membres : Philippe Delmas, président de *PhD Associates*, Valérie Derouet, directeur des affaires *Homeland Security*, Areva, Cédric Lewandoski, contrôleur Général, E.D.F., Xavier Raufer, criminologue et Pierre V. Tournier, directeur de recherches au C.N.R.S., Université Paris 1 Panthéon Sorbonne ;

• de quatre conseillers permanents : Le Général Laurent Labaye, directeur de l'I.H.E.D.N., Pierre Monzani, directeur de l'I.N.H.E.S., Rémy Pautrat, préfet, président de l'I.E.R.S.E., Olivier Rossignol, directeur du C.H.E.Ar. ;

• enfin Jean-Marc Berlioz, inspecteur général de l'Administration, a été nommé secrétaire général de la mission. Il sera assisté de deux rapporteurs : Thierry Vinçon, sous-préfet, conseiller à la présidence de la République et Christophe Soullez, chef du département l'Observatoire National de la Délinquance.

Communiqué de PVT publié dans *Arpenter le champ pénal* : « J'ai été sollicité, à titre personnel – comme directeur de recherches au CNRS – pour participer à ce groupe de travail interministériel. J'ai cru devoir accepter cette proposition, compte tenu du fait que l'objet de ce groupe couvre une partie du champ des préoccupations qui m'ont amené à lancer l'appel des 115 et à créer l'Association Tétra « criminalité, délinquance, connaître pour agir ». Pour qu'il n'y ait aucune ambiguïté, j'ai pensé qu'il était préférable que je démissionne de mes fonctions de « représentant légal » de Tétra, tout en souhaitant rester membre du Conseil d'Administration. J'espère que notre délégué général, Pierre Pélissier, Conseiller à la Cour d'Appel de Versailles, acceptera d'assurer l'intérim jusqu'à l'Assemblée générale que nous avons fixée au samedi 20 octobre. Le C.A. pourra alors désigner un nouveau représentant légal après la discussion générale d'orientation que nous aurons à cette occasion ».

14 octobre 2007 – « Vers un observatoire national des mesures et sanctions pénales ? » Note de P.V.T. à l'attention de la « *mission d'information sur l'exécution des décisions de justice pénale* » de l'Assemblée nationale présidée par M. Jean-Luc Warsmann. Cette note sera publiée dans la revue *Champ pénal / Penal Field, Nouvelle revue française de criminologie / New French Journal of Criminologie, rubrique « vie de la recherche »*.

29 novembre 2007 – Conseil d'administration de l'association Tétra, sous la présidence de Pierre Pélissier, délégué général qui assuré l'intérim de P.V.T. après sa démission suite à sa nomination à la mission « Bauer ». Election enregistrée d'Alexis Saurin comme représentant légal de Tétra et de Pierre V. Tournier comme responsable des finances.

7 janvier 2008 – Un sénateur écrit à P.V.T., l'approuve et s'interroge sur ses rapports avec « le pouvoir en place » (*sic*) : « Monsieur le directeur, j'ai pris connaissance avec attention de la lettre que vous m'avez adressée ainsi que du document qui l'accompagne concernant la création d'un observatoire des mesures et sanctions pénales. Je suis absolument favorable à la création d'un tel observatoire, mais il me semble qu'il ne devrait pas être sous la tutelle de la Chancellerie ; il serait opportun de trouver une autre formule qui assure une plus grande indépendance à cet observatoire ; peut-être faudrait-il le placer dans le cadre d'un institut qui existe déjà et qui bénéficie d'une certaine autonomie.

Par ailleurs, je vous exprime mon interrogation quant à votre participation à la mission constituée à la demande du président de la République et du Premier Ministre et présidée par M. Alain Bauer ; en effet, il me semble que, dans les circonstances actuelles et compte tenu de la politique pénale menée par ce Gouvernement et par la Garde des Sceaux, toute participation à des études qui ne feraient que favoriser le pouvoir en place n'est pas opportune de la part de quelqu'un qui se revendique comme un militant politique engagé dans un parti d'opposition aujourd'hui ; Je vous prie (...), Signé : Jean-Pierre Michel, sénateur de la Haute-Saône.

Réponse de Pierre V. Tournier : Monsieur le Sénateur, Merci de l'intérêt que vous avez bien voulu porter à ce courrier que j'ai adressé à environ deux cents parlementaires de droite, du centre et de gauche. Merci aussi d'approuver avec un tel enthousiasme, ma proposition de création d'un Observatoire des M.S.P. Vous parlez d'un Institut, extérieur au Ministère de la Justice, qui existerait déjà et disposerait d'une certaine autonomie ; je ne vois pas très bien de quoi vous voulez parler et pourtant vous savez que je connais bien le « champ pénal » ! Ce manque de précision est regrettable, car il m'aurait donné une idée de ce que signifie pour vous les mots d'indépendance ou d'autonomie. J'ai pu croire, un moment, que vous pensiez à l'Observatoire national de la délinquance (O.N.D.), présidé par Alain Bauer, mais la suite de votre lettre rend cette hypothèse peu vraisemblable.

Ainsi vous vous interrogez sur le fait qu'un fonctionnaire, par ailleurs, membre du Parti socialiste puisse participer, comme expert scientifique, à une mission créée à la demande du Chef de l'Etat et du 1er Ministre sur les questions de formation et de recherche dans un domaine où je pense avoir quelques compétences. Lire, dans une lettre à entête de la République française et du Sénat, qu'un fonctionnaire « ne doit pas favoriser le pouvoir en place » ressemble à une sorte d'appel à l'esprit de sédition. Heureusement, parmi tous les parlementaires de gauche que je côtoie, (socialistes, communistes ou verts) qui sont au courant de ma participation à cette mission, vous êtes bien le seul à manifester un tel esprit antidémocratique. Je vous prie (...) ».

29 février 2008 – Relevé de conclusion de P.V.T. dans lequel il exprime un certain nombre de désaccords importants avec les orientations préconisées par la mission « Bauer ». Ce texte sera publié en annexe du rapport remis au président de la République.

20 mars 2008 – Remise du Rapport de la mission au président de la République : *Déceler, étudier, former : une voie nouvelle pour la recherche stratégique. Rapprocher et mobiliser les institutions publiques chargées de penser la sécurité.* Rapport au Président de la République et au Premier ministre [11]. Lors de la conférence de presse qui se tiendra, à l'Elysée, P.V.T. exprimera, en détail, l'ensemble de ces désaccords.

---

11. Déceler, étudier, former : une voie nouvelle pour la recherche stratégique. Rapprocher et mobiliser les institutions publiques chargées de penser la sécurité. Rapport au Président de

17 mai 2008 – Mise en place de la mission de préfiguration des nouvelles instances concernant « La formation et la recherche sur les questions stratégiques (défense et sécurité), présidée par M. Alain Bauer. P.V.T. accepte d'y jouer un rôle de « conseiller scientifique », se proposant de continuer à travailler sur la réforme de l'O.N.D. et sur le développement de l'enseignement de la criminologie à l'université.

4 – Initiatives de Pierre V. Tournier pour favoriser le débat public

10 juin 2008 – Organisation, à la Cité Saint-Martin (Paris 4ème), d'un 1er débat public par P.V.T. sur « *La formation et la recherche en matière « stratégique » (défense, sécurité, questions pénales et criminologiques). Débat public autour des recommandations de la mission « Bauer »*. Sous le haut patronage de Mme Valérie Pécresse, Ministre des Universités et de la Recherche, sous l'égide du Centre d'histoire sociale du XXe siècle, Université Paris 1. **Intervenants** : Frédéric Ocqueteau, Alain Bauer, Alain Cugno, Nicole Maestracci, Pierre Monzani, Fabien Jobard, Christian Mouhanna, Christophe Soulez, René Padieu et Jean-Paul Karsenty.

31 juillet 2008 – « Vers un Observatoire national de la délinquance et des réponses pénales (O.N.D.R.P.) » texte de P.V.T. Cet article paraîtra dans *La criminalité en France. Rapport de l'Observatoire national de la délinquance 2008,* Institut national des hautes études de sécurité (I.N.H.E.S.), C.N.R.S. Editions, 2008, pp. 665-672.

2 septembre 2008 – Réunion de travail de la mission « Bauer » au cabinet de Mme Valérie Pécresse sur le développement de la criminologie à l'Université. Pour cette réunion, P.V.T. a préparé une note, à titre personnel, intitulée « Promouvoir l'enseignement et la recherche en criminologie à l'Université » qu'il complètera ultérieurement.

2 octobre 2008 – 1ère réunion « Etudier la criminologie à l'Université », organisée par P.V.T. au Centre d'histoire social du XXe siècle. **Ordre du jour** : **a.** Présentation du contexte par P.V.T. ; **b.** Tour de table concernant les enseignements existants dans le champ criminologique à l'université et les projets : **c.** Débat autour de la note de P.V.T. préparée pour le cabinet de Mme Pecresse ; **d.** Perspectives ; **e.** Projet de colloque du 3 février 2009 ; **f.** Choix d'une date pour la prochaine réunion.

---

la République et au Premier ministre. In Cahiers de la Sécurité, supplément au n°4, avril - juin 2008, 165 pages.

20 octobre 2008 – Organisation, à la Cité Saint-Martin (Paris 4ème), d'un 2ème débat public par P.V.T. sur *« L'Observatoire national de la délinquance (O.N.D.) en débat : 5 ans après, quelles perspectives ? »*. Sous le haut patronage de Mme Michèle Alliot-Marie, Ministre de l'Intérieur. **Intervenants :** Bruno Domingo, Eric Debarbieux, Claire Thieffry, Michaël Janas (excusé), François Courtine, Christophe Soullez, Brigitte Raynaud, Jean Danet, Alain Bauer, Myriam de Crouy-Chanel, Pierre V. Tournier et Julien Damon.

5 janvier 2009 – Pétition(s) rédigée(s) par MM. Laurent Mucchielli et René Lévy contre la prétendue « nouvelle criminologie ». Ce texte a été diffusé dans au moins 3 versions différentes (Il reprend nombre d'arguments du texte de MM. Philippe Robert et René Lévy, mis en ligne sur le site du sénateur Jean-Pierre Michel, en 2006, contre « l'appel des 115 »).

12 Janvier 2008 – Appel « Criminologie : pour un dialogue constructif entre disciplines » à l'initiative de MM. Michel Massé, Jean Danet, Jean-Paul Jean et Mme Virginie Gautron [12].

15 janvier 2009 – 2ème rencontre nationale « Etudier la criminologie à l'Université », organisée par P.V.T. **Ordre du jour** : **a.** Point d'information sur la préparation du colloque du mardi 3 février 2009 « Criminologie : formation et recherche. Sortir de l'exception française ? » ; **b.** Tour de table sur les travaux de recherches en cours, de chacune et de chacun, dans le champ criminologique ; **c.** Débat 1 – Faut-il demander la création d'une section « Criminologie » au sein du Conseil National des Universités (C.N.U.) ? ; **d.** Débat 2 – A propos de la pétition de Mucchielli-Lévy contre la criminologie ; **e.** Débat 3 – A propos de la création d'une chaire de criminologie appliquée au C.N.A.M. dont le 1er titulaire serait M. Alain Bauer ; **f.** Débat 4. – Proposition de P.V.T. de créer une *Conférence universitaire de criminologie* (permanente) [sur le modèle de la « Conférence universitaire de démographie et d'études des populations »]. Cette organisation savante (légère) aurait vocation à rassembler toutes celles et tous ceux qui ont une activité d'enseignement dans le champ criminologique afin de débattre des questions pédagogiques, épistémologiques, déontologiques et de pratiques de la recherche dans le champ.

16 janvier 2009 – Réponse à l'appel du 12 janvier de M. Francis Bailleau, directeur de recherches au C.N.R.S. Ce dernier adresse, à P.V.T., un texte intitulé « De l'art du compromis à la compromission » pour qu'il le publie dans *Arpenter le champ pénal* (A.C.P.). Jugeant ce texte injurieux vis-

12. V. document en annexe.

à-vis des membres du comité scientifique du colloque du 3 février, P.V.T. refuse de le diffuser. Le texte le sera par M. Laurent Mucchielli.

26 janvier 2009 – Communiqué de P.V.T. publié dans *Arpenter le champ pénal*, n°120 :

« Dans son édition datée du samedi 24 janvier 2009, le quotidien *Le Monde* consacre un article, en page 11, à la nomination d'Alain Bauer comme professeur de « criminologie appliquée » au Conservatoire national des arts et métiers (C.N.A.M.). *Le Monde* affirme que j'ai soutenu ce projet. C'est une contrevérité. D'ailleurs, cette question n'a jamais été abordée, en ma présence, au sein de la mission sur « la formation et la recherche stratégique », présidée par Alain Bauer. Aussi ai-je demandé au quotidien la publication de ce correctif : « Pierre V. Tournier, directeur de recherches au C.N.R.S. n'a jamais, en quoi que ce soit, soutenu le projet de création d'une chaire de criminologie au C.N.A.M. sur le quota des chaires nommées par le gouvernement. Par ailleurs, il est bien évidemment opposé à ce type de recrutement où les critères partisans font passer les qualifications scientifiques au second plan ».

Je répondrai ultérieurement aux autres contrevérités qui circulent, actuellement, sur diverses pétitions de nature politique qui n'ont que peu de rapport avec mes préoccupations scientifiques concernant : **a.** la création d'un véritable Observatoire national de la délinquance et des réponses pénales ; **b.** le développement de filières universitaires en criminologie faisant appel à toutes les disciplines utiles dans ce champ : droit, sciences sociales, sciences du psychisme, statistique, philosophie. Je me répète mais certains ne semblent pas bien comprendre ce dont je parle et ce pourquoi j'agis au sein de la mission « Bauer », malgré tel ou tel désaccord de fond avec son président. Chez les sectaires « travailler avec » semble toujours signifier « penser comme ». C'est au mieux « l'esprit de bande », au pire le comportement de « meute ». J'ai d'autres conceptions de mon métier de travailleur scientifique, fonctionnaire d'Etat ».

26 janvier 2009 – Le texte de MM. Mucchielli et Levy (dans sa version la plus récente) est accessible par le site du C.E.S.D.I.P., service d'études du Ministère de la Justice associé au C.N.R.S. et à l'Université Saint-Quentin-en-Yvelines. Sur ce site, on lit la chose suivante : « Une pétition circule actuellement (*sic*) face aux menaces de contrôle politique de la production de connaissances dans le domaine de la « sécurité intérieure » et contre la « nouvelle criminologie » que certains utilisent pour tenter de légitimer une conception dévoyée de la recherche scientifique. Le texte de la pétition est en ligne sur le site de l'association « Sauvons la recherche » :

http://www.sauvonslarecherche.fr/sp… Au 17 janvier 2009, la pétition a déjà recueilli 160 signatures de chercheurs et d'enseignants-chercheurs (C.N.R.S., universités et E.P.S.T. assimilés) ». Le C.E.S.D.I.P. met en ligne la liste des signataires.

3 février 2009 – Colloque international organisé par P.V.T., au siège du C.N.R.S., sur « *Criminologie : formation et recherche. Sortir de l'exception française ?* ».

17 mars 2009 - Communiqué de l'Association française de criminologie annonçant l'organisation d'une réunion publique le 28 mars 2009 en vue de la mise en place, à la rentrée académique prochaine, de la « Conférence (permanente) universitaire de criminologie », proposée par P.V.T.

A suivre…

Annexes

Appel du 19 janvier 2009

« Criminologie : pour un dialogue constructif entre disciplines »

« Le colloque qui doit se tenir le 3 février prochain à Paris, organisé à l'initiative de Pierre V. Tournier sous le titre « *Criminologie : formation et recherche. Sortir de l'exception française ?*», a suscité une réaction sous la forme d'un texte intitulé « *Pourquoi nous ne voulons pas de la « nouvelle criminologie » et des projets de réorganisation de la recherche sur la « sécurité intérieure » dans lesquels elle s'inscrit* », adressé par Laurent Mucchielli et René Lévy à certaines personnes.

Nous sommes un certain nombre, juristes, psychiatres, sociologues, politologues, psychologues, historiens… à avoir répondu favorablement au principe de ce colloque et à avoir accepté d'y participer ou de l'animer, ce qui n'exclut nullement des réserves sur tel ou tel aspect de l'initiative. Ces échanges permettraient à la communauté scientifique de rappeler, d'une seule voix, que les connaissances sur le phénomène criminel ne progresseront pas sans une recherche indépendante, financée, fondée sur des méthodes scientifiques et des données diversifiées. Nous sommes très clairs sur le type de criminologie que nous souhaitons. Nous refusons notamment une centralisation par une commande publique politique et non scientifique, dans une approche fondée sur la seule sécurité.

Nous apprécions les travaux de Pierre V. Tournier, de Laurent Mucchielli et de René Lévy et nous souhaitons continuer à collaborer avec eux, ce qui n'exclut nullement la diversité des points de vue, des appréciations nuancées sur leurs positions, initiatives ou stratégies. Mais nous refusons toutes les polémiques stériles qui ne seraient fondées que sur des problèmes de personnes et la défense de territoires.

Nous pensons que **le dialogue** entre tous est nécessaire sur les questions de fond posées par ce colloque et par le texte écrit en réaction. Quant à nous qui sommes enseignants-chercheurs, praticiens, dans différentes disciplines, nous avons besoin plus que jamais, dans le contexte actuel des réformes de l'Université de la Recherche, d'engager un véritable dialogue sur les possibilités d'améliorer, par l'échange interdisciplinaire, l'enseignement et la recherche sur le phénomène criminel. Un dialogue respectueux des compétences et des champs disciplinaires de chacun. Comme enseignants, nous formons des étudiants qui souhaitent devenir magistrats, avocats, commissaires et officiers de police, officiers de gendarmerie, directeur d'administration pénitentiaire, conseillers d'insertion et de probation, directeurs et éducateurs P.J.J., psychiatres, psychologues, salariés des collectivités territoriales et du secteur associatif... Des étudiants qui, pour la plupart, n'ont aucune connaissance globale du phénomène criminel et qui ont souvent intégré des lieux communs moraux, des représentations et propos sécuritaires véhiculés par les médias. Ils ont plus que jamais besoin de connaître les analyses et les résultats des recherches engagées par les sociologues, les anthropologues, les politologues, les historiens, les psychologues, etc.

Il nous faut donc réfléchir ensemble sur la façon de fournir à ces étudiants une formation de qualité, ce qui passe ou non – ce peut être l'objet d'un débat – par la création d'une filière universitaire spécialisée. Il ne suffit pas de décréter l'inter-disciplinarité pour qu'elle existe. Il nous semble qu'il est urgent de réfléchir aux moyens de la faire vivre, de réfléchir collectivement aux moyens de mutualiser nos connaissances par de véritables échanges voire des recherches pluridisciplinaires.

Nous voulons seulement affirmer ici, sans entrer dans la moindre polémique, que nous souhaitons vivement que le débat s'engage avec tous. ».

Les premiers signataires de l'appel : Michel Massé, Jean Danet, Jean-Paul Jean, Virginie Gautron, Sid Abdellaoui, Josefina Alvarez, Evry Archer, Jean-Michel Bessette, Philippe Bessoles, Annie Beziz-Ayache, Alain Blanc, Catherine Blatier, Claude Bouchard, Olivier Cahn, Robert Cario, Frédérique Chopin, Philippe Combessie, François Courtine, Michel Danti-juan, Christian Demonchy, Jacques Faget, Claude Faugeron (ancienne directrice du C.E.S.D.I.P.), Marie-José Grihom, Sylvie Grunvald, Martine Kaluszynski, Eric Kania, Pascal-Henri Keller, Xavier Lameyre, Christine Lazerges, Laurence Leturmy, Philip Milburn, Valérie Moulin, Frédéric Ocqueteau, Eric Péchillon, Philippe Pottier, Claire Saas, Denis Salas, Jean-Louis Senon, Jean-Luc Viaux, Loïc Villerbu, Anne Wywekens...

Table des matières